MPAcc

MPAcc CLASSICS

MPAcc 精品系列

MPAcc CLASSICS

MPAcc精品系列

MPAcc

INTERNAL CONTROL AND RISK MANAGEMENT

内部控制与风险管理

（第二版）

宋建波　编著

中国人民大学出版社

·北　京·

前言

PREFACE

中国经济经过30多年发展，培育了一批优秀的企业，成为中国经济快速发展的有力支撑。但企业国际化经营环境的变化、信息技术的普及以及人们思想观念的转变等因素，对企业稳定经营和持续发展提出了严峻挑战。与此同时，企业快速发展中的经济、技术和道德问题凸显，迫切需要建立健全有效的内部控制制度和风险管理机制。

2008年6月，在借鉴和吸收国际监管新理念的背景下，我国财政部、审计署、证监会、银监会和保监会五部委联合印发了《企业内部控制基本规范》。这一被称为中国版《萨班斯-奥克斯利法案》的《企业内部控制基本规范》是我国第一部加强和完善企业内部控制系统、提高企业经营管理水平和风险防范能力、促进企业可持续发展、维护社会主义市场经济秩序和社会公众利益的重要法规文件。《企业内部控制基本规范》自2009年7月1日起在上市公司范围内施行，鼓励非上市的大中型企业执行。上市公司应当对本公司内部控制的有效性进行自我评估，披露年度自我评价报告，并可聘用具有证券、期货业务资格的会计师事务所对内部控制的有效性进行审计。

对于企业构建内部控制系统的现实需要，我认为企业管理者急需的知识和能力包括两方面：一是系统化知识，包括中外内部控制的理论框架、内部控制的作用机理、风险识别技术、风险防范方法等；二是如何将理论化的概念与企业具体经营环境、业务流程以及管理制度有机整合，建立适合企业自身的内部控制和风险管理系统，既满足企业内在管控要求，又满足国家法规监管的要求。

尽管近几年内部控制在国内外受到了空前的重视，但无论是COSO框架还是我国《企业内部控制基本规范》，仅能作为指导性的概念框架，如何利用内部控制的基本理论构建适合企业特征的内部控制体系，使之切实成为企业各项管理工作的基础，实质性提高企业管理水平，有效防范各种风险，是企业面临的现实问题。

本书以COSO概念为基础，紧扣《企业内部控制基本规范》，密切联系企业内部控制建设实务，具有如下特点：(1) 知识系统完整、内容丰富；(2) 强调与企业经营环境和业务流程的结合；（3）选取的典型案例能够引发读者深入思考。本书既适合企业各级管理者学习以及员工培训使用，也适合高校工商管理各专业学生使用。

由于作者原因存在的错误和不当，敬请读者批评指正。

宋建波

目录

CONTENTS

上篇　内部控制

中篇　风险管理

下篇 案例

1

上篇

内部控制

第一章 内部控制概述

第一节　内部控制的产生与发展

一、内部控制的产生

虽然内部控制的概念到20世纪才正式提出，但在此之前的漫长人类历史中，内部控制的思想早已应用到人们的日常经济生活中。例如，根据赫曼霍特（Chuemhotl）墓石记载，每当货币存入银库，首先要有记录官在银库外加以记录，然后接受银库出纳官的检查和登记。同样，每当收获季节结束将谷物运进谷仓之前，都要由监督官当场监视谷物装运情况，并做好记录；进仓时，由记录官登记每批谷物的数量和种类。这种谷物和货币入库须经记录官、出纳官和监督官几道环节的做法，实际上就是内部牵制控制。内部牵制（internal check）的一个含义在于职责分离。通过职责分离，任何偷盗或类似行为将受到约束，这有助于减少舞弊。例如，处理现金的人不应该进行会计记录，而负责银行对账的人不应该负责现金保管和会计记录，负有财产保管责任的人不能进行会计记录等，这些都是内部牵制控制。另外，在手工操作的会计记录系统中，不可避免会产生错误，因此定期结账和对账不仅是编制财务报表的需要，也是防止错误的有效方法，这是一种簿记牵制。此外，内部牵制还表现为实物牵制、组织牵制等多种形式。

现代内部控制始于工业革命时期。由于筹资的需要，企业需要定期报告财务状况和经营成果以及进行内部控制。这样，投资者和债权人才能评估企业的安全性和健全性，并做出相应的投资决策。这个时期提出了内部会计控制（internal accounting control）的概念。1934年美国《证券交易法》指出，证券发行人应设计并维护一套能为下列目的提供合理保证的内部会计控制：(1)必须根据公认会计准则（GAAP）的要求编制财务报表；(2)交易根据管理部门的一般和特殊授权进行；(3)接触资产需要经过管理部门的授权；(4)一定的时间间隔后要将财产的账面记录和实物资产核对，并对差异采取适当的补救措施。

除此之外，内部会计控制的提出还是为了适应审计发展的需要。审计初期是详细审计，以后逐渐过渡到以内部控制为基础的抽样审计，在被审计单位内部控制测试和评价的基础上发展审计。

二、内部控制的发展

内部控制的发展可以追溯到20世纪。主要有三个发展阶段：第一阶段是20世纪20—40年代；第二阶段是20世纪40—80年代；第三阶段是20世纪90年代以后直到21世纪。每一个阶段都有标志性事件，促成内部控制理论和实务的发展。

（一）第一阶段：20 世纪 20—40 年代的内部控制

麦克森-罗宾斯案件（Mckesson & Robbins case）可以说是内部控制发展史上的里程碑，它直接促成了注册会计师职业界对内部控制的关注。麦克森-罗宾斯是一家从事化学与制药的大型公司。1937 年它对外提供的资产总额达到 1 亿美元，这在当时是具有相当规模的，对麦克森-罗宾斯公司进行审计的是普华永道会计师事务所。公司股票在纽约证券交易所进行交易。1938 年 12 月，证券交易所停止了该公司股票的交易。随后美国证监会（SEC）调查发现，该公司虚构了 2 000 万美元的存货和应收账款，占全部资产的 20%。这个数额在大萧条时期是巨大的。随着事件的曝光，社会各界反响强烈。美国证监会成立了一个专门委员会对此进行调查，发布了题为“审计程序的扩展”的报告。其中提到关于内部控制的研究：“审计中所有基本的、关键的问题……被许多会计师随意对待。由于在财务报告审计中，测试程序与抽样被大量应用，我们认为有必要对企业内部牵制和控制系统进行全面了解。”它成为 1939 年第一号审计程序准则（SAP No. 1）的基础。

美国证监会也意识到，对内部牵制系统的审查不应该只限制在特定的会计范畴，还应该对交易处理的方式有全面的了解，这对于职业界而言意义是很明确的。美国证监会希望职业界能开展关于内部控制审查的研究，当然这种研究应该超出会计的范畴，但具体超出多少还没有明确。从此以后会计职业界一直在朝着这个方向努力。

（二）第二阶段：20 世纪 40—80 年代的内部控制

1949 年，审计程序委员会（Committee on Auditing Procedure，CAP）首次发表了对内部控制的研究报告：《内部控制——一个协调系统的要素和它对于管理层和注册会计师的重要性》。报告首次对内部控制给出了定义：“内部控制包括组织计划和所有在企业中采用的协调方法，目的在于保护财产，检查会计资料是否正确可靠，提高营运效率并且促进管理政策的贯彻。”1949 年的定义对于内部控制的理解是广泛的，它将内部控制扩展到财务和会计部门的功能以外。从这一点上看，它具有进步的意义，但是它无法帮助审计人员确定在财务报表审计中哪些内部控制需要审查，因此不少人并不满意 1949 年近乎无目的的内部控制的定义。

1958 年 CAP 发表了 SAP No. 29，其中包括了如下的定义：“内部控制在广义上包括……会计控制和管理控制：（1）会计控制包括组织计划和一切有关并且直接目的在于保护财产和会计资料的可靠性的程序和方法。它们通常包括授权批准、日常记录、会计报告与财产保管职务的分离、内部审计和实务控制。（2）管理控制包括组织控制和一切用于营运效率、管理政策的遵循和那些间接影响会计资料的方法和程序。它们通常包括统计分析、时机研究、经营报告、员工培训计划和质量控制。”这个定义使得注册会计师对内部控制审查的范围进一步扩展并更加明确。但局限性在于，许多人对于会计控制和管理控制的内涵有不同的理解，因而引起不少争议。

1963 年 CAP 在 SAP No. 33 中对内部控制进行了进一步的阐述：“审计人员主要关心会计控制。会计控制……一般会对会计记录的可靠性产生直接和重要的影响，因而需要审计人员对此作出评价。管理控制……通常只对会计记录产生间接影响，因此不需要评价。但是如果审计人员认为某些管理控制会对会计记录的可靠性产生重要影响，那么他也应该考虑对这些控制进行评价，例如关于产量、销售额或者其他营运部门的统计记录在特定的情况下就需要评价。”

从上述定义的演变可以看出，CAP 不再像 1949 年那样为内部控制下一个具有广泛内容的定义，而是通过引入“会计控制”和“管理控制”，从审计人员在审计过程中应关注研究的方面，即从会计内部控制着手进行定义，这样有助于审计人员明确并限制内部控制审查的范围。然而还是有许多审计人员提出，CAP 在会计控制什么时候转变为管理控制以及在内部控制的审查中什么时候应包括管理控制这两方面没有给予充分的指导。

1973 年，作为以前所有 SAP 的汇编，SAS No. 1 对内部控制制度（internal control system）（包括会计控制和管理控制）进行了修订（原先是以 SAP No. 54 的形式颁布）：管理控制（administrative control）包括但不限于组织的计划和关于管理部门对事项核准的决策方面的程序和记录。这种核准是与管理部门为达到这个组织的目的所承担的责任直接相关的一种职能，也是建立所有事项的会计控制的出发点。会计控制（accounting control）包括组织计划以及与财产保护和会计记录可靠性有直接关系的各种程序和记录。它应为以下情况提供合理的保证：（1）交易是根据管理层的一般或特殊授权进行的。（2）交易的记录应使得财务报告的编制符合公认会计准则和其他适用于报表编制的标准，另外它还应该反映财产的经管责任。（3）资产的取得只能根据管理层的授权。（4）每隔适当的期间应将财产记录与实物财产核对，对发生的任何差错要采取适当的行动。

《反国外贿赂法》（FCPA）被认为是内部控制发展史上的又一里程碑。20 世纪 70 年代随着水门事件的调查，越来越多的贿赂案件曝光。在美国证监会的自愿披露程序下，200 多家公司解释了不道德交易，发现有问题的国外付款在几年间竟达到 2 亿美元。国会对此做出了反应，于 1977 年全票通过了《反国外贿赂法》。该法案首先旨在制止美国公司与外国交易的不道德行为。另外，调查发现许多不道德的交易被公司高层隐瞒，记录被篡改，一些既定的程序被回避，这些都说明公司的内部控制有缺陷。因此该法案的另一个目的在于保持充分的内部会计控制。FCPA 在定义内部控制时，采用了 SAS No. 1 的定义。1979 年 SEC 加大了对内部控制的关注，要求上市公司在年报中增加管理层报告，披露内部控制。它还要求管理层在年报中报告公司内部会计控制是否为FCPA中所定义的内部控制目标提供合理保证；同时要求注册会计师应审查管理层的报告，并对管理层报告是否与公司内部会计控制一致发表意见。SEC之所以做出这样的要求，是基于认为公司有效的内部会计控制能够使投资者更好地评估管理层受托责任的完成，保证财务报表以及由会计系统生成的其他未经审计的财务信息的可靠性。但仍有许多人担心公众会被误导，认为内部会计控制能保证财务失败不会发生，而这将导致上市公司和注册会计师面临更大的责任和更多的诉讼。还有人认为衡量内部会计控制有效性的标准并不存在。最终，SEC决定推迟这项法规的实施，但密切关注上市公司和会计职业界为改善内部控制所做的努力。这些事件及随后的发展都说明用内部会计控制和内部管理控制这两个术语来描述作为注册会计师关注焦点的内部控制变得越来越不充分。总的来看，20世纪70年代，在各个利益集团的共同努力下，公司的管理层发展了内部会计控制有效性评价的方法，而内部审计人员作为独立评价内部控制的一方，也变得越来越重要。

80年代许多财务机构破产，其中有许多原因，例如，宽松的管理环境、波动的利率、过度的投机、不良的管理以及舞弊。随后的调查发现，在大多数案例中，审计人员不能发现公司的舞弊情况。1985年，由美国注册会计师协会（AICPA）、美国会计学会（AAA）、财务执行官协会（FEI）、国际内部审计师协会（IIA）、美国管理会计师协会（IMA）共同组建了反虚假财务报告委员会（Treadway Commission）。这个委员会旨在探究财务报告舞弊产生的原因，考察财务报告舞弊在多大程度上削弱了财务报告的完整性，注册会计师在发现舞弊中的责任，并且确定可能导致舞弊行为发生的公司结构。该委员会在1987年发表了报告，它不仅考虑了注册会计师的责任，还考虑了其他方面，例如公司高层的作风、内部会计制度和内部审计的作用、审计委员会及监督机构的作用等。对于内部控制，委员会发现在所调查的舞弊财务报告中，50%是由于内部控制失效导致的。报告中还提到已发表的公告和研究对内部控制的不同定义和解释导致管理层、内部审计人员和注册会计师对内部控制充分性的不同看法。因此委员会敦促各职业团体一起合作发展关于内部控制的统一概念。

针对80年代大量财务失败所导致的投资者损失，为了尽量弥补公众对于审计保证的期望和职业界认为审计所能达到的水平之间的差距，1988年4月美国注册会计师委员会发布了SAS No.55，取代SAS No.1，首次提出内部控制结构（internal control structure）。从“制度二分法”向“结构分析法”的演变被认为是内部控制史上的一个重大转变。它的具体内容包括：

1. 控制环境

控制环境（control environment）是指对建立、加强或削弱特定政策和程序效率产生影响的公司环境，具体包括管理者的思想和经营作风；企业组织结构；董事会及其所属委员会；确定职权和责任的方法；管理者监控和检查工作时所用的控制方法，包括经营计划、预测、利润计划、责任会计和内部审计；人事工作方针及其执行；影响本企业业务的各种外部关系，例如由银行指定代理人的检查等。

2. 会计制度

会计制度（accounting systems）规定各项经济业务的鉴定、分析、归类、登记和编报的方法，明确各项资产和负债的经营责任。健全的会计制度应当包括下列内容：鉴定和登记一切合理的经济业务；对各项经济业务按时进行适当分类，作为编制财务报表的依据；将各项经济业务按适当的货币价值计价，以便列入财务报表；确定经济业务发生的日期，以便按照会计期间进行记录；在财务报表中恰当地表述经济业务以及对有关内容进行披露。

3. 控制程序

控制程序（control procedures）指管理当局所制定的用以达到一定目的的方法和程序。它包括以下内容：经济业务和经济活动的批准权；明确各类人员的职责分工，防止有关人员对正常业务图谋不轨和隐匿错弊。职责分工包括指派不同人员分别承担批准业务、记录业务和保管财产的职责；凭证和账单的设置和使用应保证业务和活动得到正确的记录；对财产及其记录的接触和使用要有保护措施；对已登记的业务及其计价要进行复核。

上述定义的重大改变在于将内部控制环境纳入内部控制结构并且不再区分会计控制和管理控制。内部控制的三个要素要为完成内部控制的目标服务。但是 SAS No. 55 中内部控制的目标与 SAS No. 1 中内部控制的目标有所不同。例如，在旧准则下，内部会计控制的目标是使财务报表的编制符合公认会计准则的要求，而在新准则中，会计制度的目标是要“适当地在财务报表中体现交易和披露”，这里就没有提到公认会计准则。

（三）第三阶段：20 世纪 90 年代以来的内部控制

1995 年 12 月 SEC 发布 SAS No. 78《在财务报告审计中内部控制的考虑》，对 SAS No. 55 进行了修订。内部控制是“由董事会、管理层和其他员工实施的，为企业财务的可靠性、营运的效率效果和相关法律规章的遵循性目标的达成而提供合理保证的过程。内部控制包括五个相互联系的部分：控制环境，风险评估，控制活动，信息和交流，监督”。由内部控制的概念演变可见，内部控制起源于审计的需要，但后来随着经济的发展，其概念突破了审计的局限，向企业全面管理控制的范畴发展。这些变化直接导致美国反虚假财务报告委员会组织参与的发起组织委员会（Committee of Sponsoring Organizations，COSO 委员会）出台著名的《内部控制整合框架》和最新的《风险管理框架》。

1. 内部控制和审计的关系

内部控制之所以成为审计人员关注的焦点，一方面是审计工作的需要。在审计初期，审计人员通常采用详细审计，随着企业规模的扩大，这种审计方法显得力不从心，而且审计的效率和效果也受到质疑。因此审计人员开始尝试在内部控制评价的基础上进行抽样审计，结果事半功倍，能够取得令人满意的审计效果。另一方面是基于法律责任的发展。法院判例和颁布的法令要求审计人员在审计过程中考虑内部控制的适当性，对于内部控制的考虑已经不再局限于财务报表审计的内部控制范畴，而作为内部控制定义的制定者，职业界通常会从自身的法律责任考虑，把内部控制限定在与财务报表审计有关的方面。纵观历史，内部控制的定义在很大程度上是各方利益集团博弈的结果。

2. 内部控制和企业管理的关系

第二次世界大战以后，资本主义世界的资本开始集中，出现了许多跨国公司。经营地点的分散、控制权的扩大、内部职能部门的增加给传统的企业管理带来了新的挑战。为了防止舞弊、提高经营效率、节约资源，客观上要求建立行之有效的内部控制系统，以实现集团企业跨地域、跨行业控制。

第二节　内部控制的概念、目标、指导原则

一、内部控制的概念

内部控制的主体，即内部控制设计、执行和考核评价的主体，是单位内部的行政领导、职能部门及其相关人员。内部控制的客体是单位内部的经济、业务管理活动。为了控制客体，即控制单位内部的一切生产经营活动、财政财务收支活动和各种行政业务管理活动，必须针对其具体环节建立内部控制制度，制定一套相互联系、相互制约的程序和方法，使之严格按照计划规定的预期目标，有秩序、有效率地进行。内部控制以责任、牵制、程序、手续等各项制度为控制依据，建立健全合理的组织机构，明确部门和个人的职权范围及其责任界限，规定授权处理程序及相互联系、相互制约的内部流程和方法。内部控制的主要目的是领导、组织、协调、监督企事业单位和机关团体内部的各项管理活动，促使其认真贯彻执行管理部门制定的方针政策，准确、可靠地取得各种管理信息，确保财产安全、完整，不断提高经营管理水平，如期实现管理目标。

内部控制体系的建立、执行、检查、测试和评价，是现代管理学和现代审计学共同关心的问题。因此，内部控制学属于新兴的边缘学科。关于内部控制的含

义，国内外专家有几十种不同的说法，归纳起来主要从内部控制范围、内部控制手段、内部控制目的三个方面进行定义。

1. 从内部控制范围来看，主要有“部分控制论”和“全部控制论”两种观点

持“部分控制论”观点的大多数人认为，内部控制只包括与处理经济业务有关的内部会计控制，内部控制只与资产管理有关，而与行政、业务管理无关；少数人认为内部控制只包括内部牵制和内部稽核两大部分，前者设计在会计业务处理过程中，后者则是特设的专业人员进行定期与不定期的核查。持“全部控制论”观点的人总的看法是，内部控制应当包括全部管理控制，它超越了会计、财务的范围，渗透到经营的各个方面和管理的全过程。有人认为，内部控制实质上是由单位应拥有或建立的各种程序和秩序组成的一种制度，也是保证单位行政管理按其规定作用贯彻执行以及提供有用信息的一种制度，其目的是实现单位的目标和经济有效地使用各种资源。有人认为，内部控制包含单位管理部门设置的全部协调系统和组织计划，尽可能有条不紊地和高效率地进行业务活动，保证达到管理目标。也有人认为，内部控制包含单位内部的组织计划和与计划相配合的各种方法及措施，或是机构内部的组织和程序，以保证各项资产的安全，贯彻执行规定的管理政策。还有人认为，内部控制不仅是内部牵制和内部审计，而且包括对单位财务和其他方面的管理，以便搞好单位经营活动，维护其财产的完整，尽可能确保会计记录的正确性和可靠性，它对单位的整个经营活动进行控制和平衡。

2. 从内部控制手段来看，主要有“牵制论”和“组织方法论”两种观点

持“牵制论”观点者认为，内部控制只包括相互联系、相互制约的管理制度或职责分工制度。有人认为，内部控制就是单位各个职能部门的工作人员在处理经济业务过程中相互联系、相互制约的一种职责分工制度。不难看出，“牵制论”属于“部分控制论”的观点。持“组织方法论”观点者认为，内部控制不仅包括牵制制度，还包括组织、方法、手续等其他手段。有人认为，内部控制是采用一定的方法，对单位的业务活动进行组织、制约、考核和调节，它是各种控制措施和办法的总称。由此可见，“组织方法论”属于“全部控制论”的观点。

3. 从内部控制目的来看，主要有“三目的论”和“四目的论”两种观点

持“三目的论”者认为，内部控制是为了保护单位的财产，保证会计记录的准确可靠和及时提供可靠的财务信息。持“四目的论”者认为，内部控制除了保护资产和检查财务资料的准确可靠性，更重要的是为了贯彻执行既定的管理政策以达到组织的目标，提高经营效率和经济效益。内部控制的目的总是和内部控制的内容相联系的，一般说来，有什么样的控制目的便需要相适应的控

制内容和范围；相反，有什么样的控制内容便会产生相适应的控制目的。“三目的论”一般属于“部分控制论”的观点，“四目的论”则属于“全部控制论”的观点。

美国职业会计师协会所属的审计程序委员会1949年第一次提出了内部控制的概念：内部控制包括经济组织的计划及经济组织为保护其财产、检查其会计资料的准确性和可靠性、提高经营效率、保证既定的管理政策得以实施而采取的所有方法和措施。在其后50多年间不断对其修订，1973年进一步规定了会计控制和管理控制的含义。1988年在SAS No. 55《审计准则说明书》中把内部控制定义为“为了对实现特定公司目标提供合理保证而建立的一系列政策和程序”，并认为控制环境、会计系统、控制程序为内部控制的三个要素。

《世界最高审计机关组织内部控制准则》中规定：内部控制是为达成管理目标提供合理保证的管理工具。内部控制包括组织计划，以及为达成配合组织任务，保护资源，遵循法律、规章及各项管理作业规定而提供值得信赖的财务及管理资料而采取的管理的态度、方法、程序及评价措施。其控制目标，一是保护资源，以避免因浪费、舞弊、管理不当、错误、欺诈及其他违法事件而导致损失；二是配合组织任务，使各项作业均能有条不紊且更经济有效地运行，并提高产品与服务的质量；三是遵循法律、规章及各项管理作业规定；四是提供值得信赖的财务及管理资料，并能适时恰当地披露有关资料。内部控制主要包括组织计划，管理的态度、方法与程序，评价措施等。

1992年COSO委员会的报告认为，内部控制是为达成某些特定目标而设计的过程。即内部控制是一种由企业董事会、管理层与其他人员执行，由管理层所设计，为达成营运的效果及效率、财务报告的可靠性和相关法令的遵循提供合理保证的过程。该定义反映出的基本观点是：内部控制是一种过程，贯穿企业经营过程的始终；内部控制是一种受人影响的过程，是由人执行的，并非仅是政策手册与表格；内部控制只能为企业管理层与董事会提供合理保证，而非绝对保证；不同类别的内部控制相互配合，以一种、多种或重叠性的类别达成多项管理目标。

无论怎样对内部控制下定义，不仅要满足组织内部控制的要求，还必须能够提出并建立可用来评估其控制制度及决定如何改善的标准。随着现代企业管理实践的发展，“全部控制论”观点被越来越多的人所接受。人们逐渐认识到：内部控制是一种管理体系，它是整个经营管理过程的一个重要阶段，是现代分权管理的重要手段，也是现代管理最重要的方式。它已经成为业务较为复杂的大中型企业进行有效管理所必不可少的技术，是提高管理效能的一种先进方法，是实现组织管理高效化、专业化、规范化、自动化最基本的条件。

内部控制的全过程，实际上就是单位内部的管理人员在实现单位目标中借以保证获得资财，并有效地利用资财的管理过程，其实质就是有效地执行经营策略的一种管理控制。在延续不断、反复发生的过程中，管理人员在特定的环境和期限内，按照内部控制的要求，以最经济有效的方式去完成作业任务，实现整体经营策略和目标，这就是内部控制的作用。我们还可以把内部控制看成是经营管理当局用以规定和指导其经营活动的各项制度的一个组成部分，它涉及经营单位包括财务、会计收支事项在内的一切经营活动，具有很强的管理功能。有了良好的内部控制，不仅能使行政领导依赖各级经营管理者，上级单位信赖下级单位的管理人员及职工，各级管理人员及职工也能充分理解和执行上级的意图，进而取得良好的经营效果。因此，无论是企业的领导者，还是政府机关的负责人，都应该高度重视内部控制，建立健全内部控制制度。

二、内部控制的目标

纵观内部控制理论与实务的发展，可以看到内部控制的目标是随着内部控制概念的不断明确以及内部控制内涵的不断深入而发展变化的。

1992 年的 COSO《内部控制整合框架》将内部控制的目标确定为三个：一是保证企业经营的效果与效率；二是保障财务报告的可靠性；三是对法律法规的遵循。

2004 年 COSO《企业风险管理整合框架》（简称 ERM 框架）将内部控制的目标增至四个，增加的一个新目标是实现企业战略目标。比较《内部控制整合框架》的目标，两个框架中的经营和合法性这两方面目标基本类似，但 ERM 框架扩展了可靠性的目标，即将“财务报告的可靠性”发展为“报告的可靠性”。这意味着将“编制可靠的公开财务报告”目标扩展为“内部和外部的”“财务和非财务的”企业的所有报告。增加的战略目标为更高层次的目标，要求企业将风险管理用于制定和实施战略阶段，将内部控制和风险管理提升至公司战略高度。

我国《企业内部控制基本规范》充分借鉴 COSO 报告所确定的目标，结合我国经济及企业管理的现状将内部控制的目标确定为五类——合法性目标、资产安全目标、真实性目标、经营性目标和战略性目标。明确指出企业内部控制的目标是合理保证企业经营管理合法合规，资产安全，财务报告及相关信息真实完整，提高经营效率与效果，促进企业实现发展战略。

三、内部控制的指导原则

为实现企业内部控制的目标，发挥内部控制在企业发展和经营管理中的重要作用，在建立和实施内部控制系统时，应坚持切实可行的指导原则，只有这样才能实现内部控制的功能，达成内部控制的目标。现代企业内部控制的指导原则分为两部分：一是建立内部控制系统的指导原则；二是设计和实施内部控制的指导原则。

（一）建立内部控制系统的指导原则

1. 合规性原则

企业在制定内部控制制度时，必须遵循国家有关法律、法规，如《中华人民共和国会计法》（以下简称《会计法》）、《中华人民共和国公司法》（以下简称《公司法》）等。

2. 健全性原则

健全性原则是指，企业的内部控制系统是否规范了各项经济活动，覆盖了对人、财、物的全方位管理。企业内部控制系统必须包括控制环境、风险评估、控制活动、信息与沟通、监督五项要素，并覆盖各项业务和部门。换言之，各项控制要素、各个业务循环或部门的子控制系统，必须有机构成企业内部控制的整体架构，这就要求各子系统的具体控制目标必须对应整体控制系统的一般目标。内部控制制度必须涵盖公司经营管理的各个环节，普遍适用于公司每一位员工，不得留有制度上的空白或漏洞。内部控制制度的制定应当具有前瞻性，并且能够随着公司经营战略、经营方针、经营理念等内部环境的变化和国家法律法规、政策制度等外部环境的改变进行相应的修改或完善。

3. 适用性原则

每一个企业制定何种内部控制制度以及各项内部控制制度包含哪些内容，主要取决于企业生产经营、业务管理的特点和要求，包括组织结构的设计和企业内部采取的相互协调的方针、措施等。

4. 可行性原则

企业在制定内部控制制度时，对经济业务的处理程序要有明确规定，应简便易行，便于实际操作和运行。

5. 有效性原则

企业在执行内部控制制度时，应定期检查其执行情况，对出现的违规违法现象按规定进行处理，并及时将内部控制制度的执行结果与企业原定的经营战略方针相比较，出现薄弱环节要及时修正并完善。内部控制制度必须符合国家有关法律法规的规定。公司全体员工必须竭力维护内部控制制度的有效执行，任何人不得拥有超越制度约束的权力。

6. 成本效益原则

成本效益原则是指，企业力争以最小的控制成本取得最大的控制效果。因此，在实行内部控制花费的成本和由此而产生的经济效益之间要保持适当的平衡，也就是说，实行内部控制所花费的代价不能超过由此而获得的效益，否则应舍弃该控制措施。公司应当充分发挥各机构、各部门及广大员工的工作积极性，尽量降低经营运作成本，保证以合理的控制成本达到最佳的内部控制效果。

（二）设计和实施内部控制的指导原则

1．相互牵制原则

相互牵制原则是指，一项完整的经济业务活动必须分配给具有相互制约关系的两个或两个以上的职位分别完成。即在横向关系上，至少要由彼此独立的两个部门或人员办理，以使该部门或人员的工作接受另一个部门或人员的检查和制约；在纵向关系上，至少要经过互不隶属的两个或两个以上的岗位和环节，以使下级受上级监督，上级受下级牵制。其理论依据是，在相互牵制的关系下，几个人发生同一错弊而不被发现的概率是每个人发生该项错弊的概率的连乘积，因而可以降低误差率。需要分离的职责主要是授权、执行、记录、保管、核对。内部各部门和岗位的设置必须权责分明、相互牵制，并通过切实可行的相互制衡措施来消除内部控制中的盲点。

2．协调配合原则

协调配合原则是指，在各项经营管理活动中，各部门或人员必须相互配合，各岗位和环节都应协调同步，各项业务程序和办理手续需要紧密衔接，避免扯皮和脱节现象，减少矛盾和内耗，以保证经营管理活动的连续性和有效性。协调配合原则是对相互牵制原则的深化和补充。贯彻这一原则，尤其要避免只管牵制错弊而不顾办事效率的机械做法，必须做到既相互牵制又相互协调，在保证质量、提高效率的前提下完成经营任务。

3．程式定位原则

程式定位原则是指，企业单位应该根据各岗位业务性质和人员要求，相应地赋予作业任务和职责权限，规定操作规程和处理手续，明确纪律规则和检查标准，以使职、责、权、利相结合。岗位工作程式化要求做到事事有人管，人人有专职，办事有标准，工作有检查，以此定奖惩，以增强每个人的事业心和责任感，提高工作质量和效率。

4．审慎独立性原则

公司必须在精简的基础上设立能充分满足公司经营运作需要的机构、部门和岗位，各机构、部门和岗位在职能上保持相对独立性。风险控制是现代企业内部控制的重要内容，内部控制制度的制定要以审慎经营、防范和化解风险为出发点。

第三节　美国内部控制与风险管理框架及《萨班斯-奥克斯利法案》

一、COSO《内部控制整合框架》

美国1992年的COSO报告认为，内部控制是由企业的董事会、管理层和其他员工实施的，为营运的效率和效果、财务报告的可靠性以及法律规章的遵循性提供合理保证的过程。该报告于1994年进行增补和完善，得到了美国审计署（GAO）和美国注册会计师协会（AICPA）的认可和全面接受，成为现代内部控制理论与实务最具权威性的框架，在美国及全球得到广泛推广和应用。COSO《内部控制整合框架》提出了五个相互联系的要素。

（一）控制环境

控制环境（control environment）是其他内部控制组成部分的基础。可以通过控制环境来理解管理层和董事会关于环境的态度、意识和行为。控制环境主要包括：

1. 正直和道德价值观

管理层和员工应该正直，保持道德标准；充分发挥董事会职能，为管理层提供道德方面的指导，使其他员工在一般和特定环境下保持正确判断；将行为准则书面化，并保证传达给所有员工；将诱发员工不道德和非法行为的动机降到最低；制定切合实际的目标，以免带来不必要的压力。

2. 评判员工的能力

管理层要制定正式或非正式的职务说明书，逐项分析并规定工作岗位必须具备的知识和技能。

3. 董事会或审计委员会的参与

与这两个机构有关的问题有：委员会的相对独立性；成员的经验；外部董事的比例；内部和外部审计人员的关系；对管理层提出问题的深度和广度。

4. 管理层思想和经营风格

例如，管理层对于经营风险的态度和方式；对于财务报告的态度；对于会计选择和会计估计是保守还是激进。

5. 组织结构

它为企业的活动提供计划、执行、控制和监督的职能，具体应考虑：企业上下的沟通能力；各主管人员负责的适当性；按照主管人员所承担的责任判断其是否具备足够的知识和丰富的经验；当环境变化时，企业改变其组织结构的灵活性；不同岗位上员工人数的充足程度。

6. 权利和责任的分配

组织内的全部活动要合理有效地分配职责和权限；为执行任务和承担职责的成员提供所需的资源并确保其经验和知识与职责权限相匹配；所有员工都应该知道他们的工作和职责与达成组织目标的联系。

7. 人力资源政策和实践

内部控制是由人来执行的，保证企业内部成员具有正直道德观的人力资源政策和实践是内部控制有效的关键因素。具体包括：有完善的招聘、选拔政策和操作程序；对新员工进行企业文化和道德观的培训；对违反企业规定的任何事项制定处罚措施；制定激励机制，对业绩好的员工进行奖励，避免道德危机。

（二）风险评估

企业参与的所有活动，包括销售、生产、投资和融资都是存在风险的，管理层应该对这些风险进行识别、分析，然后进行有效的管理。风险评估（risk assessment）的前提是确定企业的目标，包括：营运目标，即企业的绩效及资产的安全完整；财务报告目标，即保证财务报告的真实公允；遵循性目标，即企业遵循国家的法律法规。识别和分析风险是一个反复进行的过程，这构成对风险进行管理的基础。风险可能由于以下几种情况而产生：经营环境的变化；新的会计准则或其他行政命令；科技发展；顾客的需求；商业竞争；自然灾害；改进的信息系统；聘用员工的品质、培训方法和激励机制；企业活动的性质，如公司重组；监事会的职能变化等。企业的生存环境是会改变的，企业的经营活动也应该相应地作出调整。风险评估中的一个基本组成部分就是辨认已发生的改变，并采取相应的行动。这些改变包括：

（1）经营环境的变化；

（2）新的人员；

（3）新的或改进的信息系统；

（4）迅速的发展；

（5）新技术；

（6）新行业、新产品或新活动；

（7）公司重组；

（8）新的会计公告。

（三）控制活动

控制活动（control activities）是指有助于公司目标实现的政策和程序，公司的目标在于确定任务和公司价值。控制活动是和风险评估过程联系在一起的，可以分为三个部分：营运、财务报告和遵循性。它包括：

1. 业绩分析

例如，管理层将实际经营活动的结果与预算或竞争对手的业绩相比较，以衡量实际经营的效果和监督计划的执行情况。

2. 信息传递

例如，在数据中心操作中的总体和应用控制，总体控制帮助管理层确保系统能持续、适当地运转，应用控制包括应用软件中的电算化步骤及相关的人工程序。

3. 实体控制

例如，对获得计算机程序和数据库途径的控制；保护现金、证券等实物资产的安全完整，定期盘点并与账面记录相比较。

4. 职责的分工

例如，指派不同的人负责业务授权、记录交易和资产的保管，以降低错误或舞弊的风险。

（四）信息和沟通

信息（information）是人们完成其责任所必不可少的，信息系统不仅处理公司内部产生的信息，同时也要处理与外部活动有关的信息。内部信息包括采购资料、销售资料和生产资料等。外部信息包括当某种产品的需求发生变化时该市场和行业的经济资料；竞争对手产品开发活动的信息；立法机关和行政机关发布的信息；显示顾客偏好的信息。沟通（communication）是使所有职员接受管理层传递的与内部控制有关的控制责任的方法，不仅如此，还包括下级和上级沟通重要信息的方法以及和外部团体，包括顾客、供应商和监管机构的沟通。

（五）监督

监督是指对内部控制的质量进行评价的过程，这个过程包括持续的监督和独立的评价，以保证内部控制运行的有效性。持续的监督包括：当取得的营运报告和财务报告与实际有重大偏离时，可以对报告提出质疑；通过和外界职业团体的沟通，验证内部信息的正确性；通过职务的分离，使员工之间可以互相检查，以防止舞弊；把资产的实际数与账面数进行核对；内部和外部审计人员定期提出关于内部控制的建议；定期要求员工陈述是否了解公司的行为准则、是否遵守；要求负责财务和业务的员工陈述特定的控制是否得到执行，管理层应该核实这些陈述的确实性。独立评价的范围和频率取决于所涉及风险的大小，整个控制系统评价的范围应涉及所有内部控制的重大方面，需要评估控制是否像预期的那样运行，控制是否是为了适应条件的改变而进行了调整。此外，在监督过程中所发现的缺陷应该由下向上报告，让董事会了解。

二、《企业风险管理整合框架》

2004年9月，COSO发布《企业风险管理整合框架》，该框架指出，全面风险管理是一个由企业董事会、管理层和其他员工共同参与的应用于企业战略制定和企业内部各个层次和部门的，用于识别可能对企业造成潜在影响的事项并在其风险偏好范围内管理风险的，为企业目标的实现提供合理保证的过程。《企业风险管理整合框架》拓展了内部控制，更加关注企业全面风险管理这一更为宽泛的领域，成为世界各国和众多企业广为接受的概念框架。

（一）《企业风险管理整合框架》的三个维度

该框架的创新之处体现在：全面风险整合框架提出了三维立体框架。这种多维立体的表现形式有助于全面深入理解控制和管理对象，分析解决内部控制中存在的复杂问题。

第一个维度是目标体系，包括四类目标：

- 战略（strategic）目标，即高层次目标，与使命相关联并支撑使命；
- 经营（operations）目标，高效率地利用资源；
- 报告（reporting）目标，报告的可靠性；
- 合规（compliance）目标，符合适用的法律和法规。

第二个维度是管理要素，包括八个相互关联的构成要素，它们源自管理当局的经营方式，并与管理过程整合在一起，具体为：

（1）内部环境。管理当局确立关于风险的理念，并确定风险容量。所有企业的核心都是人（他们的品性，包括诚信、道德价值观和胜任能力）以及经营所处的环境，内部环境为主体中的人如何看待风险和着手控制风险确立了基础。

（2）目标设定。必须先有目标，管理当局才能识别影响目标实现的潜在事项。企业风险管理确保管理当局采取恰当的程序来设定目标，保证选定的目标支持主体的使命并与其相衔接，与企业的风险容忍度相适应。

（3）事项识别。必须识别可能对主体产生影响的潜在事项，包括表示风险的事项和表示机会的事项，以及可能二者兼有的事项。机会可以追溯到管理当局的战略或目标制定过程。

（4）风险评估。要对识别的风险进行分析，以便确定管理的依据。风险与可能被影响的目标相关联。既要对固有风险进行评估，也要对剩余风险进行评估，评估要考虑到风险的可能性和影响。

（5）风险应对。员工识别并评价可能的风险应对措施，包括回避、承担、降低和分担风险。管理当局制定一系列措施使风险与主体的风险容忍度相适应。

(6) 控制活动。制定和实施政策与程序以确保管理当局所选择的风险应对策略得以有效实施。

(7) 信息与沟通。主体的各个层级都需要借助信息来识别、评估和应对风险。广泛意义的有效沟通包括信息在主体中向下、平行和向上流动。

(8) 监控。整个企业风险管理处于监控之下，必要时会进行修正。这种方式能够动态地反映风险管理状况，并使之根据条件的要求而变化。监控通过持续的管理活动、对企业风险管理的单独评价或者两者的结合来完成。

第三个维度是主体层次，包括集团、部门、业务单元、分支机构四个层面。

(二) 全面风险整合框架引入了三个风险管理概念

风险管理框架中运用了风险组合观、风险偏好和风险容忍度这三个概念，丰富了内部控制的内涵与外延，使企业风险管理更具操作性。

(1) 风险组合观 (an entity-level portfolio view of risk)。风险管理框架要求从企业整体角度看待和评估风险，对相关风险进行识别并采取措施使企业所承担的风险在可容忍的范围之内。对于企业内部各单位或业务单元而言，其风险可能在风险容忍度范围内，但从企业总体来看，组合起来的总风险可能就超过了企业的风险容忍度。

(2) 风险偏好 (risk appetite)。指企业愿意接受的风险程度，一般分为风险喜好、风险中性和风险厌恶三种类型。风险管理框架要求企业评估经营中可接受的风险，在此基础上，确定公司战略和目标以及具体经营计划。

(3) 风险容忍度 (risk tolerance)。指企业目标实现过程中对风险的可接受程度。风险管理框架要求企业在既定的风险偏好基础上进一步确定各目标的风险容忍度，对企业经营中的风险有足够的认识，更好地控制风险和管理风险，确保企业目标的实现。

三、《萨班斯-奥克斯利法案》

2002 年 7 月美国通过了关于会计和公司治理一揽子改革的《萨班斯-奥克斯利法案》(以下简称《萨・奥法案》)。总统布什签署该法案并称"这是自罗斯福总统以来美国商业界影响最为深远的改革法案"。该法案的核心是通过立法加强对财务制度和企业内部的控制，增加企业财务透明度，及时对各种缺陷进行修复。如果企业被认定未达到该法案的要求，企业可能会受到严厉处罚，包括高额罚款以及管理层个人刑事责任的追究。

《萨・奥法案》主要包括以下几个方面的内容。

(一) 成立独立的公众公司会计监察委员会，监管执行公众公司审计职业

公众公司会计监察委员会 (PCAOB) 负责监管执行公众公司审计的会计师

事务所及注册会计师。法案规定：

（1）PCAOB 拥有注册、检查、调查和处罚权限，保持独立运作，自主制定预算和进行人员管理，不应作为美国政府的部门或机构，遵从哥伦比亚非营利公司法，其成员、雇员及所属机构不应视为联邦政府的官员、职员或机构。

（2）授权美国证券交易委员会（SEC）对 PCAOB 实施监督。PCAOB 由 5 名专职委员组成，由 SEC 与美国财政部长和联邦储备委员会主席商议任命，任期 5 年。5 名委员应熟悉财务知识，其中可以有 2 名是或曾经是执业注册会计师，其余 3 名必须是代表公众利益的非会计专业人士。

（3）要求执行或参与公众公司审计的会计师事务所向 PCAOB 注册登记。PCAOB 将向登记的会计师事务所收取注册费和年费，以满足其运转的经费需要。

（4）PCAOB 有权制定或采纳有关会计师职业团体建议的审计与相关鉴证准则、质量控制准则以及职业道德准则等。PCAOB 如认为适当，将与指定的由会计专家组成的负责制定准则或提供咨询意见的专业团体保持密切合作，有权对这些团体建议的准则进行补充、修改、废除或否决。PCAOB 每年需就准则制定情况向 SEC 提交年度报告。

（5）根据《1934 年证券交易法》和修订的《1933 年证券法》的有关要求，授权 SEC 对会计准则制定机构的会计原则是否达到“一般公认”的目标进行认定。该准则制定机构必须符合如下要求：第一，应是民间机构；第二，由某个理事会（或类似机构）管理，该理事会多数成员在过去两年内未在任何会计师事务所任职；第三，经费获取方式与 PCAOB 相似；第四，通过多数票的方式确保会计准则及时反映新的会计问题和商业实务；第五，制定准则时考虑准则适应商业环境的变动性，以及高质量会计准则国际趋同的必要性或适当性。此外，法案还要求 SEC 就美国财务报告系统如何采用以原则为基础的会计准则问题进行研究，并在一年内向国会提交研究报告。

（6）对公众公司审计客户超过 100 户以上的会计师事务所，PCAOB 要进行年度质量检查，其他事务所每 3 年检查一次。PCAOB 和 SEC 可随时对会计师事务所进行特别检查。

（7）PCAOB 有权调查、处罚和制裁违反该法案、相关证券法规以及专业准则的会计师事务所和个人。不过，PCAOB 的处罚程序要受 SEC 监督，SEC 可以加重、减轻其做出的处罚，也可以修改或取消其处罚决定。PCAOB 对会计师事务所和个人进行处罚和制裁的形式包括：临时或永久吊销注册；临时或永久禁止个人在会计师事务所执业；临时或永久限制事务所或个人的执业活动、职能等；对于故意、明知故犯、不计后果的行为或者屡犯的过失行为，可对自然人处以 75 万美元以下的罚款，对单位处以 1 500 万美元以下的罚款；对于过失行为，自然人罚款不超过 10 万美元，单位不超过 200 万美元；谴责；强制要求参加附加的专业培训和教育；其他处罚形式。

(8) 审计美国公司（包括审计美国公司的国外子公司）的外国会计师事务所也必须向PCAOB登记。

(二) 要求加强注册会计师的独立性

(1) 修改《1934年证券交易法》，禁止执行公众公司审计的会计师事务所为审计客户提供列入禁止清单的非审计服务，未明确列入禁止清单的非审计服务要经过公司审计委员会的事先批准。被禁止的非审计服务包括：簿记服务以及为审计客户提供的与会计记录或财务报表相关的其他服务，财务信息系统的设计与实施，评估或估价服务，精算服务，内部审计外包服务，管理职能或人力资源服务，经纪人、投资顾问或投资银行服务，法律服务以及与审计无关的专家服务，公众公司监察委员会根据有关规则认为不可提供的其他服务。

(2) 审计合伙人和复核合伙人每5年必须轮换，规定了注册会计师需向公司审计委员会报告的事项。

(3) 如果公司首席执行官、财务总监、首席会计官等高级管理者前一年内曾在会计师事务所任职，该事务所禁止为这家公司提供法定审计服务。

另外，责成各州监管机构自行决定PCAOB的独立性标准是否适用于未在该委员会登记的中小会计师事务所。

(三) 要求加大公司的财务报告责任

(1) 公司的审计委员会负责选择和监督会计师事务所，并决定会计师事务所的付费标准。

(2) 公司首席执行官和财务总监对呈报给SEC的财务报告“完全符合证券交易法，以及在所有重大方面公允地反映了财务状况和经营成果”予以保证。因违反证券法规而重编会计报表后发放的薪酬和红利应予退回。

(3) 公司财务报告必须反映会计师事务所做出的所有重大调整，年报和季报要披露重大表外交易，以及与未合并实体之间发生的对现在或将来的财务状况具有重大影响的其他关系。

(4) SEC有权对违反证券法规的公司的董事或管理人员采取禁入措施。

(5) 强制要求公司高级财务人员遵循职业道德规则。

(6) 禁止公司给高层管理者或董事贷款，并要求公司管理层在买卖公司股票后立即告知SEC。

(四) 要求强化财务披露义务

(1) 公众公司应进行实时披露，即及时披露导致公司经营和财务状况发生重大变化的信息。

(2) 由SEC制定规则，要求公众公司披露对公司财务状况具有重大影响的所有重要的表外交易和关系，且不以误导方式编制财务信息。由 SEC 负责对特殊目的的实体以及表外交易等事项的信息披露进行研究，提出建议并向国会报告。

（3）主要股东或高级管理者披露股权变更或证券转换协议的强制期间由原来的 10 个工作日减少为 2 个工作日。

（4）由 SEC 制定规则，强制要求公众公司年度报告中应包含内部控制报告及其评价，并要求会计师事务所对公司管理层做出的评价出具鉴证报告。

（5）由 SEC 制定规则，强制要求公司审计委员会至少应有一名财务专家，并且予以披露。

（五）加重对违法行为的处罚

（1）故意进行证券欺诈的犯罪行为最高可判处 25 年入狱。对犯有欺诈罪的个人和公司的罚金最高分别可达 500 万美元和 2 500 万美元。

（2）故意破坏或捏造文件以阻止、妨碍或影响联邦调查的行为被视为严重犯罪，将处以罚款或判处 20 年入狱，或予以并罚。

（3）执行证券发行的会计师事务所的审计和复核工作底稿至少应保存 5 年。任何故意违反此项规定的行为，将予以罚款或判处 20 年入狱，或予以并罚。

（4）公司首席执行官和财务总监必须对报送给 SEC 的财务报告的合法性和公允表达进行保证。违反此项规定，将处以 50 万美元以下的罚款，或判处入狱 5 年。

（5）起诉证券欺诈犯罪的诉讼时效由原来从违法行为发生起 3 年和被发现起 1 年分别延长为 5 年和 2 年。

（6）对检举公司财务欺诈的公司员工实施保护措施，并补偿其特别损失和律师费。

（六）增加经费拨款，强化 SEC 的监管职能

从 2003 年度起将 SEC 的拨款增加到 7.76 亿美元，加强欺诈防范、风险管理、市场监管与投资管理。其中 9 800 万美元用于招聘 200 名工作人员，加强对注册会计师和审计业务的监管。

（七）要求美国审计总署加强调查研究

（1）授权美国审计总署对会计师事务所强制轮换制度进行研究。

（2）要求美国审计总署对 1989 年以来的会计师事务所的合并进行研究，评估其现在和未来的影响，并对发现的问题提出解决方案。

（3）要求美国审计总署研究导致会计师事务所竞争受限的因素，如高成本、低服务质量、独立性差、缺乏选择等，并调查联邦或州的监管政策是否存在妨碍会计师事务所正当竞争的因素。

（4）责成美国审计总署就调查研究的情况，在一年内分别向参议院银行委员会和众议院金融服务委员会报告。

第四节 中国《企业内部控制基本规范》及《企业内部控制配套指引》

一、《企业内部控制基本规范》

2008年6月，在借鉴和吸收国际监管新理念的背景下，我国财政部、审计署、证监会、银监会和保监会五部委联合印发了《企业内部控制基本规范》（财会〔2008〕7号）。

被称为中国版《萨·奥法案》的《企业内部控制基本规范》是我国第一部加强和完善企业内部控制系统，提高企业经营管理水平和风险防范能力，促进企业可持续发展，维护社会主义市场经济秩序和社会公众利益的重要法规文件。

《企业内部控制基本规范》共7章50条，各章分别是：总则、内部环境、风险评估、控制活动、信息与沟通、内部监督和附则。基本规范坚持立足我国国情，借鉴国际惯例，确立了我国企业建立和实施内部控制的基础框架，有以下几个特点。

（1）科学界定内部控制的内涵。强调内部控制是由企业董事会、监事会、经理层和全体员工实施的旨在实现控制目标的过程，有利于树立全面、全员、全过程控制的理念。

（2）准确定位内部控制的目标。内部控制的目标是合理保证企业经营管理合法合规、资产安全、财务报告及相关信息真实完整，提高经营效率和效果，促进企业实现发展战略。

（3）合理确定内部控制的原则。企业建立与实施内部控制，应当遵循全面性原则、重要性原则、制衡性原则、适应性原则和成本效益原则。

（4）统筹构建内部控制的要素。我国《企业内部控制基本规范》在形式上借鉴了COSO《内部控制整合框架》五要素框架，内容上却体现了《企业风险管理整合框架》八要素框架的实质，构建了以内部环境为重要基础，以风险评估为重要环节，以控制活动为重要手段，以信息与沟通为重要条件，以内部监督为重要保证，相互联系、相互促进的五要素内部控制框架。

（5）有效建立实施和保障机制。要求建立以企业为主体、以政府监管为促进、以中介机构审计为重要组成部分的内部控制实施机制。要求企业实行内部控制自我评价制度，并将各责任单位和全体员工实施内部控制的情况纳入绩效考评体系；国务院有关监管部门有权对企业建立并实施内部控制的情况进行监督检查；企业依法委托会计师事务所对本企业内部控制的有效性进行审计，出具审计报告。

根据《企业内部控制基本规范》的执行要求，自2009年7月1日起在上市公司范围内施行，鼓励非上市的大中型企业执行。上市公司应当对本公司内部控制有效性进行自我评估，披露年度自我评价报告，并可聘用具有证券、期货从业资格的会计师事务所对内部控制的有效性进行审计。

二、《企业内部控制配套指引》

继《企业内部控制基本规范》发布后，财政部、证监会、审计署、银监会及保监会五家监管机构于2010年4月26日进一步发布了《企业内部控制应用指引》、《企业内部控制评价指引》和《企业内部控制审计指引》（以下共称《企业内部控制配套指引》），作为实施《企业内部控制基本规范》的具体指引。

《企业内部控制配套指引》自2011年1月1日起对在境内外同时上市的公司首先实施，自2012年1月1日起对在上海证券交易所上市的公司及深圳证券交易所主板上市的公司实施。相关指引的出台，对国内企业，尤其是上市公司完善其内部控制和风险管理架构提出了更为明确和具有可操作性的要求。如何高效地满足相关指引的要求，进一步提高企业内部控制意识和风险管理水平，成为上市公司董事会和管理层面临的重大挑战。

复习思考题

1. 内部控制理论和实务的发展经历了哪几个主要阶段？各阶段具有哪些控制思想？
2. 阐述内部控制概念和内涵的演变。
3. 建立和实施内部控制的基本原则是什么？
4. 我国《企业内部控制基本规范》的内部控制目标是什么？试比较《企业内部控制基本规范》与COSO《内部控制整合框架》和《企业风险管理整合框架》的异同。
5. 阐述COSO《内部控制整合框架》五要素和《企业风险管理整合框架》八要素的主要内容。
6. 如何正确理解和阐述企业的风险偏好？
7. 《萨班斯-奥克斯利法案》对上市公司提出的挑战是什么？
8. 阐述我国《企业内部控制基本规范》的主要特点。

第二章

内部控制要素

第一节　内部环境

COSO委员会在1992年发布的《内部控制整合框架》中，提出内部控制包括控制环境、风险评估、控制活动、信息和沟通、监督五个相关要素，其中将控制环境看做其他因素构建的基础，由此可以看出控制环境在整个内部控制框架体系中的重要性。它的设计与运作，不仅会影响企业整体活动方式，对其他四个要素也会产生重大影响。因此，控制环境的好坏直接影响到内部控制框架的实施效果。企业应建立适合现代企业制度要求的内部控制环境。

2004年COSO委员会发布的《企业风险管理整合框架》中，以“内部环境”要素取代了“控制环境”要素，更加强调企业内部环境对内部控制的决定性作用。2008年我国《企业内部控制基本规范》指出：内部控制包括控制环境、风险评估、控制活动、信息与沟通、内部监督五要素。“内部环境是企业实施内部控制的基础，一般包括治理结构、机构设置及权责分配、内部审计、人力资源政策、企业文化等。”

对企业来说，企业所处的外部环境是不可控的。企业内部控制的设计中，只有针对企业可控的内部控制环境才有意义。因此，虽然外部环境同样非常重要，但对企业内部控制设计来说，更重要的是对可控部分进行有效控制，达到纠错防弊的目的。

内部控制环境主要指企业的核心人员以及这些人的个体属性和所处的工作环境，包括个人诚信正直、道德价值观与所具备的完成组织承诺的能力、董事会与稽核委员会、管理层的经营理念与营运风格、组织结构、职责划分和人力资源的政策与程序等。

内部控制环境主要包括以下方面内容。

一、人员的品德操守与素质

人员的品德操守与素质是企业内部控制效果的一个决定性因素，内部控制体系的建立和实施离不开“人”这一载体。企业中的每一个员工都扮演着双重角色，既是企业内部控制的主体，对其所负责的作业实施控制，同时又是企业内部控制的客体，受企业内部其他员工的控制和监督。任何一项内部控制制度都不可超越那些创造、管理、实施、监督此项制度的人员的品德操守，与人员的工作能力紧密相关。

据报道，某大学经济学院的办公室主任于2001年底携款逃跑。从了解到的情况来看，学院的用人失察应该是重要原因。因为几年前这位办公室主任担任饭店经理期间，曾发生过挪用公款十万余元的问题，让这样的人担任有机会大量接触货币资金的岗位显然是不合适的。由于文化传统的不同，我国员工的品德操守及价值观同西方国家有很大区别，如表2—1所示。

表2—1　　　　中国与西方价值观比较

项目	中国	西方
逻辑特征	总体的 分解的 非线性的 象棋逻辑的	就事论事的 综合的 线性的 围棋逻辑的
等级或团队	注重等级	团队取向
人或事	侧重人的方面	侧重事或物的方面
特殊性或原则	因时因地制宜	忠于原则
整体或个人	注重整体	注重个人

资料来源：郑洪涛：《企业内部控制精要——整体框架、制度设计、测试评价》，北京，中国财政经济出版社，2003。

因此，企业内部控制环境的建立要充分考虑到的实际，符合传统文化的价值及行为取向，坚持“以人为本”的设计思想和管理思路。创立良好的人员环境与企业文化相关，我们仍需借鉴成功企业的经验，形成良好的企业文化。

二、管理者的经营风格与经营理念

管理者的经营风格与经营理念直接影响着企业的管理方式。特别是对我国大多数企业而言，“人治”的色彩占了上风，管理者的个人魅力与决策能力对环境有重要影响。举例来说，管理当局中成员的个人品德与价值观甚至脾气秉性都会导致内部控制实施效果的不同：小心谨慎、循规蹈矩的管理者比粗心大意、滥用职权的管理者更能遵循内部控制的规章制度；开明民主的管理者比独断专行的管理者更能维护内部控制的严肃性；管理者如果好大喜功，作为企业的财务部门就要当心，或许会被要求做一份谎报经营业绩的财务报表以取悦上级部门或其他利益相关者；倘若管理者处处为企业着想，精打细算，那么预算控制的约束力极有可能比在挥霍浪费的管理者的掌管下更强。

管理者对内部控制的影响作用还表现在管理者对设计和建立可靠的会计系统的态度上。俗话说，上梁不正下梁歪，如果管理者对会计系统的建立与完善以及内部控制的缺陷毫不在意，企业员工就完全可能采用相似的态度，使内部控制系统受到损害。另外，内部控制作用的有效发挥以足够数量和相当素质的人员以及管理当局的政策等作为依托，而这些方面在很大程度上取决于管理者对内部控制工作的重视程度。

前面讲到员工素质对内部控制的影响，而管理者的素质对内部控制的作用更不可小视。人们常说："兵熊熊一个，将熊熊一窝。"某个基层员工如果不能胜任工作，至多对其所负责的某一环节造成不良影响；但企业管理者若对企业控制不力，受损的则是整个企业的有效运作。所以，管理者能否控制业务活动，是内部控制能否到位的重要因素。管理者对企业的控制力主要通过以下方面的内容表现出来：

1. 组织和管理机构

管理者需要有效的组织和管理机构来计划、指导和控制企业的经营活动和信息系统。企业的组织和管理机构的有效性，是内部控制环境的组成部分之一。

2. 授权和分配责任的方法

企业的内部报告关系和责任的理解需要明确的授权和分配责任，否则将会削弱财产和会计记录的可追溯性，并可能导致控制错误、舞弊和失败。

3. 监督和监控

监督和监控的缺乏会增加财务报告的风险，因此，对分配给下属的职责和任务实施控制对数据处理和核算功能极为重要。

三、组织结构

组织结构包括组织机构设置、职责权力分配、人员在组织中处于什么位置、他们承担什么样的责任或拥有什么权力等。组织结构是企业达到整体经营目标的保障，企业要在组织结构的基础上，进行计划、执行、控制和监督活动。

企业应根据实际需要建立适当的组织结构。由于早期的企业规模小，人员较少，为便于有效控制及降低控制成本，一般采用集权控制；随着企业规模不断扩大和社会化大生产的发展，企业集团化、国际化成为趋势，本着"效率优先"的原则，企业选择了分权化管理；而今，外部环境又发生了变化，通信和计算机技术广泛应用，各类企业选择了半分权化甚至集权化管理体制，以提高效率和加强控制。

健全的机构是内部控制机制产生作用的硬要素。公司制企业中股东大会（权力机构）、董事会（决策机构）、监事会（监督机构）和总经理层（日常管理机构）这四个法定机构提供了基本的组织框架，必须在这一组织框架下设立满足企业监控需要的职能机构。在半分权化的管理体制下，可以尝试建立一个管理控制机构。例如，目前有些上市公司依据自身经营特点设立了审计委员会、薪酬委员会、战略委员会等。机构设置因单位的经营特点和经营规模而异，比如设立价格委员会的企业大多是规模大、采用集中采购方式、采购价格变动较大的企业，这些企业设立价格委员会能够有效加强采购环节的价格监督与控制；再比如，对于规模大，技术含量高，知识、技术人员云集的企业，通过设立薪酬委员会进行管理层持股及股票期权问题的研究，能够提高薪酬计划的科学性，加强薪酬计划执行的透明度和监控力度。而对于规模较小的企业，如果设立这样的控制机构，就违背了成本效益原则，增加了管理成本，不利于企业的发展。

在组织机构建立的基础上，各内部机构间、各经办人员间还要进行科学分工与牵制，即职责权力分配及岗位设计。这是内部控制机制产生作用的软要素。推行职务不兼容制度，杜绝高层管理人员交叉任职，比如董事长和总经理为一人，董事会和总经理班子人员重叠。这种交叉任职的后果是董事会与总经理班子之间权责不清、制衡力度锐减；关键人员大权独揽，具有几乎无所不管的控制权，常常集控制权、执行权和监督权于一身，有较大的任意性。交叉任职违背了内部控制的基本原则，必然带来权责含糊，易造成办事程序由一个人操纵的现象。事实上，资金调拨、资产处置、对外投资等方面出现问题的重要原因之一就在于交叉任职，董事会缺乏独立性。因此，建立内部控制框架首先要在组织机构设置和人员配备方面做到董事长和总经理分设、董事会和总经理班子分设，避免人员重叠。

四、人力资源政策与程序

COSO报告认为，人是企业最重要的资源，人力资源政策及其实施体现的是企业对员工的期望，并通过人员配备与选拔方式、培训计划、职务考核标准、分析与评价机制等表现出来。

我国《企业内部控制具体规范（征求意见稿）》中，强调人力资源政策包括岗位职责和人力资源计划、招聘、培训、离职、考核、薪酬等一系列有关人事的活动和程序。要求企业在制定并实施人力资源政策的过程中，至少应当强化对以下关键方面或者关键环节的风险控制，并采取相应的控制措施：

（1）岗位职责和任职要求应当明确，人力资源需求计划应当合理；

（2）招聘及离职程序应当规范，培训工作应当以提高员工道德素养和专业胜任能力为目标；

（3）人力资源考核制度应当科学合理，能引导员工实现企业经营目标；

（4）薪酬制度应当能保持和吸引优秀人才，薪酬发放标准和程序应当规范。

第二节 风险评估

古人云："宜未雨而绸缪，毋临渴而掘井。"企业时时面临着来自组织内外的风险，必须及时反映、评价和控制风险变化情况，以保证企业经营的效率和效果。阿瑟·威廉姆斯在《风险管理与保险》一书中将风险定义为：在给定情况下和特定时间内，那些可能发生的结果之间的差异。风险就是一种未来的不确定性，可能会对企业目标实现造成影响，这种影响具有两面性，企业需要对可能出现的不利影响进行防范，以保证企业目标的实现。因此风险评估就成为企业不可或缺的工作内容。

风险评估有什么用？大家都知道“9·11”事件，恐怖分子袭击了美国世贸中心，却有上千人幸免于难。在世贸中心建设过程中，风险评估表明楼梯过窄，于是改动了设计，正是这一行为拯救了许多人的生命。所以，风险评估不仅可以预测风险发生的可能性，而且能提高组织的抗风险能力，以便在难以预料的风险出现时从容应对。

一般来说，企业进行风险评估的目的包括以下几个方面：

（1）了解和评价企业经营环境及经营现状；

（2）提出组织发展的安全需求；

（3）选择最佳的风险控制措施；

（4）建立安全管理体系；

（5）制定有效的安全策略。

企业根据发展战略制定经营目标后，对实现目标过程中的风险进行判别和分析，并采取相应行动，这一过程称为风险评估。作为企业风险管理和风险评估的组织机构的基础，企业应当首先设置专门的风险管理部门或配备专门人员。

风险评估体系分为三个步骤：风险确认识别、风险分析与评估、风险应对。

一、风险确认识别

风险确认识别是对企业面临的风险进行判断、分析其性质的过程。主要研究内容包括风险的类型、风险发生的原因、风险对企业经营可能产生的影响等。

（一）风险的分类

企业面临的风险从来源上分，有企业内部和外部两方面。外部风险包括：科技发展带来的企业技术、管理、信息等方面的变化；顾客需求或预期改变；竞争环境的变化；新法令颁布；自然灾害；经济环境改变，等等。内部风险主要有：信息系统故障；员工的素质与能力不能胜任；公司高管的责任改变；单位活动的性质变化；董事会或监督委员会的责任变化等。

从企业能否控制来分，风险分为可控风险与不可控风险两种。

从风险导致的结果来分，风险分为纯粹风险和投机风险。纯粹风险所能导致的结果只有两种：无损失和损失。投机风险可导致三种结果：无损失、损失和利得。

（二）风险产生的原因以及风险对企业经营可能产生的影响

上述企业的风险来源亦即风险产生的原因，归纳起来，不外乎生产经营、财务活动、政府政策、自然灾害等几个方面。认清这一点，就可以进一步分析这些风险是可控的还是不可控的。

人们主要采用定性分析方法分析风险产生的原因及对企业经营可能产生的影响，常用方法有列举法、关联树法、头脑风暴法和德尔菲法。

（1）列举法根据公司生产经营活动及生产管理流程、财务报表及其他财务资料辨识可能的风险。列举法有财务分析法和流程分析法。财务分析法以财务报告为出发点对企业风险进行分析。一般认为，财务报告是企业所有经营活动的缩影：根据资产负债表，我们可以评价企业资产与负债结构等风险；利润表和现金流量表可以帮助我们了解企业业务盈亏风险及现金风险的来源；我们还能通过各种财务比率及其他财务资料追踪可能的风险来源。流程分析法以生产过程或管理过程为出发点来辨识风险。通过对作业流程各环节的分析，考虑各环节可能出现的风险及带来的损失。

（2）关联树法利用图解的方式，将风险从大到小、由粗到细，依据其相关性进行分解。通过这种方法，可以迅速分析出风险的多种可能性，并发现主要风险及其成因，从而进行评价。

（3）头脑风暴法针对某个特定问题，组织来自不同部门但具有一定权威的专家坐在一起进行讨论。讨论前主持人不作任何思路和范围的限制，使参与讨论者没有任何压力，畅所欲言；讨论过程中不对任何人的见解作评论。然后对各种想法进行评价并改进或整合，最终对问题达成一致意见。

（4）德尔菲法采用信函的方式分别向有关专家提出问题，然后对各种想法进行汇总，再匿名反馈给有关专家，再征求意见，再次汇总，再反馈，反复多次，以达成一致意见。

需要说明的是，企业风险会随着客观环境等因素的变化而变化，或出现新的风险。所以，企业应该把风险识别工作作为一项长期的制度。

（三）识别内部风险与外部风险

根据《企业内部控制基本规范》，企业识别内部风险，应当关注的因素有：

（1）董事、监事、经理及其他高级管理人员的职业操守，员工专业胜任能力等人力资源因素。

（2）组织机构、经营方式、资产管理、业务流程等管理因素。

（3）研究开发、技术投入、信息技术运用等自主创新因素。

（4）财务状况、经营成果、现金流量等财务因素。

（5）营运安全、员工健康、环境保护等安全环保因素。

企业识别外部风险，应当关注的因素有：

（1）经济形势、产业政策、融资环境、市场竞争、资源供给等经济因素。

（2）法律法规、监管要求等法律因素。

（3）安全稳定、文化传统、社会信用、教育水平、消费者行为等社会因素。

（4）技术进步、工艺改进等科学技术因素。

（5）自然灾害、环境状况等自然环境因素。

二、风险分析与评估

风险分析与评估是在风险识别的基础上，对有关因素进行量化，计算出风险概率、风险后果和风险值。风险分析与评估的结果是风险应对的主要依据，是企业决定如何管理和控制风险的基础。

我国《企业内部控制基本规范》规定，企业应当采用定性与定量相结合的方法，按照风险发生的可能性及其影响程度等，对识别的风险进行分析和排序，确定关注重点和优先控制的风险。企业进行风险分析，应当充分吸收专业人员，组成风险分析团队，按照严格规范的程序开展工作，确保风险分析结果的准确性。

三、风险应对

进行风险分析和评估后，管理层应考虑风险如何控制的问题。企业应当根据风险分析结果，结合风险承受度，权衡风险与收益，确定风险应对策略。

风险应对策略主要有：风险规避、风险降低、风险分担和风险承受等。风险规避是企业对超出风险承受度的风险，通过放弃或者停止与该风险相关的业务活动以避免和减轻损失的策略。风险降低是企业在权衡成本效益之后，采取适当的控制措施降低风险或者减轻损失，将风险控制在风险承受度之内的策略。风险分担是企业借助他人力量，采取业务分包、购买保险等方式和适当的控制措施，将风险控制在风险承受度之内的策略。风险承受是企业对风险承受度之内的风险，在权衡成本效益之后，不准备采取控制措施降低风险或者减轻损失的策略。

第三节　控制活动

控制活动贯穿于企业内部各个层级和所有职能部门。它是为了确保管理指令得以有效实施而制定的各种政策和程序。控制活动可以帮助企业针对实现组织目标所涉及的风险采取必要的防范或减少损失的措施。由此可见，控制活动包括两个要素：政策及程序。政策是程序的基础，规定应该做什么；程序是为落实政策规定所应采取的行动，即怎样做。

从企业日常经营活动来看，控制活动主要包括以下方面的内容。

一、授权管理

授权，又称委托式领导，是指管理者将自己一定的职权授予下属去行使，使下属在其承担的职责范围内有权处理问题，做出决定并为管理者分担相应责任。授权是员工参与管理的最高形式。授权管理是指在处理企业内部各项事务时，按照一定标准对授权活动、程序及权限进行规定，经过授权批准加以控制，明确责权利关系，使授权在有序、合理、安全的范围内进行。授权批准控制可以保证单位按既定的方针执行并限制滥用职权。

首先，要明确一般授权与特定授权的界限和责任。一般授权是企业内部各级管理人员在其职权范围内，按照既定的预算、计划、制度等，对常规的经济业务活动或行为进行的授权。一般授权通常通过企业内部管理制度中的部门及人员职能的形式予以规定。特别授权是指将特定经济业务或偶发经济业务的处理直接授权给具体人员，管理者通过对某些特殊经济业务采取逐个审批的办法进行授权控制。

其次，要明确每类业务的授权批准程序。在实际工作中，对经济业务实行“一支笔”审批的做法应当改革。权力要受到制约，失去制约的权力极易导致腐败。

最后，要建立必要的检查制度，以保证经授权后所处理的经济业务的工作质量，包括事前、事中及事后的审计和特殊审计，以便及时发现和解决问题。

授权管理诞生于20世纪90年代，它一出现就受到了普遍的关注。这种管理思想得到管理人员和员工的一致肯定。得到授权的一线员工可以在没有上级干扰的情况下做出并执行重大决定，而企业管理者相应地减轻了决策的压力。在这样的运行机制下，组织不仅提高了运作效率，也培养了员工的主人翁精神，提高了管理者与员工间的信任度。但是，授权管理在带来权力的同时要求承担相应的责任。员工或部门必须严格执行已授权的经济业务要求，未经授权不能执行。授权的合法性是授权是否有效的依据。授权是责权利对等的一项管理内容。

授权管理要遵循以下原则：

（1）决定什么事要授权出去。授权和交托正常工作任务是不同的，应当由管理者来决定哪些事要授权给下属完成，不要授予超越下属能力的权力。

（2）选择合适的授权对象。授权的对象应该有良好的道德品行、有积极热情的态度、愿意付出、敢于承担责任，同时具备真才实学。

（3）授权不是授责，授权之后，管理者不仅对未移交的职权负有全部责任，对已经授权移交的职权也负有同样责任。

（4）授权要明确任务职权 6W（谁、什么、何时、何地、为什么、怎样）。这几个要素一个都不能少，该做什么、不该做什么、在什么时限内完成，要明明白白、清清楚楚。

（5）分步骤地授权。必须给下属一个成长的过程，随着下属工作能力和经验的增长，在合适的时机授权。

（6）把握进度，定期检查，制定详细的授权计划，对经验不够丰富的员工要定期与之沟通，观察进度并提供必要的协助。

（7）设定绩效标杆进行管理和考核。要根据预定的标准和方法评价授权工作的结果，兑现奖励承诺。

（8）强调结果，而不要过多地关注过程。

AES 是一家总部位于美国弗吉尼亚州阿灵顿的全球电力公司，于 1981 年创立。多年来，AES 公司将授权作为企业决策的一项重要内容。

首先，AES 公司的组织结构及工作方法确保权力在整个公司得到分配和制约，公司的组织方式赋予员工权力和责任去做重大决定，并有相应的信息反馈系统对结果进行评估与监督。为此，公司建立了动态的管理系统，其中之一就是岗位轮换。

其次，公司建立起战略信息系统，作为实现有效授权的保证。战略信息系统不仅能够实现企业内的充分授权，而且能通过实时在线交流系统进行充分便捷的信息交流与对话，进而实现知识的共享。信息系统实际上是一个以信息支持为平台的决策系统，由情报中心、决策中心和控制中心这三个基本模块构成。通过设置权限的方式给予被授权者更大的权限，比如浏览系统内某些重要信息，与上级直接沟通信息等。决策中心可以通过“项目管理”“管理研究”或者“专题研究”等模块设计关于某个项目有关主题的讨论。这是一种迅速集中获取信息的交流工具，同时能够综合别人对问题的看法，充分学习他人的经验知识，作为决策的有力支持。

最后，该公司通过适当的人力资源管理方法完成授权对象的选择和培训。AES 公司对员工有很高的期待，他们必须接受公司的价值观，为重大的决策负责，还必须成为商业领域的多面手。因此，要维持 AES 公司的授权管理系统，聘用合适的人选最为关键。在招聘过程中，AES 公司将技术能力放在第二位而主要侧重文化上的适应性。通常由小组对候选人进行面试。同事一起参与评估面试的主要目的是确定候选对象“是否渴望承担决策责任”，即是否愿意为所有的后果全权负责。典型的面试问题包括：

（1）当某件事必须去做而没有现成的操作程序时，你会怎么做？

（2）你在自我提高方面做过哪些努力？

(3) 你遇到过的最棘手的情况是怎样的？你当时的感想如何？你是怎样应对的？

(4) 请谈谈当主管不在，而你需要就某件事做决策时的情形。

(5) 工作的乐趣对你来说意味着什么？

多年来AES公司的薪酬和绩效评估制度随着公司的发展而不断演变。目前每名员工的薪酬约有50%是基于技术性的因素，如公司的财务业绩、安全和环境影响等方面；另外50%是基于员工在理解和坚持公司价值观方面的表现。

值得注意的是，AES公司将“接受错误”视为企业价值观的一部分。如果员工在学习的过程中犯了错而没有造成重大的后果，就不会受到任何形式的处罚。对管理者来说，适当地接受错误是成功授权的一种手段。他们认为授权管理是一个培养和激励员工的过程，“绝不能因为怕员工犯错而不给机会”。在优秀的管理者眼里，工作是培训员工的好机会，员工得到锻炼的机会越多就越容易成熟，犯错的机会就越少。

授权管理并不意味着公司领导人对企业撒手不管，也不是说每个员工都有权去做自己想做的事情。在企业建立起授权管理组织的运营系统之后，授权事实上意味着员工要比在传统的公司里承担更多的责任。对于领导者来说，采用授权管理方式面临的最大问题就是如何始终如一地坚持下放决策权。AES公司的领导者做到了这一点。

二、职责划分

在众多的管理理论和管理实践中，明确划分职责范围是一个最基本的原则。管理学家麦克考勒把“恰当地划分每个人的职责范围”作为管理中首要的原则；“组织理论之父”韦伯的科层制则严格地把职责与权限等级化，规定每个人只能在其权责范围内行事。

职责划分就是根据责权利相结合的原则，明确规定各职能机构的权限与责任，并根据各职能机构的经营任务与特点划分岗位。

进行职责划分，首先要有一个合理的组织系统，明确划分每一部门的职责，详细规定每个工作人员的责任及应有的授权。各层级在企业中应有不同的职责。

职责划分是一项复杂的系统工作，一般具备以下要点：

(1) 编制组织结构图。用组织结构图显示每一个职位在企业中的地位及其上下隶属与纵横关系。这是以图表方式说明职责划分的一种方法。企业组织系统应力求精简，避免笼统。除明确划分各部门职责外，还要指挥灵活，联系密切，提高工作效率，充分发挥组织的功能。

(2) 职责划分表。企业中有许多业务、许多部门，各部门的职责应该详细明确划分，使每一事项都有相关部门办理，不重复也无遗漏。一项业务如果需要两个以上部门共同完成，各部门应负责的范围需要明确规定。

（3）职位说明书。在说明书中，把每个职位应做的工作内容、应达成的工作质量、应负的责任和应有的权力规定明确，避免推诿责任和越权决定。

（4）授权规定。某些事项须采用授权办理时，对授权的范围及内容应明确规定，以便互相遵守。

（5）独立责任。职责划分就是让每一个员工独立负责其工作，超出自身职责范围而必须由上级决定的事请上级决定，以达到分层负责和个人对其工作独立承担责任的目的。

通过职责划分可以在一定程度上预防和及时发现企业执行中所产生的错误行为，达到内部控制的两项目标：保障财产安全，验证会计资料的正确性与可信赖度。在职责划分后，由于工作的专业化，在自己的职责范围内工作不必请示，无法推诿责任，提高了工作效率，这也是内部控制期望实现的目标。

三、业务流程及操作规程

业务流程是企业对内部所有业务处理手续和程序的规定。操作规程则详细规定每个事项怎么操作。

企业的业务流程设计要遵循流畅原则、简单原则和制约原则。流畅原则是指业务流程中信息流、资金流、物流、人力资源流中的任何一个环节都必须衔接适当，不能出问题。简单原则是指流程尽可能简单，节点越少越好，以减少资源流动时的衰减。制约原则指流程中的每一环节要互相制约，当一个环节出现问题时，与其相邻的环节能把问题暴露出来，并及时将信息反馈到相应的解决问题的机构。

企业业务流程体系是一个系统，具有一定的层次结构。一般来说，它在横向上表现为各个业务流程具有不同的功能，在纵向上表现为流程的层次性。迈克尔·波特教授在他所提出的价值链模型中，将企业的经营过程看做一条链，并将企业的活动分为两类：基本活动和辅助活动。基本活动能增加企业的产出和顾客的效用，而辅助活动支持目前和未来的基本增值活动。根据这一思想，可以认为企业的业务流程在功能上包括如下三种流程：战略流程、经营流程和保障流程。

企业通过战略流程来规划和开拓未来，包括战略规划和新流程开发等。企业通过经营流程实现其日常功能，如赢得顾客、满足顾客、提供顾客支持等。保障流程是指为战略流程和经营流程顺利实施提供保障的流程，如人力资源管理、信息系统管理、知识管理等。这三者之间相互配合，实现企业的功能。

操作规程规定了各流程环节中包括的具体工作怎样操作，一般分为两种类型：管理规程和作业规程。不同的企业有不同的业务要求，不能一概而论。

四、业务记录

业务记录是企业为反映和控制各项生产经营业务而以文字形式对业务活动的发生、进展和结束的全过程所进行的记载，其功能是传递有效信息。准确的业务记录是管理的重要保证和确保企业高效运行的重要手段。常见的业务记录包括业务活动的授权与接收记录、生产调度单、会计信息记录等。业务记录应完整、准确、及时。

五、规章制度

规章制度是企业各项管理工作和生产劳动的规范和准则。对企业内部控制来说，规章制度是不可或缺的。一个公司要实现组织目标，一套组织管理规章制度是必要的措施和手段之一。对于大多数公司而言，规章制度具有很多相似的地方。但是，公司管理者必须明白“制度≠管制”。制定规章制度绝不是出于约束和处罚员工的目的，而是以尊重人为出发点，来营造一个公平、人性化、鼓励创新的工作环境。规章制度规定了企业员工在生产经营活动中应该完成的工作内容、遵守的工作程序和使用的工作方法，是全体员工应当遵循的行为准则，对员工来说具有一种强制约束力。

六、控制标准

控制标准是指所有内部控制制度均应遵循和达到的要求，它是内部控制执行、评价、考核的依据。标准设定是控制活动的一个重要原则。

有了工作标准，每个员工从事业务活动就有了努力的目标，同时企业能客观考核工作绩效，达到提高工作效率、激励员工的目的。

设定标准要遵循以下原则：

（1）标准要合理化。要充分考虑工作者的生理限制及利用物质条件方面的限制。

（2）标准必须明确。标准应尽可能量化，使每一个员工都能充分了解。企业常用到的方法是预算管理。

（3）标准必须公正。公正的标准才能得到大家的承认，作为员工努力的目标和评估自身工作绩效的根据。

（4）标准必须具有激励作用。标准如果太高，会使员工灰心丧气；如果太低，不必努力也可轻易达到，则失去激励作用。

第四节 信息和沟通

保障企业内部控制活动有效的是信息与沟通系统。信息与沟通是及时、准确、完整地收集与企业经营管理相关的各种信息，并使这些信息以适当的方式在企业有关层级之间进行及时传递、有效沟通和正确应用的过程。一个良好的信息与沟通系统有助于提高内部控制的效率和效果。《企业内部控制基本规范》规定，企业应当建立信息与沟通制度，明确内部控制相关信息的收集、处理和传递程序，确保信息及时沟通，促进内部控制有效运行。

现代社会是信息社会，信息是连接社会的纽带，离开了信息人们将寸步难行。企业的所有经营活动时刻离不开信息。信息流引导、指挥着物流，规划和调节物流的目标、方向、数量和速度，使物流按照一定的目的和规则有效地运动，物流各个子系统正是通过信息这个纽带联系起来，共同实现企业的预定目标。

沟通可以把组织抽象的目标和计划转化成能够激发员工行动的语言，使员工明白应该做什么和怎样做才有利于整个组织目标的实现。

一、信息

（一）信息的概念与分类

信息是指所有与企业生产经营相关的资讯及其附带产生的信息系统。按其来源，信息可分为内部信息和外部信息。内部信息由企业内部产生，主要包括财务信息、运营信息、人力资源信息、资本运作信息等。财务信息可以用来编制财务报表，也可以用于经营决策和监督。运营信息是企业的采购、生产、销售及其他活动的相关信息，以及竞争对手的动态信息，或者经济运行环境的信息等。这些信息对于企业的存货、账款及利润都有影响，进而对企业制定的决策和其他活动有着深远的影响。人力资源信息是企业中每个员工的技能、表现、晋升、调动、解聘等方面的信息。

外部信息由企业外部产生，对企业的生产经营、投资管理等方面发挥着一定的作用，主要包括政策法规信息、经济形势信息、监管要求信息、市场竞争信息、行业动态信息、客户信用信息等。

（二）信息的存储与传递

1. 信息存储

信息存储是将获得的或加工后的信息保存起来，以备将来应用。信息存储前需要回答几个问题，即为什么要存储这些信息，以什么方式存储这些信息，保存在什么介质上，将来有什么用处，对决策可能产生怎样的效果等。

对信息的存储应本着“只有正确舍弃信息，才能正确使用信息”的思想，然后考虑什么信息存在什么介质上比较合适。总的来说，凭证文件应当用纸介质存储，因为纸的存量大，体积小，便宜，保存性好，且不易涂改；主文件，如企业组织结构、人事档案材料、设备或材料的库存账目，应当存于磁盘，以便联机检索和查询。

信息的存储是信息系统的重要方面，如果没有信息存储，就不能充分利用收集加工所得的信息，同时还要耗资、耗人、耗物来组织信息的重新收集加工。有了信息存储，就可以保证随用随取，为单位信息的多功能利用创造了条件，从而大大降低了费用。

2. 信息传递

信息传递是指人们通过声音、文字或图像相互沟通消息。包括什么人向谁说什么，用什么方式说，通过什么途径说，达到什么目的等。

信息传递有三个基本环节。第一个环节是为了把信息传达给接收人，必须把信息“译出”，成为接收人懂得的语言或图像等。第二个环节是接收人要把信息转化为自己所能理解的内容，称为“译进”。第三个环节是接收人对信息的反应，要再传递给传达人，称为反馈。

（1）传达人。在信息传递过程中，由传达人选择信息及传达渠道。信息效果到底好不好，一般取决于三个因素：专门性、可信性和可视性。专门性是指信息具有专门的知识，例如通过有声望的医生传递有关医药方面的信息，它的专门性就高。可信性是指信息要真实，使人感到可靠，如由第三方写新闻或专题报道商品，就比推销员宣传更能使人相信。可视性是指信息要吸引人、容易看懂，不致引起信息接收人的错误理解。

（2）译出。传达人要把信息传达给预期的对象，应考虑运用什么方式引起接收人的注意，并且使信息得到正确的理解，这就是“译出”。比如，推销人员传达信息主要使用语言表达，推销员可以随机应变，使自己的语言、口吻、态度更符合顾客的要求。同时，还可以使用样品示范，这样更能准确地译出信息。

（3）传达途径。这是传递信息的手段，如促销既可以让推销员或公司代表与顾客直接面谈，也可以由顾问、专家以自己的专门知识来影响顾客，或者由顾客的朋友、邻居、同事、家属在日常来往中影响顾客。这类方式是口头影响。企业也可以通过报刊、电视、广播、信件等媒体进行影响。

（4）译进。传达人将信息传递给接收人以后，接收人有一个理解问题，这就是译进。传达途径的选择是否有良好的效果，关键在于译进是否与译出相符。假如消费者听到或看到某种商品的宣传后，他的理解与企业宣传的意图基本相符，那么，这种信息传递就是成功的。

（5）反馈。传达人把信息传出以后，不能完事大吉，还必须了解信息对于接收人的影响，了解接收人对这一信息的态度和拟采取的行动，这就是反馈。

在信息传达的过程中，传达人必须清楚要把信息传递给什么样的接收者和想得到什么样的反馈，必须知道如何译出并考虑接收者通常会如何解译。信息源必须通过有效途径传递信息。传达人为了解接收者对信息的反应，必须扩大反馈渠道。

（三）信息的获取

我国《企业内部控制基本规范》第 39 条规定，企业应当对收集的各种内部信息和外部信息进行合理筛选、核对、整合，提高信息的有用性。为此，企业应全面收集来自企业内外部的与企业内部控制相关的信息，为内部控制的有效运行提供信息支持。

1. 内部信息的获取

（1）财务会计资料。通过财务会计资料，可以获取以货币形式的数据资料来表明企业资金运动状况及其特征的财务信息，和以非财务资料形式出现但与企业的生产经营活动有着直接或间接联系的非财务信息，还可以获取揭示企业各种经济关系和企业现状及未来发展状况的会计业务数据和有关资料。

（2）经营管理资料。经营管理资料是企业的内部资料，包括市场营销、财务管理、生产管理、人力资源管理、战略管理、流程管理等。通过阅读企业经营管理资料，可以获得有关企业经营理念、企业文化、员工的聘用培训等一切人、财、物的管理信息。

（3）调研报告。调研报告是指对某一情况、某一事件、某一经验或问题，将调查了解到的全部情况和材料进行去粗取精、去伪存真、由此及彼、由表及里的分析研究，揭示出本质，寻找出规律，总结出经验，最后以书面形式陈述出来。

调研报告主要包括两个部分：一是调查；二是研究。调查应该深入实际，准确地反映客观事实，不凭主观想象，按事物的本来面目了解事物。研究即在掌握客观事实的基础上，认真分析，透彻地揭示事物的本质。

拿到一份调研报告时，应关注哪些信息是问题的关键以及如何充分使用这些信息，如在行业报告中，只有那些与自身条件可比较的企业，其提供的信息才具有较大的参考价值。

（4）内部刊物。内部刊物是内部资料性出版物的一种，是指在企业内部用于指导经营和生产、管理交流信息的连续性的非卖印刷品。企业可以将一些特别事件在定期出版的内部刊物上描述出来，传达无形的道德观念和经营理念，加深员工对企业的了解，提高员工的凝聚力。

2. 外部信息的获取

（1）行业协会组织。企业通过参加行业协会组织举行的会议或阅读相关文件来获取有关行业机遇与挑战、行业环境变化等方面的信息，为行业风险的评估和应对提供支持。

（2）社会中介机构。为达到既定目标，企业往往要和外部中介机构进行充分的信息交流。如在涉及重大诉讼或重大担保事项时，企业会向中介机构，如律师事务所进行咨询，获取有关法律方面的援助；企业发行股票、债券要获得证券承销机构的辅导等。

（3）业务往来单位。企业的业务往来单位主要包括供应商、客户、银行等。企业可以从供应商处获得有关原材料价格波动、人力资本供应等信息；从客户处获取有关产品需求和满意度的信息；从银行获取与企业业务活动相联系的记录从而印证经济业务的真实性或信贷、汇率方面的政策等。

（4）市场调查。市场调查是指运用科学的方法，有目的地、系统地搜集、记录、整理有关市场营销信息和资料，分析市场情况，了解市场的现状及其发展趋势，为市场预测和营销决策提供客观、正确的资料。竞争对手或市场新进入者无疑会削弱本企业的竞争优势，通过市场调查，企业可以掌握与竞争对手和市场份额相关的资料，为生产经营决策提供支持。

（5）来信来访。来信来访是获取外部信息的一种重要方式。如企业在产品包装上公开地址电话，方便接受客户查询及投诉等。再如企业通过定期与客户对账，保持账目清晰，以减少客户拖欠货款。

（6）网络媒体。互联网被称为继报纸、广播、电视三大传统媒体之后的“第四媒体”，是跨媒体的数字化媒体。对企业来讲，网络媒体是不可或缺的一种获取信息的途径。网络媒体除具有三大传统媒体的共性特点之外，还具有鲜明的个性特点，如及时性、海量性、全球性、互动性等，使得企业可以更高效地获取所需的大量信息。

（7）监管部门。及时从监管部门获取有关监管要求方面的信息，可以避免企业被罚款、惩处及制裁。

二、沟通

我国《企业内部控制基本规范》第40条规定：企业应当将内部控制相关信息在企业内部各管理级次、责任单位、业务环节之间，以及企业与外部投资者、债权人、客户、供应商、中介机构和监管部门等有关方面之间进行沟通和反馈。信息沟通过程中发现的问题，应当及时报告并加以解决。重要信息应当及时传递给董事会、监事会和经理层。

（一）沟通的概念和分类

沟通是把信息从一方传到另一方的过程，是为了达到某种目标或实现头脑中的一些想法，如传达信息、提出要求、进行劝说或表达善意等。也就是说，我们想借此影响他人思考、感受事物的方式，最终影响他人的行为。沟通就像一座桥梁，连接着不同的人、不同的理念甚至不同的文化。良好有效的沟通能够让双方在交流中充分理解对方的意图，达成共识。

在一个组织中，沟通是指组织内部以及组织和外部组织间旨在完成组织目标而进行的信息交换。沟通交换了有意义、有价值的各种信息，从而使团队合作、组织协调、企业战略制定等企业组织功能得以实现。没有沟通就没有管理，要有效管理就必须良好、有效地沟通。摩托罗拉是一个大型跨国企业，拥有众多的员工、各异的文化。摩托罗拉管理成功的原因之一就是内部及时有效的沟通与反馈。这种及时的沟通使各部门之间充分交流信息，防止了信息的迟滞，在一定程度上还减少了信息的过滤。公司设立“建议箱”和“畅所欲言箱”作为重要的信息沟通渠道，从而避免了内部沟通障碍及误解，维护了正常的信息传递。这些沟通渠道的设置在摩托罗拉公司营造了一种开放、积极的气氛，使各种意见和信息能够顺畅地在部门与部门之间、上级与下级之间甚至员工与员工之间充分沟通，既有效率又充满人情味，增强了员工士气，促进了生产力，提高了企业效率。可见沟通的重要性上升到企业的战略高度。

沟通有正式的、非正式的组织内部沟通和组织外部沟通等。

1. 内部沟通

(1) 各管理层级的沟通。如企业董事会或经理层根据企业的发展战略和对经济形势的初步预测，提出年度利润目标，然后制定经营预算和资本预算。接着，将这些预算指标层层分解，从横向和纵向落实到内部各职能部门。再如各职能部门定期编制内部管理报告，包括利润表、预算与实际差异报告、销售分析报告等。企业通过组织报告会将有关的资料传递给管理层，供管理层决策之用。

(2) 各责任单位间的沟通。如果采购部与生产部之间缺乏沟通和默契，可能导致企业没有及时采购原材料，以致无法满足生产需要。在一般工业企业里，生产部会根据各类产品库存，计算年度每个月各类产品预计生产量，并进一步计算年度每个月各类原辅材料预计用量，然后填写申购单由采购部进行采购。采购期间，采购部可提供原辅料采购周期表以检查购买原料的进度。采购部与生产后勤部利用采购订单跟进表控制原料订购周期，跟踪各种材料，以确保有关的原料能准时收到。

再如，企业会定期举行产销会议，营业部将提供过去一个时期的销售量，汇报某些促销活动之后的销售变化、预计的销售量以及策略等。生产部收到以上信息后便会了解企业未来所需要的生产能力，以及现有的生产能力能否应付未来的发展。如果生产能力不能满足企业的发展，生产部便会向管理层提出企业所面临的风险，以及解决的方法，如是否需要寻找代加工商或是购买新设备。由于以上决策需要大量资金，财务部须提供购买新设备的财务风险、设备是否有闲置的风险等信息。可以通过会议加强部门与部门之间的沟通，对企业所面临的风险加以控制。

（3）业务环节间的沟通。企业的每一项业务活动都有不同的人参与，产生各种凭证。凭证的传递过程就是不断产生信息并及时沟通的过程。如一项销售业务发生，首先是销售部门开具发票，然后将发票记账联交会计部门进行账务处理。会计部门对发票做核查，比如相关凭证是否齐全，金额是否正确等。同时，会计部门还会定期与出纳部门对账、与银行对账，进一步确认业务的真实性和完整性。

2. 外部沟通

（1）与投资者、债权人的沟通。企业一般通过股东大会、定期财务报告等方式，向投资者报告企业的战略规划、经营方针、投融资计划、财务状况、经营成果、现金流量、利润分配方案等信息。当发生重大担保、合并分立、资产重组等重大事件时，采取临时报告的方式及时向投资者传达有关信息。企业通过向债权人提供公司的财务报表和信用评级等信息使债权人了解本企业的财务状况和信用等级，从而做出贷款决策。

（2）与客户的沟通。企业与客户的沟通一方面包括了解客户偏好，通过改善销售政策、售后服务等方式进一步满足消费者的需求。另一方面，由于客户是最终消费者，他们对产品的意见以及对公司形象的评价是十分重要的。若有不利的市场信息和投诉，特别是产品质量方面的投诉，企业的销售量会明显下降。因此，企业应注重消费者投诉管理，可设立24小时客户服务热线来接受客户查询、意见及投诉，每月汇总报告给上级部门，从而做出质量方面的改善。

（3）与供应商的沟通。企业可以通过供需见面会、订货会、业务洽谈会等多种形式与供应商就供货渠道、产品质量、技术技能、交易价格、信用政策、结算方式等问题进行沟通，及时发现控制不当的问题。

（4）与中介机构、监管部门的沟通。在外部监管环境和监管政策发生变化的情况下，企业应及时向监管机构了解新要求和新变化，及时完善自身的管理制度。同时，企业应加强同外部审计师、律师的沟通，积极听取中介机构对内部控制设计与运行方面的建议和有关重大业务、法律纠纷的处理办法，从而进行内外部风险的控制。

（二）沟通的障碍

沟通不畅和无效主要表现在信息来源少、沟通内容繁复冗长、创新速度迟缓、失真程度较高等方面。影响和制约有效沟通的障碍主要有以下几个方面。

1. 个人障碍

组织中的个人要想做好工作、完成目标，一定要克服各种沟通障碍，学会沟通。

（1）自我认知的偏误。人的认知活动是对外界信息进行积极加工的过程。每个人的认知程度都是有限的、相对的。很多人都带有偏见，这些偏见开始时是组织内某个人或几个人的说法或抱怨，久而久之就形成了一种偏见，造成认知的偏误。

（2）已有经验的影响。作为组织内部成员，遇到问题时不能总说这是我的经验。过去的经验不见得是正确的，它常常使人们在心理上产生依赖感，而不是根据具体情况以及事物的发展和变化来处理事情，从而造成沟通的障碍。

（3）语言障碍。语言是人类最重要的交流工具，也是最重要的组织内部沟通工具。语言没有阶级性，一视同仁地为社会各个成员服务，但社会各阶层或群体会影响到语言，造成语言在使用上的不同特点或差异，从而形成沟通的障碍。

（4）沟通双方地位的差异。根据行政沟通的方向性，分为向下、向上和平行三个方向，一般来说，向上沟通有不少障碍。相关研究表明，下级在向上级汇报工作或主动沟通中，常常有担心说错、怕承担责任、焦虑等心理，致使沟通不是在宽松的氛围中进行，形成沟通障碍。而在向下沟通的过程中，主动沟通的是上级，虽然会受到拥护，但有时居高临下，造成下属的压迫感和紧张，也会形成沟通障碍。平行的沟通中虽然地位的差距不大，但不会有地位完全相等的两个人，位置职务的重要与否、职称的高低、资历的深浅、组织中成员的认可度等，都会多多少少引发心理障碍，造成沟通的不畅。

（5）情绪的影响。沟通的两端主体是人，每天要面对很多事，对事情持有一定的态度，经常产生这样那样的情绪，会影响正常工作的进行，形成沟通障碍。

2. 组织障碍

（1）准备不足。沟通前要做好充分收集信息的工作。要做到信息畅通，首先信息要充分准确，适当地准备才能保证沟通有效和成功。

（2）目标模糊。一项沟通活动需要一个目标，组织成员会对目标明确的人予以回应。沟通并不是简单的合作关系，而应该是共同的工作。缺乏目标或者丧失目标都会使沟通迷失方向，从而失去动力。通过将重心转移到实现目标所需要的行动措施上，人们就可以保持动力，朝着同一个目标携手共进。

(3) 时间带来的压力。在时间的压力下，人们很容易仓促做出决定。在沟通中经常会发生这种情况，重大事项有时过于仓促就下决定了，而芝麻绿豆的事却要搞半天。

(4) 信息过载。自电脑、互联网、手机等普及以来，组织内的信息泛滥成灾，很多人上班的第一件事就是打开电脑接收邮件，会花掉不少时间。有用的无用的信息混在一起，让人应接不暇，很容易造成沟通障碍。如陈述的材料过多，不易让沟通对象接受；陈述的信息过于复杂，超出听众的理解能力；没有给对方足够的时间处理信息等。

(5) 信息过滤。当一个组织的机构设置不合理、管理层次过多时，信息在自上向下过滤的过程中，很容易造成命令不统一。另外，很多人把信息称为权力。每一个负责传递信息的人都会对信息进行重组，以增强自己的权势，当信息到达基层时它已经成为一种控制手段，而不再是一组数据。

（三）有效沟通

(1) 提高就员工的任务和控制责任进行沟通的有效性。企业通过正式或非正式的培训课程、会议或工作中的监督等来保证沟通生效，使员工知道他们所负责的作业的目标，及其工作对达成这些目标的贡献。同时，使员工了解自己的工作如何影响到他人的工作，以及如何被他人工作所影响。

(2) 建立可用来报告不当可疑行为的沟通渠道。例如，建立可绕过直属上司而径直向上报告的沟通渠道。允许匿名沟通，对报告不当嫌疑行为的员工，保证其不会遭到报复。

(3) 提高管理层对员工提出的改进建议的接受程度。例如，制定切实可行的制度来鼓励员工提出改进建议。对员工提出的好建议，给予物质上的奖励或其他肯定。

(4) 加强组织内各部门间沟通的适当性。例如，销售人员应及时把顾客需求告知管理部门、生产部门和营销部门。应收账款负责人员应把拖延付款的顾客信息告知授信部门。获取的有关竞争对手的新产品信息应及时告知管理部门、营销部门和销售人员。

(5) 提高与顾客、供应商和其他外部各界进行沟通的开放性和有效性。企业应积极搜集建议、投诉和其他由外部进入的信息，并将其传达给相关内部人员。

(6) 加强外界对本企业道德标准的知晓程度。与外界进行的重要沟通应由一定级别的管理人员负责。例如，资深高级主管定期以书面形式向外界说明本企业的道德标准。在与外界进行例行交易时，应对这些道德标准加以补充和改进。

(7) 提高管理层采取追查行动的及时性和适当性。当本企业员工对外界报告的有关产品、服务和其他方面的问题表示接受时，要对这些报告进行调查并采取相应的行动。对顾客账单中出现的错误，需要调查错误产生的原因并更正。由不涉及原始交易的员工来处理投诉事项。

三、信息技术和信息控制

进入21世纪，信息化浪潮席卷全球，冲击着人们的生活。信息同能源、材料并列为当今世界三大资源。大多数企业及其附属部门都引入了信息技术进行信息处理，信息系统同时涵盖了人工要素及电脑要素。

（一）信息技术带来的变革

与现代信息技术相结合的企业信息系统具有开放性、实时性、电子化的技术特点，在内部控制系统中展现新的特点并发挥新的作用。

1. 信息传递模式发生根本性转变

传统的信息传递具有成本高、重复性等缺点，且不能保证实时的信息需求，无法满足现代企业管理的要求。在信息技术的支持下，组织的信息传递实现了根本性的转变。首先，信息过程和业务过程实现同步。业务流转各个环节所需的同类信息只需在业务过程中一次输入，无须像传统手工信息传递系统那样多次重复输入，有效地降低了数据的不一致性。其次，传统的信息传递流程在信息技术的支持下不复存在，以信息存储技术取而代之。手工信息传递被电子化、程序化的信息传递所取代。最后，反映业务活动各个方面的信息存储于同一平台，信息按使用要求在各个部门实现共享。

2. 企业各个职能子系统实现有机统一

现代企业是一个复杂的大系统，它的持续运行是通过各种企业内部流实现的，具体包括四个基本职能子系统：任务流、实物流、资金流和信息流。任务流是指企业各级责任中心在经济业务处理过程中完成职责和工作所形成的企业内部流，包括经济业务的申请、审核、批准等环节。实物流属于实体经济的范畴，表现为企业经济活动中各种物资、设备等实物资产的流动。资金流属于货币经济的范畴，表现为经济活动中货币资金的流动。信息流是指随着上述三种流产生的大量数据、资料、指标、图纸、报表等信息的流动。这四种企业内部流从不同层面反映了企业经济活动的过程和结果，综合这四种流就能把握企业持续发展的全景。随着信息技术的发展，计算机系统通过信息过程和业务过程的一体化可以有效地将实物、货币和行政指令融为一体，并转化为每一名员工和管理人员所需的信息，实现基本职能系统的统一。

3. 资源配置得到优化

企业利用信息技术可以更好地进行原材料采购、生产经营、对外销售等营运活动，以及与外界相互往来的经济活动。信息技术在这一领域的应用不仅节约了时间及劳动力成本，而且大大降低了错误和舞弊的发生率。一个最简单的例子就是信息编码制度的应用，对存货、产成品归类编码之后，将它们输入企业信息系统，无论是订货还是出库，都有相应的电子记录和单据，当存货达到再订货点时系统会自动通知主管人员，或者是向供应商自动发出订货邮件。

信息技术在当今社会已经成为商业企业竞争的主要驱动力之一，信息技术的变革与盈利与否息息相关。迈克尔·波特在《竞争优势》一书中指出：技术变革就其本身而言并不重要，但是如果技术变革影响了竞争优势和产业结构，它就举足轻重了。

（二）信息控制

计算机系统使信息收集和处理产生根本性的改变，并节约了大量成本。这种转变从另一个角度来说，也加大了企业的风险，信息安全比以往任何时候更加重要。例如，企业在信息技术平台上运行 ERP 系统、供应链管理系统、客户关系管理系统，通过企业之间、企业内部的信息传递实现协同合作、优化资源配置。企业物流和资金流的流量、流速均由计算机精密排程，与联盟企业、市场情况环环相扣，以求最低成本、最快速度、最高质量地组织企业经营活动。因此，供应链的任何环节出现突发事件都会波及企业的正常运行，给企业带来损失。此外，由于企业所有数据存放在数据库服务器内，网络开放性、数据共享性必将增加信息系统的风险，如数据可能被非授权人员拷贝、删除、修改、破坏；计算机病毒感染、黑客入侵、使用人员违规操作会造成计算机系统故障或信息系统崩溃。这就要求对信息的控制不能放松，要提到一个新的高度。

信息控制是指与程序设计、运行维护、数据处理过程、硬件设备等相关的可靠性控制制度。信息控制包括一般控制与应用控制。一般控制帮助管理层确保系统持续、适当地运转，具体包括应用系统开发、建立和维护控制、系统软件与操作控制、数据和程序控制、存取安全控制、网络安全控制等。应用控制是对会计信息系统中具体的数据处理活动所进行的控制，包括应用软件中的电算化步骤及相关的人工程序，划分为输入控制、计算机处理与数据文件控制和输出控制。同时使用这两种控制，可以保证系统中财务及各种信息完整、精确和有效。具体来说，企业应从以下几个方面来加强信息控制：

1. 组织体系的设置

一般而言，内部控制的建设体现在两个方面：一是健全的结构，这是信息控制机制产生作用的硬件要素；二是各个内部机构间、各经办人员间的科学分工与牵制，这是信息控制机制产生作用的软件要素。网络技术突破了信息传递和信息处理的瓶颈，管理的幅度增加、层次减少，高耸的组织结构逐渐趋于扁平。对信息的控制也是如此，要想提高企业的信息技术能力，对管理、控制信息的人员及岗位都要重新设计，以满足信息控制的要求。

2. 职责分离控制

在信息技术高速发展的今天，信息传播、处理和反馈的速度大大加快，由此导致企业常常同时改变业务和信息过程。许多传统上由人来做的工作可以由计算机来代替，自动控制处理代替了分离的人的角色，从而消除了一个人执行两项不相容工作的风险。然而，计算机环境下也要有职责分离。例如，一旦某种软件被安装并用于执行某项功能，它的编码、运行和维护职责就必须分离。应当说，职责分离仍然是信息控制的重要程序。但在信息技术背景下，这个程序的适用方式发生了变化。所以，信息技术环境下的企业需要分离新的职责，取消旧的职责，以反映用来设计和运行系统的手段的更新。

企业应当建立计算机信息系统岗位责任制。计算机信息系统岗位一般包括：

（1）系统分析。分析用户的信息需求，据此制定设计或修改程序的方案。

（2）编程。编写计算机程序来执行系统分析岗位的设计或修改方案。

（3）测试。设计测试方案，对计算机程序是否满足设计或修改方案进行测试，反馈给编程岗位以修改程序并最终满足方案。

（4）程序管理。负责保障并监控应用程序正常运行。

（5）数据库管理。对信息系统中的数据进行存储、处理、管理，维护组织数据资源。

（6）数据控制。负责维护计算机路径代码的注册，确保原始数据经过正确授权，监控信息系统工作流程，协调输入和输出，将输入的错误数据反馈到输入部门并跟踪、监控其纠正过程，将输出信息分发给经过授权的用户。

（7）终端操作。终端用户负责记录交易内容，处理数据，并利用系统输出的结果。

系统开发和变更过程中的不相容岗位（或职责）一般应包括开发（或变更）立项、审批、编程、测试。系统访问过程中的不相容岗位（或职责）一般应包括申请、审批、操作、监控。

企业可以指定专门部门（或岗位，下称归口管理部门）对计算机信息系统实施归口管理，负责信息系统开发、变更、运行、维护等工作。

财会部门负责信息系统中各项业务账务处理的准确性和及时性、会计电算化制度的制定、财务系统操作规定等。

生产、销售、仓储及其他部门（以下简称用户部门）应当根据本部门在信息系统中的职能定位，参与信息系统建设，按照归口管理部门制定的管理标准、规范、规章来操作和运用信息系统。企业管理层应该明确定义系统归口管理部门和用户部门（含财会部门）在保证系统正常安全运行过程中各自承担的职责，制定部门之间的职责分工表。

3. 信息系统开发、变更与维护控制

计算机信息系统开发包括自行设计、外购调试和外包合作开发。企业在开发信息系统时，应当充分考虑业务和信息的集成性，优化流程，并将相应的处理规则（交易权限）嵌入到系统程序中，以预防、检查、纠正错误和舞弊行为，确保企业业务活动的真实性、合法性和效益性。

信息系统开发是一项投资大、风险高的工程，企业计算机信息系统开发应当遵循以下原则：

（1）因地制宜原则。企业应当根据行业特点、企业规模、管理理念、组织结构、核算方法等因素设计适合本单位的计算机信息系统。

（2）成本效益原则。计算机信息系统的建设应当起到降低成本、纠正偏差的作用。根据成本效益原则，企业可以选择对重要领域中的关键因素进行信息系统改造。

（3）理念与技术并重原则。计算机信息系统建设应当将信息系统技术与信息系统管理理念整合。企业应当倡导全体员工积极参与信息系统建设，正确理解和使用信息系统，提高信息系统运作效率。

信息系统开发必须经过正式授权，具体程序包括：用户部门提出需求；归口管理部门审核；企业负责人授权批准；系统分析人员设计方案；程序员编写代码；测试员进行测试，系统最终上线；系统维护等。

企业应当成立项目管理小组，负责信息系统的开发，对整个项目过程实施监控。对于外包合作开发的项目，企业应当加强对外包第三方的监控。外购调试或外包合作开发等需要进行招投标的信息系统开发项目，企业应当保证招投标过程公平、公正、公开。

企业应当制定详细的信息系统上线计划。对涉及新旧系统切换的情形，企业应当在上线计划中明确应急预案，保证新系统一旦失效，能够顺利切换回旧的系统状态。新旧系统切换时，如涉及数据迁移，企业应当制定详细的数据迁移计划。用户部门应当积极参与数据迁移过程，对数据迁移结果进行测试，并在测试报告中确认。

信息系统在投入使用前应当至少完成整体测试和用户验收测试，以确保系统正常运转。信息系统原设计功能无法正常实现时，企业应当指定相关人员负责详细记录，并及时报告归口管理部门。归口管理部门负责系统程序修正和软件参数调整，以实现设计功能。

企业应当积极倡导采用预防措施，确保计算机信息系统持续运行。常见的预防措施包括但不限于日常检测、设立容错冗余、编制应急预案等。

4. 信息系统访问安全控制

信息系统访问安全措施不当，可能导致商业秘密泄露。为此，企业应当制定信息系统工作程序、信息管理制度以及各模块子系统的具体操作规范。

计算机信息系统操作人员不得擅自进行系统软件的删除、修改等操作，不得擅自升级、改变系统软件版本，不得擅自改变软件系统环境配置。

企业应当对信息系统操作人员的账号、密码和使用权限进行严格规范，建立相应的操作管理制度。未经操作培训不得作为操作人员。

企业应当建立账号审批制度，加强对重要业务系统的访问权限的管理。对于发生岗位变化或离岗的用户，企业应当及时调整其在系统中的访问权限。企业应当定期对系统中的账号进行审阅，避免有授权不当或非授权账号存在。对于超级用户等特权用户，企业应该严格限制其使用，并对其在系统中的操作全程进行监控。使用完毕后，应当由不相容岗位对其操作日志进行审阅。

企业应当充分利用操作系统、数据库、应用系统自身提供的安全性能，在系统中设置安全参数，以加强系统访问安全。禁止未经授权人员擅自调整、删除或修改系统中设置的各项参数。涉及上网操作的，企业应当加强防火墙、路由器等网络安全方面的管理。

企业可以结合实际情况，本着审慎、稳健的原则，将信息系统访问安全事项交由第三方管理。在此情形下，企业应当加强对第三方的监控。

企业应当定期检测信息系统运行情况，及时进行计算机病毒的预防、检查工作，禁止用户安装非法防病毒软件和私自卸载企业要求安装的防病毒软件。

信息系统操作人员应当在权限范围内进行操作，不得利用他人的口令和密码进入软件系统。操作人员密码泄露后，必须及时更改密码。操作人员如果离开工作现场，必须锁定或退出已经运行的程序，防止其他人员利用自己的账号进行操作。

企业应当利用计算机信息系统建立信息化平台，规范信息的使用和传递，促进业务流程与信息流程的统一，提高经营管理的效率和效果。

企业应当对所有的重要信息进行密级划分，包括书面形式和电子媒介形式保存的信息。根据信息的重要程度和泄密风险损失等划分标准，企业可以将信息分为绝密类、机密类、秘密类和重要类等，并建立不同类别信息的授权使用制度。

企业计算机信息系统应当划分为生产、销售、存储等子系统，及时反映和记录交易。交易责任部门在其授权范围内对子系统录入信息的真实性、完整性、准确性和及时性负责，并定期检查、核对所录信息。

企业财会部门应当认真审核采购、生产、销售、仓库等部门与财务相关的关键业务数据，保证会计信息与业务流程在时间、数量和价值上的统一。

企业应当制定信息数据变更处理（包括数据导入、数据提取、数据修改等）规范。一旦发现已输入数据信息有误，必须按照信息系统操作规定加以修正。

企业应当建立数据信息定期备份制度和数据批处理或实时处理前的自动备份

制度，并在备份完毕后将备份介质异地保存。

企业应当制定完整具体的灾难恢复计划，同时应当定期检测、及时修正该计划。

5. 强化对会计信息的管理

随着计算机、网络等信息技术在会计工作中普遍应用，管理部门对由计算机产生的各种数据、报表等会计信息的依赖性越来越大，只有在严格的控制下，才能保证这些会计信息的可靠性和准确性。也只有在严格的控制下，才能预防和减少计算机犯罪的可能性。与此同时，一些传统的核对、计算、存储等内部会计控制方式被计算机这个新型内部控制方式轻而易举地替代。但任何先进手段都是由人指挥、掌握的，一些传统的企业内部会计控制制度如职务分离控制、业务程序控制等仍有自身生存和发展的土壤，仍将有效地发挥积极作用。在采用新型内部控制手段时，要结合传统有效的内部控制方式。否则，利用高新技术和电脑舞弊犯罪之类的活动还会继续在我们身边发生。

信息技术为达到记录、维护和产生精确、完整和及时的信息这一目标带来了机遇。企业在有关数据进入企业数据库之前，应检查这些数据的精确性、完整性和合法性。如果不恰当的数据出现在记录和维护过程中，将会对公司造成某种程度的损害。如果不精确、不完整、不合法的数据被记录和维护，则会影响以后的所有处理，包括错误的报告和信息利用的质量。为此，企业应当在以下两方面加强控制：

（1）加强会计信息化工作，并对其工作流程进行有效控制。企业应当建立会计信息化操作管理制度，明确会计信息系统的合法有权使用人员及其操作权限和操作程序，形成分工牵制的控制形式。企业出纳人员不得兼任电算化系统管理员，不得兼任记账凭证的审核工作。

企业应当建立会计信息系统硬件、软件和数据管理制度，重点关注下列风险和控制点：

第一，对正在使用的会计核算软件进行修改、对通用会计软件进行升级和对计算机硬件设备进行更换时，企业应有规范的审批流程，并采取替代性措施确保会计数据的连续性。

第二，企业应当健全排除计算机硬件和软件故障时的管理措施，保证会计数据的完整性。

第三，企业应当确保会计数据安全保密，防止对数据的非法修改和删除。

（2）建立信息化会计档案管理制度。信息化会计档案是指存储在磁性介质或光盘介质上的会计数据和计算机打印出来的书面形式等会计数据，包括记账凭证、会计账簿、会计报表（包括报表格式和计算公式）等数据。

企业应当指定专人负责信息化会计档案的管理，做好防消磁、防火、防潮和防尘等工作。对于存储介质保存的会计档案，应当定期检查，防止由于介质损坏而使会计档案丢失。

6. 内部监控控制

一个有效的内部控制制度需要预防性、检查性和纠正性的控制。企业一旦检查出错误和舞弊，应该纠正其影响，同时制定预防控制措施以确保错误和舞弊不再发生。如果能事先预防错误和舞弊而不是事后检查和纠正，这样的内部控制制度将给企业带来更大的价值。传统的内部控制制度通常是根据已输出的会计信息在年末检查财务错误舞弊，大部分内部控制的预防功能被限制了，同时影响了企业的所有者和经营者对内部控制制度的理解和重视程度。在信息技术环境下，广泛使用信息技术为支持决策和改善业务与信息过程提供了战略机会，也提供了预防、检查和纠正错误或舞弊的机会。

今天的技术水平已经可以在计算机中加入芯片，随时监控员工的工作和运行程序，在员工犯错或程序出现问题时及时提示应该做什么，或与技术支持相联系，向人们报告问题。企业的内部信息控制机构在建立内部信息控制制度时，充分利用技术能力，做到实时控制，即利用信息技术将控制嵌入到会计信息系统、运营信息系统中，在更广泛的信息技术环境中看待企业信息控制，针对关键控制点采用相应的控制手段，强调预防、业务操作和对规章制度的遵守情况，从传统管理的发现问题、事后补救的做法，发展为事前预防和事中控制。

7. 强调信息控制框架中的“软控制”

内部控制由人来进行并受人的因素影响，保证组织内所有成员具有一定水准的诚信、道德观和能力的人力资源方针与实践是使信息控制有效的关键因素之一。实践表明，基于环境现状构建信息控制机制是一种被动做法。因此，企业应重视将道德规范、行为准则、能力素质的建设直接纳入信息控制结构中，更加强调“软控制”的作用。在信息技术环境下，企业尤其应该注重培养组织中人员的信息观念，理解企业信息化建设和管理改革、内部控制创新之间的关系，加强对信息安全、信息控制的认识，并重视和实现改革。信息时代同样是知识经济的时代，企业发展将主要依靠科技、知识与人才。“人本主义”作为构建内部控制机制的信条已经被越来越多的企业接受，企业管理者应当重视对人员的选择、使用和培养，这不再只是信息控制的环境因素，它也日益成为信息控制过程的有机组成部分。

新的技术带来了大部分人还没有意识到的新的风险，信息控制的方式和方法必须经常评估和更新。没有哪一套规则在环境发生变化时还能很好地适应。但是，当新的业务和信息流程提出后，控制目标应当保持不变。即充分利用信息系统规范交易行为，提高信息系统的可靠性、稳定性、安全性及数据的完整性和准确性，降低人为因素导致内部控制失效的可能性，形成良好的信息传递渠道。

第五节 内部监督

内部监督作为企业内部控制的重要组成部分，是企业的利益相关者为对企业代理人的经营行为、过程或决策等经营活动实施客观及时的监控，所涉及的一系列监督制度的总称，它是内部控制发挥有效作用的保证。内部监督是保证内部控制体系有效运行和逐步完善的重要措施，是一个完善的内部控制体系必不可少的环节。

一、内部监督和审计委员会

企业在设计内部控制制度时，由于当时认识的局限或者考虑不周等原因，设计出的内部控制不可能完美无缺。在内部控制实际运行过程中，由于实际情况发生变化，或员工对内部控制制度理解上的差异，可能使内部控制不能很好地发挥其应有的作用，导致内部控制实际运行中或多或少存在这样或那样的问题。为此需要对内部控制运行情况实施必要的监督检查，发现其不足和问题乃至缺陷，从而完善内部控制，提高内部控制的有效性。因此，内部监督是保证内部控制体系有效运行和逐步完善的重要措施。

内部监督是指企业对内部控制建立与实施情况进行监督检查，评价内部控制的有效性，发现内部控制的缺陷，并及时加以改进。

我国《企业内部控制基本规范》规定：企业应当根据本规范及其配套方法，制定内部控制监督制度，明确内部审计机构（或经授权的其他监督机构）和其他内部机构在内部监督中的职责权限，规范内部监督的程序、方法和要求。这条规定的含义包括三个方面：首先，企业在健全内部控制时首先健全内部监督机构，一般是指建立企业内部审计机构，如内部审计委员会，也可以是内部审计委员会委托的有关部门或外部审计机构。其次，内部监督机构的职责权限有一个更高的层次，如高于管理层（执行层），直属于治理层（决策层）。最后，规范内部监督的流程，制定相应的监督程序、方法和标准等，防止监督体制形式化，未得到真正的执行。

审计委员会是董事会设立的专门工作机构，主要负责公司内外部审计的沟通、监督和核查工作。审计委员会的主要职责包括：

（1）审核和监督外部审计机构是否独立客观及审计程序是否有效；

（2）就外部审计机构提供非审计服务制定政策并执行；

（3）审核公司的财务信息及其披露；

（4）监督公司的内部审计制度及其实施；

（5）负责内部审计与外部审计之间的沟通；

（6）审查公司内部控制制度，对重大关联交易进行审计。

审计委员会的主要目标是督促提供有效的财务报告，并控制、识别与管理给公司财务状况带来的风险。公司面临的风险涉及竞争、环境、财务、法律、运营、监管、战略与技术等方面。审计委员会本身无法监管所有这些风险，应由各方（包括董事会其他委员会）共同合作。

审计委员会作为董事会的一个机构，应当使董事会、高层管理者与内外部审计员关注有效的财务报告与风险管理（关键风险的识别和控制）的重要性。

二、内部监督的类型

我国《企业内部控制基本规范》第 44 条将内部监督分为日常监督和专项监督。日常监督是指企业对建立与实施内部控制的情况进行常规、持续的监督检查。专项监督是指在企业发展战略、组织结构、经营活动、业务流程、关键岗位员工等发生较大调整或变化的情况下，对内部控制的某些方面进行有针对性的监督检查。专项监督的范围和频率应当根据风险评估结果和日常监督的有效性等予以确定。

美国 COSO 报告认为监督由实时评价内部控制执行质量的程序组成。这一程序包括持续监督、独立评价，或是两者相结合对内部控制运行进行监控。持续监督和独立评价相结合，能够保证内部控制体系在一定时期内有效。

（一）日常监督

我国《企业内部控制基本规范》中的日常监督相当于美国 COSO 报告中的持续监督。美国 COSO 报告中的持续监督活动主要涉及以下七个方面：

（1）在日常活动中获得内部控制执行的证据。在实施日常管理活动时，负责运营的管理层获取内部控制持续发挥功能的证据，这是很重要的一点。在将营业报告并入财务报告系统或与该系统核对并用于管理企业运营时，很可能会迅速发现重要的不正确的数字或预期结果的例外情况。

（2）外部反应对内部信息的印证程度。与外界各方的沟通能够印证内部生成的信息或揭示问题。

（3）定期核对财务系统的数据与实物资产。也就是说，将信息系统所记录的数据与实物资产相比较。

（4）对内外部审计师关于加强内部控制的措施做出响应。内部及外部审计师会定期为进一步加强内部控制提出建议。在许多企业中，审计人员评估内部控制的设计并测试其有效性；识别潜在的缺陷并向管理层建议采取替代方案；提供对成本效益决策有用的信息。在监督企业内部控制活动中，内部审计人员或实施类似审核职能的人员能够发挥有效的作用。

（5）培训、会议等对内部控制有效性的反馈。培训研讨会、计划会议等可以向管理层提供有关内部控制是否有效的重要反馈。这些会议不但可以指出内部控制中存在的某些问题，还能够增强参与者的内部控制意识。

（6）定期询问员工是否理解并执行了公司的道德准则，是否实施了内部控制活动。定期要求企业员工说明他们是否理解并遵守了企业的员工行为守则。同样，也可以要求经营及财务人员说明某些内部控制程序是否正常实施。管理层或内部审计人员可以对这些说明进行核实。

（7）内部审计活动的有效性。适当的组织结构和监督活动可以监督内部控制职能的执行并识别内部控制的缺陷。

（二）专项监督

我国《企业内部控制基本规范》中的专项监督相当于美国COSO报告中的独立评价。美国COSO报告认为：尽管持续监督一般可以提供关于控制要素有效性的重要反馈，但从一个新的角度对系统的有效性直接进行评价也是十分有益的。这提供了一个机会来考虑持续监督程序的连续有效性。独立评价是内部审计、监察等部门从独立性角度出发，对内部控制系统进行审核的过程，主要关注的是系统的设计和运行的有效性。

1. 评价范围和频率

独立评价的范围和频率应该视被控制对象的风险大小及控制的重要性而定。一般来说，对于风险重要性高的控制，应经常进行评估。对整体控制评估的次数通常要少于对特定控制评估的次数，如有重大策略改变、管理层变动、重大收购或处置、重大的营运方式改变或财务资讯处理方式改变等，就需要对整体内部控制制度进行评估。当管理层决定对单位整体控制制度进行评估时，必须注意内部控制的每个组成要素及其与所有重大活动的关系，同时还要考虑到评估的范围受内部控制的影响。

2. 评价主体

通常评估以自我评估的形式进行，即由单位或职能部门的负责人进行评估。例如，某一部门的主管可能命令相关员工评估该部门的内部控制制度，他自己负责评估控制环境是否有效，而要求负责该部门各营运活动的员工评估其他组成要素是否有效。最后，单位的管理层考核各个部门的评估结果。

内部审计机构是单位进行内部控制评估的主要力量，一是因其职责分工之故；二是因董事会、高层主管、子公司或部门主管的特别要求。管理层在考核内部控制是否有效时，可以借用外部审计的力量。

3. 评价过程

评价内部控制制度本身就是一个过程。尽管在评估中使用不同的方法或技术，但必须遵循一些基本的原则和要求。

评价者必须了解涉及的每项作业及每个内部控制制度的组成要素。首先要注意到每一项制度设计的要求是什么，它应该发挥什么控制功能，以及如何发挥其功能。评价者应与员工讨论，并复核现有的文件，以了解设计思想。

评价者应了解内部控制制度的实际运行情况，与原设计有何不同，各种变更是否必要且适当。评价者与执行内部控制的人员及影响内部控制的人员进行讨论，检查执行内部控制的记录，了解上述情况。

评价者应比较设计与执行之间的差异，确定内部控制制度能否为目标的达成提供合理的保证。

4. 评价方法

评价内部控制的方法和工具有很多种，如检查清单、阅读及绘制流程图、量化技术等。此外，还可以列一张所有内部控制目标的清单，用以辨认内部控制的基本目标。

某些单位采用标杆比较方法，将自己的内部控制制度与其他单位的进行比较，以判断优劣。某些单位通过与同业的比较，来帮助评估自己的内部控制制度。值得指出的是，在比较不同单位的内部控制制度时，应注意目标、事实和环境的差异，内部控制的组成要素及内部控制的限制。

5. 书面记录

一个单位把内部控制制度作为书面文件的程度，因单位规模的大小、复杂程度的高低及其他因素的影响而异。规模大的单位通常有书面的政策手册、正式的组织结构图、书面的工作说明、操作指令及系统流程图等；而规模小的单位其书面文件通常较少。

许多内部控制制度虽非正式，也无书面文件，但仍有规律地执行，并且有效，因而可视同有书面文件进行测试。某项内部控制制度未形成书面文件，并不意味其无效，或无法进行评估。内部控制制度以适当的书面文件反映，不仅有助于提高评估效率，而且可以帮助员工了解内部控制制度如何运行，以及员工自己所扮演的角色，同时也方便对内部控制制度的修订。

评价者应该将自己的评估过程做成书面记录，即记录评估过程中所进行的测试、分析及测试结果，必要时还可以补充有关系统文件。有的评估者在原有的书面文件上进行批注，仅仅依靠这种批注不是一种好的方法。

当内部控制制度的声明或评估结果要给较多的单位使用时，书面记录的内容要求更加具体。书面记录应该有利于证实内部控制制度声明的所有内容，以防日后有人对声明的可靠性产生怀疑。

6. 行动计划

负责评价内部控制制度的高层管理人员应制定必要的行动计划。

（1）根据目标的类别、内部控制的组成要素，以及欲讨论的活动来界定评估的范围。

（2）根据持续监督活动发现应予评估的事项。

（3）分析内部审计人员所执行的评估，考察外部检查人员的发现，决定有关评估的内容。

（4）对必须注意的高风险区域，应按单位类别、组成要素类别或其他类别排列先后顺序。

（5）根据上述分析结果，制定评估计划，并作评估时间安排。

（6）参与评估的人员一起研究评估的范围、使用的方法和工具、内部审计人员及主管机关所提供的资讯、评估的发现等。

（7）监督评价的进度，复核评价的发现。

（8）必要时，修改评价计划的后续部分。

上述工作可由评价负责人授权他人进行，但如果由其本人管理全过程，将会更加有效。

持续监督与独立评价两者之间的关系如下：内部控制系统通常是组织完善的系统，在某种程度上持续监督自身的活动，内部控制系统持续监督的有效性越高，对独立评价的需要程度就越低。为了合理确认内部控制系统的有效性所进行的独立评估的频率，取决于管理层的判断。在做出该决定时管理层应考虑以下因素：变化发生的性质和程度以及与变化相关的风险；实施内部控制人员的能力和经验以及持续监督的结果。通常，持续监督和独立评价结合使用，将会保证内部控制系统随着时间的变化保持其有效性。

持续监督程序根植于企业日常活动中，与独立评价所实施的程序相比，由于持续监督程序在实时基础上实施，动态地应对环境的变化并在企业中根深蒂固，因而显得更加有效。由于独立评价发生在事实出现之后，因此通过持续监督的日常程序可以更快地发现问题。尽管如此，一些持续监督活动完善的企业每隔几年要对其整个内部控制体系或其中一些部分进行一次独立评价。那些察觉到需要经常进行独立评价的企业应重点关注增强其持续监督活动的途径，从而将持续监督活动“根植于”而不是“添加在”内部控制活动中。例如，美国历史上迄今为止最大的破产案就是通过日常监督发现的。世通公司的一个内部审计员——辛西亚·库伯女士，在一次例行审计中发现公司财务有故意造假行为，她向当时的首席财务官沙利文报告，而首席财务官就是参与欺诈的人员之一，他让库伯停止审计，但库伯又向审计委员会的主席报告。在美国，公司审计委员会包含独立董事，他们不受雇于公司，所以库伯女士越过高管层将内幕报告给审计委员会，于是调查得以扩大，结果发现了超过 30 亿美元的假账。丑闻曝光以后，世通公司不得不裁员 17 000 人。公司被迫申请破产保护，美国历史上迄今为止最大的破产案由此产生。随即，世通公司被纳斯达克摘牌，美国司法当局以欺诈罪逮捕了首席财务官沙利文和总审计师迈尔斯。后来，公司在内部审计中再次发现，追溯到1999年，公司还有一笔33亿美元的错账，这样，世通公司的财务丑闻涉及金额增加到70多亿美元。事发后，公司的股票价格由1999年的64美元跌至9美分，跌幅达99.8%，资产总额由1 153亿美元跌至1亿美元左右，跌幅达99.1%。

三、内部控制缺陷认定与整改

我国《企业内部控制基本规范》规定：企业应当制定内部控制缺陷认定标准，对监督过程中发现的内部控制缺陷，应当分析缺陷的性质和产生的原因，提出整改方案，采取适当的形式及时向董事会、监事会或者经理层报告。

（一）内部控制缺陷的概念

内部控制缺陷是指，内部控制的设计或运行无法保证内部控制目标的实现。内部控制缺陷包括设计缺陷和运行缺陷。

（1）设计缺陷：是指缺少实现内部控制目标所需的控制，或现有内部控制设计不适当，即使正常运行也难以实现内部控制目标而形成的内部控制缺陷，即建立的内部控制不能充分实现内部控制目标而形成的内部控制缺陷。

（2）运行缺陷：是指现存设计完好的内部控制没有按设计意图运行，或执行者没有获得必要授权或缺乏胜任能力以有效实施控制而产生的内部控制缺陷，即内部控制不能按照建立阶段的意图运行，或运行中错误很多，或实施内部控制的人员不能正确理解内部控制的内容和目标等而产生的内部控制缺陷。

某企业的内部控制体系虽然设计得很完善，但可能在实施过程中存在偏差，导致内部控制产生缺陷。内部控制缺陷可以是单项缺陷，也可以是多项缺陷的组合。

（二）制定内部控制缺陷认定标准并对内部控制缺陷进行认定和报告

企业在对内部控制进行内部监督时，需要对内部控制的缺陷进行认定和报告。为此，企业应当根据自身的实际情况，制定本企业内部控制缺陷认定标准。另外，在对内部控制进行内部监督的过程中，根据确定的标准对内部监督所发现的内部控制缺陷进行认定，分析缺陷的性质和产生的原因，提出整改方案，采取适当的形式及时向董事会、监事会或经理层报告。

企业还应当跟踪内部控制缺陷整改情况，并就内部监督中发现的重大缺陷追究相关单位或者人员的责任。

（三）内部控制缺陷的程度

按照内部控制缺陷影响整体内部控制目标实现的程度，内部控制缺陷分为一般缺陷、重要缺陷和重大缺陷。

（1）重大缺陷是一个或多个一般缺陷的组合，可能严重影响内部控制整体的有效性，进而导致企业无法及时防范或发现严重偏离整体内部控制目标的情形。

（2）重要缺陷是一个或多个一般缺陷的组合，其严重程度低于重大缺陷，但依然导致企业无法及时防范或发现偏离整体内部控制目标的情形，须引起企业管理层关注。

（3）除重要缺陷和重大缺陷以外的其他缺陷为一般缺陷。

（四）缺陷整改

日常监督应当与企业日常经营活动相结合，融入企业的经营活动过程之中。对于发现的内部控制缺陷，应当及时向有关方面报告并提出解决问题的方案，对存在的问题予以纠正。

对于专项监督中发现的内部控制方面的问题，要及时向有关方面报告，提出完善内部控制的意见和建议，并跟踪内部控制缺陷的整改情况。

复习思考题

1. 什么是内部环境？内部环境在内部控制中有何作用？
2. 管理者的经营风格和经营理念如何影响企业的内部控制？
3. 阐述健全的内部控制组织结构。
4. 风险识别的方法主要有哪些？
5. 识别企业内部风险和外部风险应当关注哪些因素？
6. 企业应对风险的策略是什么？
7. 何谓授权控制？如何建立授权管理体系？
8. 沟通障碍有哪些？怎样才能实现有效沟通？
9. 什么是日常监督和专项监督？二者有何联系？
10. 什么是内部控制缺陷？如何整改？

第三章

管理控制

企业经营的目的在于实现其整体目标，而管理控制是实现企业经营目标的重要内部控制方式和控制过程。管理控制是指管理者影响组织中其他成员以实现组织战略的过程，管理控制的目的是执行战略，从而实现组织的目标。管理控制是管理者执行战略、实现目标的工具之一。三者的关系如图 3—1 所示。

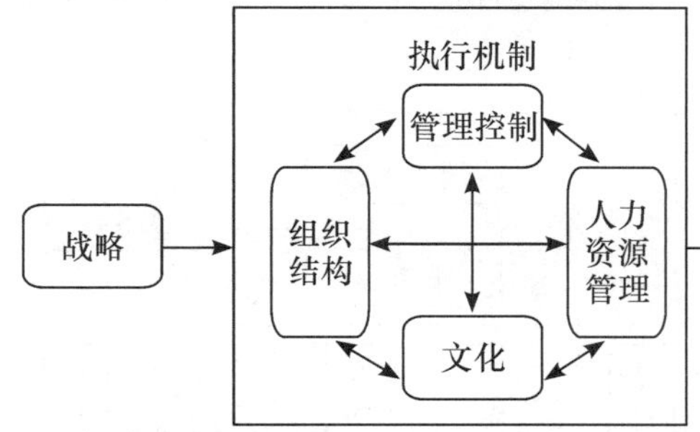

图 3—1　管理控制与企业战略和目标的关系

企业的组织控制在于提供规划、执行、控制和监督企业经营活动的结构框架，企业组织结构建设的好坏直接影响到企业的经营成果及控制效果。构建组织结构的一个重要方面在于为企业的经营活动和业务开展界定关键区域的权与责，并建立适当的沟通渠道。良好的组织以执行工作计划为使命，并具有清晰的职位层次顺序、流畅的意见沟通管道、有效的协调与合作体系。组织结构只是给企业的经营运作与控制提供一个合理的框架，真正实施这些工作还是要靠企业责任划分。责任划分包括明确进行营运活动的权与责，建立沟通渠道和设立授权方式等。此项规定关系到个人和团队在遭遇和解决问题时的主动性，也关系到员工所享有权利的上限、企业的某些政策和关键员工需要具备的知识及经验，以及企业应给予员工的资源等。COSO 报告特别强调“人”在内部控制中的作用，一个企业的人力资源政策直接影响到企业中每一个人的业绩和表现。良好的人力资源政策，对培养企业的员工、提高员工的素质、更好地贯彻和执行内部控制有很大作用。

第一节　组织控制

企业权利和职责的划分反映一个企业内部的管理体制和组织结构，同时企业权利和职责的划分和形式又决定了企业内部控制的过程和效果。因此，企业完善有效的内部控制系统必然要求存在相适应的、有机的组织管理系统和结构，以实现企业内部控制的目标，落实各项内部控制制度，发挥内部控制的作用和功能。

按照内部控制的要求，企业组织控制可分为两个层次：一是公司治理层次的，为所有者控制；二是经营管理层次的，为经营者控制。公司治理结构应根据国家法律法规和企业章程设立，保障公司战略的实现和对内部控制的监督。经营管理层次的组织机构应根据企业经营特点设置，是企业战略和决策的执行单位，具体落实和保证公司战略目标的实现。一个典型的企业组织结构控制示例见图3—2。

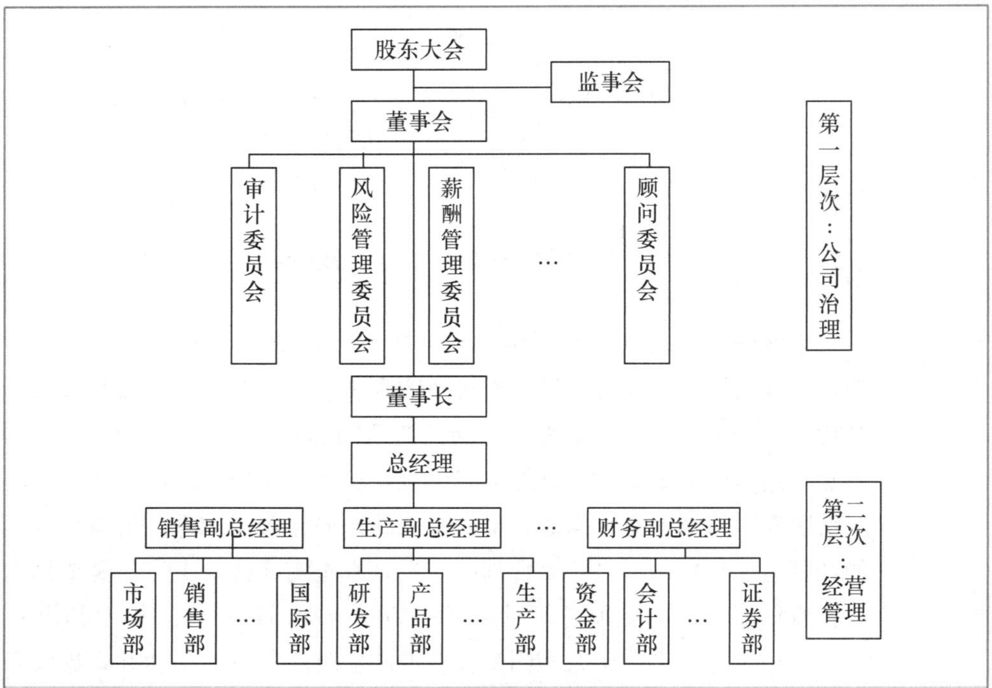

图3—2　企业组织结构

一、组织设计的原则

一个企业的组织结构设置决定了内部控制的结构和流程，也就是说，对于一个有效的内部控制，企业应该有相适宜的组织。因此企业在进行组织设计时，应该而且必须顾及内部控制的要求，既能够保证组织高效运营，又能根据内部控制环境的需要进行相应的调整和变革。具体应坚持以下原则。

（一）系统原则

企业是由若干个相互作用、相互依存的部门有机结合的系统。因此在进行企业组织设计时，必须将企业作为一个有机的整体进行系统化设计。企业要以其经营目标为中心或出发点，组织采购、供应、生产和销售活动，每一个部门都与其他部门或环节相互联系、相互作用。因此，有效的内部控制和组织设计必须坚持系统原则，广泛联系组织内和组织之间纵横交错的业务和部门，通过系统的设计实现各部门的目标统一和相互协调。

（二）效率原则

组织的分层是为了实施管理控制，在组织设置时必须考虑组织的运行效率。一般说来，组织分层与管理幅度密切相关。坚持组织设计的效率原则就是要处理好组织层次和管理幅度的关系。比较两种极端的组织结构：垂直式和扁平式。垂直组织的管理层次多，管理幅度小，因而需要相对较多的管理人员，其优点是上级可以直接对下属进行具体的指导和监督。对于一个大公司来讲，过分强调垂直领导，势必造成组织臃肿，而且会由于上下级层数过多形成官僚作风，组织内也会因为缺乏有效的信息沟通和反馈而效率低下。扁平组织的管理层次相对要少，一位主管直接管理和监督的下属人数较多，因此要求管理人员有较高的管理水平和能力。在管理效率方面，扁平式会相对减少管理时间和费用，更为重要的是，能有效减少部门间的摩擦，增加协调和沟通，从而提高上级反馈和决策的效率。

（三）可控原则

组织结构的设置应该考虑内部控制的需要，即在确定组织层次和管理幅度时，首先考虑对业务层次或下级部门控制的需要，其次保证较低层次组织以及业务切实纳入上级组织所监督和控制的范围之内。如果让会计部门或生产部门去控制销售部门就不符合可控原则。一般来讲，较小的管理幅度能增强组织的控制能力，但近年来的趋势是加大管理幅度，构造扁平的组织结构，这样可大大提高组织控制的效率。为达到组织控制的一定幅度，在组织设计时应找出限制管理幅度的原因，包括：下属的经验与受训程度；工作任务的相似性和复杂性；工作地点的空间距离；标准化的程度；组织管理信息系统的先进程度；组织文化的凝聚力以及管理者的管理风格等。

（四）环境适应原则

同工业化时代的企业相比，现代企业处于市场竞争非常激烈的环境中，产品的生命周期甚至企业的生命周期大大缩短。相应地要求企业以市场和顾客为导向，对市场的变化做出快速反应。作为对现代企业这一全新经营理念的有力配合和支持，企业需摒弃一成不变的陈旧观念，在组织设计中引进权变思想，克服组织变化的阻力。在企业中贯彻环境适应原则有两层含义：一是公司的组织结构应该适应内外部环境的要求；二是企业应根据经营环境的不断变化做到迅速反应，做出组织调整。

二、公司治理结构

公司治理结构是伴随着现代公司制度的建立，为解决委托—代理问题而产生的。公司治理的关键在于明确合理地配置公司股东、董事会、经理人员和其他利益相关者之间的权力、责任和利益，从而形成有效的制衡关系。我国《企业内部控制基本规范》规定：企业应当根据国家有关法律法规和企业章程，建立规范的公司治理结构和议事规则，明确决策、执行、监督等方面的职责权限，形成科学有效的职责分工和制衡机制。股东（大）会享有法律法规和企业章程规定的合法权利，依法行使企业经营方针、筹资、投资、利润分配等重大事项的表决权。董事会对股东（大）会负责，依法行使企业的经营决策权。监事会对股东（大）会负责，监督企业董事、经理和其他高级管理人员依法履行职责。经理层负责组织实施股东（大）会、董事会决议事项，主持企业的生产经营管理工作。董事会负责内部控制的建立健全和有效实施。监事会对董事会建立与实施内部控制进行监督。经理层负责组织、领导企业内部控制的日常运行。

（一）股东大会

股东大会（shareholders meeting）是公司的最高权力机关，它由全体股东组成，对公司重大事项进行决策，选举和更换董事等。股东大会既是一种定期或临时举行的由全体股东出席的会议，又是一种非常设的由全体股东所组成的公司制企业的最高权力机关。它是股东作为企业财产的所有者，对企业行使财产管理权的组织。企业一切重大的人事任免和经营决策需要股东会认可和批准方才有效。

股东大会行使下列职权：

（1）决定公司的经营方针和投资计划。

（2）选举和更换董事，决定有关董事的报酬事项。

（3）选举和更换由股东代表出任的监事，决定有关监事的报酬事项。

（4）审议批准董事会的报告。

（5）审议批准监事会的报告。

（6）审议批准公司的年度财务预算方案和决算方案。

（7）审议批准公司的利润分配方案和弥补亏损方案。

（8）对公司增加或者减少注册资本做出决议。

（9）对公司发行债券做出决议。

（10）对公司合并、分立、解散和清算等事项做出决议。

（11）修改公司章程。

（二）董事会

董事会（board of directors）是公司的经营决策机构，也是股东大会的常设权力机构。董事会向股东大会负责。

1. 董事会的职责

（1）负责召集股东会，并向股东会报告工作。

（2）执行股东会决议。

（3）决定公司的经营计划和投资方案。

（4）制定公司年度财务预算方案和决算方案。

（5）制定公司利润分配方案和弥补亏损方案。

（6）制定公司增加或者减少注册资本以及发行公司债券的方案。

（7）制定公司合并、分立、变更公司形式、解散的方案。

（8）制定公司内部管理机构的设置方案。

（9）决定聘任或者解聘公司总经理及其报酬事项，并根据经理的提名决定聘任或者解聘公司副总经理、财务负责人及其报酬事项。

（10）制定公司的基本管理制度。

2. 审计委员会

我国《企业内部控制基本规范》规定，企业应当在董事会下设立审计委员会。审计委员会负责审查企业内部控制，监督内部控制的有效实施和自我评价情况，协调内部控制审计及其他相关事宜等。

审计委员会负责人应当具备相应的独立性、良好的职业操守和专业胜任能力。

审计委员会是董事会设立的专门工作机构，主要负责公司内外部审计的沟通、监督和核查工作。

审计委员会的主要职责包括：

（1）审核并监督外部审计机构是否独立客观及审计程序是否有效。

（2）就外部审计机构提供非审计服务制定政策并执行。

（3）审核公司的财务信息及其披露。

（4）监督公司的内部审计制度及其实施。

（5）负责内部审计与外部审计之间的沟通。

（6）审查公司内部控制制度，并对重大关联交易进行审计。

3. 内部审计

企业应当加强内部审计工作，保证内部审计机构设置、人员配备和工作的独立性。

内部审计机构应当结合内部审计监督，对内部控制的有效性进行监督检查。内部审计机构对监督检查中发现的内部控制缺陷，应当按照企业内部审计工作程序进行报告；对监督检查中发现的内部控制重大缺陷，有权直接向董事会及其审计委员会、监事会报告。

内部审计的主要职责包括：

（1）评价内部控制制度的合理性、健全程度、有效执行能力和结果。重点应该放在执行效果、审计整改建议两个方面。

（2）评价企业决策的贯彻过程和结果。重点应该放在管理流程、技术参数、考核标准、经营目标四个方面。

（3）评价公司不同经营层（经理）的任期或离任绩效。重点应该放在“任期”责任方面。

（4）事前参与公司重大决策，提出风险评价预案。重点应该放在内部审计参与权的取得方面。

（5）确保内部审计在运行机制、人力资源、资金预算、业务运营上的独立性。

（6）评价、监督会计核算及财务管理的规范性、有效性，提出整改措施和建议。

（三）监事会

监事会（supervisory board）是监督检查公司的财产及董事会业务执行情况的常设机构，由若干监事组成。在股份公司创办之初，监事一般由发起人担任。股份公司成立之后，监事由股东大会选举产生，其成员由股东、公司职工代表、聘任的公司外部专业人员三部分组成。董事、经理及财务负责人不得兼任监事。

监事会的主要职责有：

（1）监事会是公司执行监督业务的常设机构，主要对董事长、董事、董事会及总经理等高级管理人员实行监督，向股东大会负责并报告工作。

（2）监事有权了解公司决策、经营情况，检查公司财务、账簿和文件，要求董事及公司有关人员提供相关资料。

（3）对董事会成员、总经理、财务负责人等高管的经营业绩和综合素质进行监督，并有权向出资方、董事会提出对上述人员任免和奖惩的建议。

（4）出席监事会会议、股东大会，列席公司董事会会议。

（5）对董事、高管等执行公司职务时违反法律、法规或者公司章程的行为进行监督。当董事或高管的行为损害公司利益时，要求董事和高管予以纠正。

（6）提议召开临时股东大会。

（7）监事会的决议应当由2/3以上监事表决同意。在一般情况下，监事会不能代替董事会管理公司的业务活动，不能以公司名义对外进行活动，也不得干扰董事会或总经理的正常活动。

（四）经理层

企业高管人员是股东会、董事会决议的执行者，主持企业生产经营和日常管理工作，对于企业经营绩效以及内部控制效果起重要作用。《萨·奥法案》要求公司首席执行官、首席财务官必须签字保证财务报告的可靠性和落实内部控制的责任，具体包括：建立和维持公司内部控制；设计的内部控制能够保证签字官员了解公司及合并范围内的子公司的重大信息；评价公司的内部控制在签署报告前90天内的有效性，并在该定期报告中发布内部控制评价意见。同时，签字官员还必须向公司的审计师和审计委员会报告：设计和运行内部控制过程中是否存在影响公司记录、处理、汇总和报告财务信息的重大缺陷；涉及管理当局或在内部控制系统中担任重要角色人员的舞弊，无论情况严重与否都要报告。

我国《企业内部控制基本规范》规定：经理层负责组织领导企业内部控制工作。这意味着，公司管理层对内部控制的有效执行承担责任，处于不同层级的管理者掌握着不同的控制权力并承担相应的责任，同时相邻层级之间存在控制和被控制的关系。公司治理解决所有者、董事会和经理层的制衡关系，是用来约束、激励和监督经营者的控制制度；而企业组织内部的控制则是管理层与其下属之间的管理控制关系，是面向次级管理人员和员工的控制。管理层内部控制是通过组织体制和组织类型的有机设置实现的。

三、企业组织管理体制

随着企业间竞争的加剧，企业的决策者越来越深刻地认识到企业组织结构对管理效率和控制成效的重要影响。按照通常的与企业经营管理组织发展阶段相对应的组织结构区分方法，经营管理组织可分为相对集权化和分权化两种形式。在这两种组织结构中，控制的形式和作用完全不同。在早期的企业中，由于企业的规模较小，人员较少，经营类型单纯，业务流程相对简单，多数企业出于控制需要和控制成本的权衡而选择集权控制。随着企业规模的不断扩大以及企业间竞争的加剧，相应地要求企业跨地区甚至跨国经营，面对集团化、分散化经营的现实，企业必然要以“效率优先”为主要原则，才能实现价值最大化的目标，分权化管理便成为大中型企业的必然选择。分权化的体制给企业内部控制带来了很大的难度，实际上，由于控制成本和“人的软约束”等方面的制约，分权化管理的结果是多数企业“疏于控制”，企业的经营目标受损。近20年来，企业越来越认识到分权管理对内部控制的挑战，再加上通信、计算机技术的大力发展和广泛运用，为了保持企业的竞争力和加强内部控制，各类企业不约而同地选择了集权和分权相结合的半分权化管理体制。

（一）集权化组织管理体制

集权化的组织管理体制是自上而下的垂直领导和控制系统，即企业的一切经营和财务活动都集中在公司（集团）的总部，处于集权统一领导下的各分部（分厂）没有经营决策权，其生产和供销活动由公司统一计划安排，财务和会计核算也集中于总部。从企业内部控制角度来说，集权化的组织有以下特点：

（1）能最大限度地协调企业资源的利用，增强企业整体竞争优势；

（2）能保证公司经营目标和计划的落实；

（3）能有效减少下级的弊端。

但应该看到，高度集权化的组织若想保证内部控制的有效性，必要的条件是企业的规模不能过大，经营类型或产品要求单一且产品和经营具有较大程度的稳定性，只有这样才能发挥集权化组织统一决策和整体运筹的优势。这是因为，如果企业规模过大、经营多样、产品繁多，必然会带来集权管理的低效率，同时下级工作的惰性会影响上下级的信息沟通，使管理和控制失去应有的效力。

随着企业间竞争的加剧以及国际化经营趋势，企业的规模越来越大，从分散经营风险以及合业经营以追求平均利润的潮流来看，现代企业在许可的条件下多数选择多样化经营和多产品生产，这种企业组织的缺陷日趋明显。

（二）分权化组织管理体制

企业管理的叠级化、多层级化必然导致组织的分权化。这是因为，随着企业规模的扩大，跨地区、跨行业经营给由企业总部对其所属各部门复杂多变的管理和生产活动进行具体的计划和控制带来了挑战。在现有技术条件下，即使总部能掌握下属各业务部门的具体信息，也很难对业务过程实施具体的计划和控制。更重要的是，集权型的管理往往无法保证了解下级部门的情况，压抑各业务部门的积极性、主动性，使组织失去活力，使资源分配和利用缺乏效率和合理性。鉴于以上考虑，企业会选择给下级适当的决策权，加强其独立性，使其能够进行独立的考核和控制，比如采取利润中心、投资中心形式的事业部制的组织结构。一般地，企业分权化管理主要有以下几种形式：

1. 按地区分权

企业根据其下属分公司（办事处）所在区域划分相对独立的经营实体。比如一家国内企业根据企业营销和生产的需要设了四家独立经营的分公司，即负责华南地区的广州分公司、负责华东地区的上海分公司、负责华北地区的天津分公司以及负责东北地区的沈阳分公司，使其营销网络遍布大半个中国及经济发达的省市。

2. 按行业分权

企业根据服务的领域划分出面向不同行业的相对独立的分权组织。比如一家提供计算机系统集成服务的企业，根据其产品和技术的特点划分了面向不同行业提供产品和服务的分公司，分别有金融行业（包括证券和保险）、电信行业、航空公司和机场、商业连锁企业等。这种分权组织能使企业服务更有针对性，有效集中企业以产品和技术为主的各种资源优势，快速扩大顾客群，形成企业在优势行业的竞争力。

3. 按产品划分

企业按照其生产和经销的产品设置独立核算的分公司（分厂）。比如一家家电产品企业下设电视机厂、电冰箱厂、洗衣机厂等，以扩大企业产品的服务范围，提高品牌的知名度。

4. 按职能划分

企业按照经营过程或者流程划分不同的职能单位。比如一家生产和销售药品的大型企业下设供应分公司、生产分公司、经销分公司等。

分权化的组织结构有利于加强责任控制，有效利用企业资源以实现企业经济效益最大化。但必须注意到组织的分权化趋势可能带来其他问题，一旦下属业务部门掌握了相当的决策自主权，便很难从企业战略和长期发展的高度认识和考虑问题。常见的情况是降低计划目标，牺牲其他部门的利益，过于追求自身的业绩等。

（三）半分权化管理体制

综上所述，我们看到集权和分权各有利弊。企业在进行组织设计和内部控制时，要根据其生产经营的特点，采取集权和分权相结合的体制，尽可能地发挥各自的优势，即采取集权领导下的适当分权体制，以提高组织的效率。半分权化组织就是为了尽可能利用集权管理和分权管理的优势，既顾全大局、目标统一，又权责明确、效率优先。

图 3—3 是半分权化组织形式的典型示例。

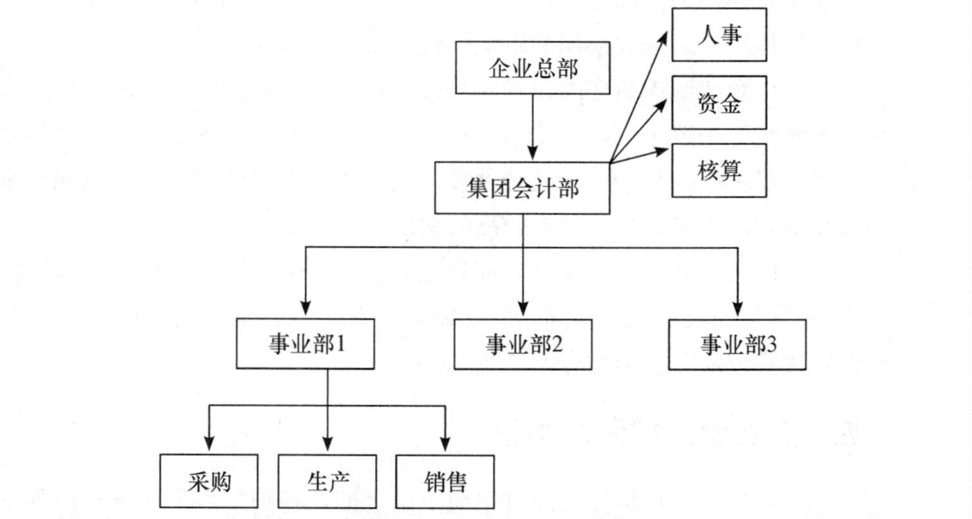

图 3—3 半分权化企业组织结构图

这种结构具有两个突出的特点：一是以每个分公司（分厂）或经营事业部作为利润中心或投资中心；二是共同服务部门组成集团会计部。

各分权事业部的职权主要有：

(1) 在公司总的经营目标和年度总预算框架内确定分预算；

（2）确定分部经营计划，具体组织和负责采购、生产和销售活动；

（3）确定分部内的组织、人事任免及相应的奖惩机制。

公司总部的主要职责有：

（1）确定公司总的经营目标、企业中长期计划，以及年度总预算；

（2）集中管理下级公司的资金、财务以及会计核算，具体工作由集团会计部实施；

（3）评价各分部的经营绩效，负责下级公司经理人员的任免和奖惩；

（4）审核和监控下级分部经营决策以及具体经营计划的执行情况。

在这种组织结构中，一个突出的特点就是采购、生产、销售等经营权下放给下级公司，而资金、财务集中在总公司。这样的机构设置既可以发挥集权组织和分权结构的优点，又能调动下级单位生产和经营的积极性，大大提高了现代企业在竞争激烈的环境中的快速变化和适应能力。为有效解决组织的分权化带来的问题，应该突出会计在组织结构中的协调、控制和促进作用。统一的会计部应该处于各分权独立的业务部门之上，起“贯穿上下、承上启下”的作用，既作为各业务部门计划完成情况的掌握者，又作为企业总体战略规划和经营目标的贯彻者。通过会计部门的中间纽带作用，可以完成企业上级的战略性目标，以及与具体业务执行部门的有效沟通和信息反馈。在企业组织结构中有了会计部这一中间层，就使组织的控制方式有别于纯粹的分权化组织方式，增添了集权化的有效成分，在此不妨称之为“准分权化”或“半分权化”。这种结构的产生说明了 20 世纪 70 年代以后不少跨国大集团的组织结构在集权与分权之间摇摆的现实。

一个企业组织结构的设置由其行业特点、企业规模、管理水平和人员素质等因素确定。一般来说，企业的规模越大，分权的呼声越高。企业规模大意味着人员多、组织结构复杂、产品品种多、供应和销售网络广泛，相应地要求企业具有较高的管理水平，员工具有较高的素质。

某网站曾做过一项调查，问题是：“入世后，中国企业采取哪种管理体制更有效?”从回收的 412 张问卷的反馈意见看，赞成集权式领导的比例仅为 9.2%，而赞成集权和分权相结合的高达 68%。

四、企业组织控制的类型

公司的经营目标需要通过组织予以贯彻，特别是需要业务部门的配合以及切实的执行才能完成。尽管公司的组织类型各异，但大体上可归纳为以下三种类型。

（一）职能型组织

在职能型组织中，管理者根据专业负责一个特定职能部门，不同的职能彼此相对独立（见图 3—4）。

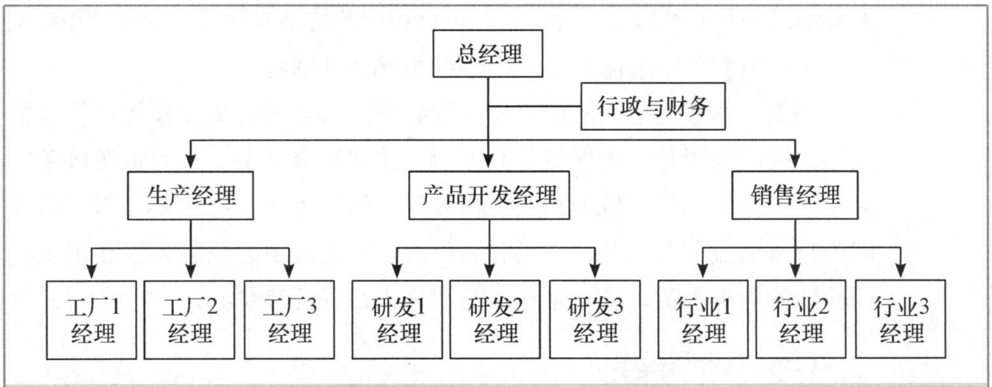

图 3—4 职能型组织控制类型

这是一种比较传统的组织类型，其最大的优势在于能最大限度地整合企业的资源，通过发挥各自专业的优势提高组织的效率。在当今强调企业核心竞争力以及以市场为导向的经营环境下，职能型组织有很大的缺陷：一是每一个业务部门只能完成一种职能，因此每个职能部门都严重依赖整个组织最高层的计划和决策，结果必然是职能部门各自为战，而部门经理之间的摩擦和分歧只能在组织的最高层得到解决；二是无法公正评价各业务部门的工作绩效，即在销售部门所实现的利润中无法确定生产部门和开发部门对利润的贡献有多大。另外，职能型组织在应对市场快速变化以及产品个性化需求方面表现出效率低下和力不从心，主要是因为这种组织没有体现和贯彻以市场或需求为导向的价值链组织的现代管理思想。

（二）业务型组织

在业务型组织中，一个部门负责供应、生产和销售的全部责任，业务部门成为一个利润中心或投资中心（见图 3—5）。

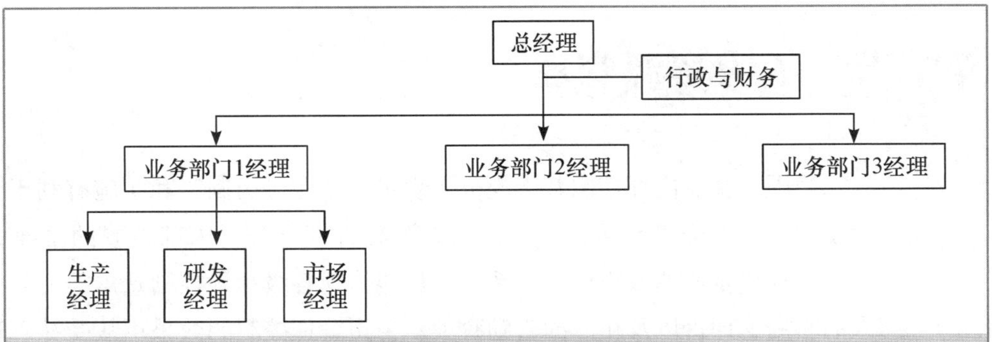

图 3—5 业务型组织控制类型

业务型组织最大的优势在于：第一，各业务部门对利润的关注有助于完成整个公司的获利目标。第二，由于业务部门经理负责本部门内各职能的计划和协调，有助于实现效率的最大化以及资源配置的最优化。第三，公司总部可根据各业务部门的利润情况作出评价，并进行相应的奖励或惩罚。业务型组织对市场反应快、满足顾客个性化需求、不断创新是其最大优势。

当然，业务型组织的计划和决策必须纳入公司的整体预算，符合公司的发展战略。同时公司总部仍保留某些方面（比如资金运筹、人力资源政策、重要的产品及生产线、销售区域的建立与扩展等）的决策权。这主要是为了避免业务部门间为自身利益争夺资源、市场和客户。业务型组织的缺陷表现在组织内部配备相同功能的业务人员，这对于整个公司来讲是资源浪费。

（三）矩阵型组织

矩阵型组织是近年来一些大公司所采用的组织类型，比如 IBM、通用电气、惠普等（见图 3—6）。

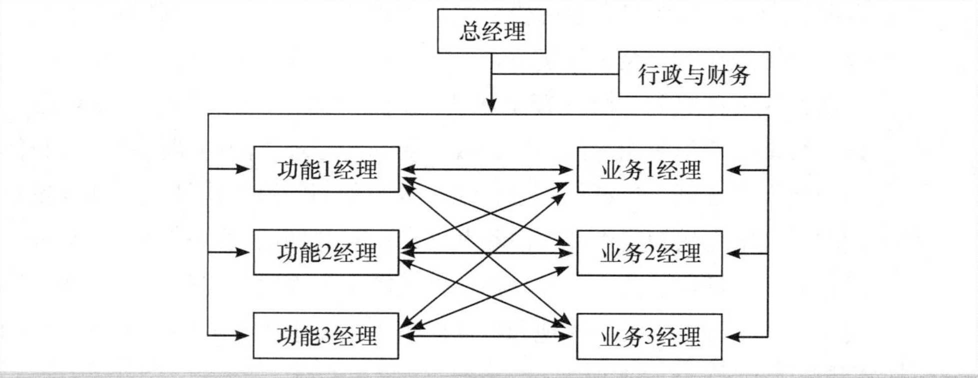

图 3—6　矩阵型组织控制类型

矩阵型组织综合了职能型组织和业务型组织的特点，通过职能型组织和业务型组织的交叉服务和责任，达到组织设置的最优化。

第二节　人力资源管理

我国《企业内部控制基本规范》规定，企业应当制定和实施有利于企业可持续发展的人力资源政策，可见，人力资源管理是公司内部控制的重要方式和内容。在现代企业的多级代理关系中，最能体现各级领导控制意志的无外乎对代理人的聘用、评价以及相应的激励政策。公司管理控制的效果可从受托管理者和公司员工工作积极还是消极、工作效率高低以及员工素质等方面得到反映，并反作用于公司的内部控制系统。因此，公司人力资源政策和职务设计方面的内部控制机制对整个内部控制系统的有效运行起双重作用，通过员工认同和参与实现公司的目标管理。

一、管理者的聘用与提拔

公司各级管理者的聘用和提拔在人事控制系统中起重要作用，体现公司人力资源管理的效率，也是管理者取得优良工作表现的直接动力。因此，公司应当具备科学有效的管理者聘用与提拔的制度和程序，并使之成为企业人力资源管理和控制系统的重要组成部分。

（一）管理者聘用过程

公司对管理人员的聘用并不是一个孤立的管理程序，而是将企业人力资源计划纳入整个管理系统，包括企业发展战略、公司组织和业务需求等，是综合权衡的结果。管理者选拔过程见图 3—7。

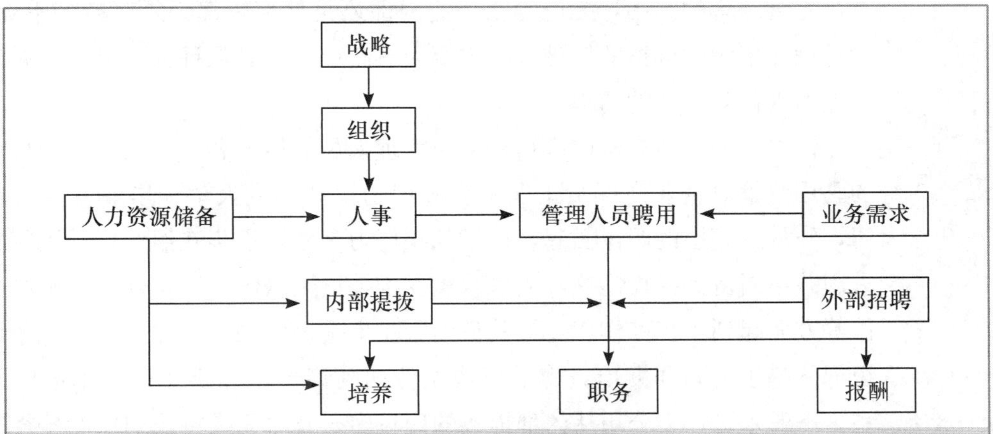

图 3—7 管理者选拔过程

（二）管理者聘用要求

管理者聘用要求，即对管理者管理才能和专业素养方面的要求，一般包括以下几个方面。

1. 领导组织才能

有人聚集的地方就会产生领导，企业各级管理人员必须具备相应的领导组织才干。一名管理者的领导组织能力体现在诸多方面，如策划、决策、分析、号召力、价值观等，只有卓越的人才能胜任管理者。

2. 沟通能力

沟通能力是维持良好的人际关系以及工作顺利开展的关键因素。人是一个组织中最为活跃的生产要素，其表现会受到企业软环境的制约。管理者的沟通技巧和能力可以创造出一个良好的企业软环境，减少不必要的摩擦和阻碍，使组织更好地协调，保持目标一致。

3. 专业水平

管理者需要具备相应的职位所要求的专业知识和技能，这是其能否胜任的关键因素。试想，一名财务经理如果不具备会计和金融等相关方面的知识和能力，怎么能够组织财务部门的人员及业务运作?

4. 品行操守

诚实正直、意志坚强、品德高尚、行为得体以及良好的精神风貌是一个管理者必须具备的操守和素养，是管理者行使和保持其领导力的内在决定因素。

不同层次的管理人员需要具备的上述能力是有差别的。一般来讲，越是高层的管理者，要求的能力越高、越综合；层次相对低的管理者，对各方面能力的要求可以低一些。

（三）管理者聘用政策

对管理者的聘用，无论是在企业内部还是外部，都必须坚持公平竞争原则，这是确保招聘到合格的管理者的重要人事政策，也是保证人尽其才、被聘用的人员能够胜任其职务的前提。

许多大型公司有从内部培养选拔管理人员的传统和人事政策，无疑内部提拔的聘用政策对企业内部员工非常有吸引力。许多人大学一毕业就进入一家大公司，先从最底层的职位做起，通过几年努力工作，逐步在组织中得到提升，受到重用并不断得到提拔。这一人事政策在维持员工队伍的稳定性、鼓励员工努力工作等方面起到了积极作用，但其负面影响也是显然的。不引入外部竞争，会使组织梯队趋于自满和懒惰，容易形成企业内阿谀奉承和小团体等不健康的人事关系。一般来讲，大公司从内部提拔的比较多，有时为维持公司的竞争性需要适当引入外部人员。小公司由于没有足够的人才储备可供提拔，多从外部进行招聘。

（四）管理者的培养

一般从企业内部得到提拔的管理者需要经过几年的锻炼和专门培养，尤其是公司重要部门的高层管理者。美国一家职业调查机构曾做过调查：像通用电气这类有几十万员工、上百个分支机构的大公司，管理者的级别有 20 多个，提升一级约需要两年半时间。由此可见，若想提升至公司高层管理者一般需要 10 年左右的时间。对管理者的培养不同于一般员工培训，是对有发展潜力和提拔计划的管理人员所进行的专门锻炼和特别培训。比如一个准备提拔至集团公司管理级别的人，往往需要担任 3～4 年分公司经理，还要经过必要的职务轮换，并接受组织领导能力、应变能力等方面的锻炼。

二、考核与激励

（一）考核的作用

考核是公司人力资源管理的一项必要而有效的制度，考核标准是评估员工工作绩效以及进行相应奖惩的依据。企业考核或绩效评估的结果往往与员工的薪酬和晋升紧密挂钩，作为企业的一项控制手段或措施，其目的是使个人、部门利益和公司的经营目标密切结合。企业确定的考核项目和指标可以使员工事前明确要达到的目标和结果，增强管理人员、团队和员工在实现持续进步方面的共同责任。只有在做出公正的考核后再实施奖励和惩罚，才能充分调动员工的积极性，实现组织目标。所以企业考核应该具有以下作用：

（1）作为奖励和惩罚的主要依据。一个单位内的物质利益分配和精神奖励只有符合贡献与报酬相对的原则，才能使员工心理平衡，激发员工多做贡献。

（2）为全面了解员工提供依据。单位在发展过程中会提拔内部人员到管理岗位上。提拔谁，不提拔谁，不能根据一时的情况进行判断。连续的考核评估记录可以比较准确地反映总体情况。

（3）使员工正确地了解和评价自己。考核可以使员工知道单位的其他员工和领导对自己的看法及评价，自己在哪些方面应该改进或纠正，哪些方面可以继续保持，同时了解自己与其他员工之间的差距。

（4）为员工今后的发展提供依据。单位可以根据考核评估的记录了解每个员工在素质、技能、行为、知识等方面同组织要求之间的差距，根据组织的要求为他们制定培训和发展规划。

（5）有助于营造健康的工作环境和良好的企业文化。科学有效的人事考核标准和制度属于企业文化建设的范畴。有效、公平的考核奖惩制度可以使员工心情舒畅，为员工发挥积极性和创造性提供有利的条件。

（二）考核的功能

有效的考核应该具有以下功能：

（1）准确地测评每个员工的工作业绩和行为；

（2）识别每个员工的缺点和不足；

（3）激励员工发扬好的，纠正错的，改进差的；

（4）及时给予员工测评结果的反馈，让他们知道问题所在；

（5）有一个连续的跟踪记录，以便员工今后发展、晋升和调动等参考。

（三）员工激励

激励同样是人力资源管理的一项重要工作，可以激发员工内在的工作动力，促进员工努力工作，更好地履行其工作职责，实现企业目标。激励的方式有物质激励和精神激励。物质激励的形式有加薪、发放奖金、增加福利、股权激励等；精神激励的形式多种多样，有榜样激励、文化激励、参与激励等。企业应当根据具体情况选择适合的激励政策和方式，以达到最有效的激励效果。

三、培训与员工素质控制

对员工进行定期或不定期培训是企业人力资源管理的重要内容，也是企业提高员工素质的一个重要方法。员工培训可以提高员工的素质，丰富员工的知识与技能，激发员工的求知欲，增强员工的创造力，使员工不断充实自己，并保持努力向上的积极进取精神。

（一）培训

1. 培训目标

企业员工的培训目标一般有以下几个方面：

（1）理解和认同公司的企业文化和发展战略；

（2）熟悉公司的各项规章制度、岗位职责；

（3）提升员工的综合素质和知识水平；

（4）提高员工的任职能力和工作绩效；

（5）改善员工的工作态度，提高团队精神和工作热情；

（6）发挥员工潜能，促进企业发展。

2. 培训方式

为达到员工培训的目标，企业一般可选择如下培训方式：

（1）高层培训。主要针对公司高层管理人员或高级经理所进行的专门培训，目的是提高企业高层管理者的素质。

（2）新员工岗前培训。针对刚刚加入企业的新员工所进行的培训，一般包括企业文化和岗位培训，目的是使新员工迅速熟悉企业环境，在岗位上尽快开展工作。

（3）岗位跟踪培训。对企业员工所进行的定期岗位继续教育，目的是使员工不断学习新知识、新技能，以适应企业发展对员工知识、技能等方面的要求。

（4）专项短期培训。

（二）员工素质控制

在企业经营管理过程中对员工进行素质控制是现代企业内部控制是否有效的一个关键因素。员工素质主要包括职业道德修养、知识结构和业务能力等方面。企业员工素质控制的主要目的是使员工达到或维持其所从事岗位或职务的要求，胜任本职工作并尽职尽责地为企业目标效力。一般地，可以通过岗位准入制、岗位轮换制和定期培训等方式达到企业员工素质控制的目的。

例如，摩托罗拉就非常注重管理者的素质。因为管理者是制度的执行者，所以选拔管理者有许多条件。其中，对副总裁候选人的素质有四方面的要求：（1）个人的道德素质高；（2）在大环境下能够有效管理人员；（3）在执行总体业务目标时能够做到效果最好、成本最低、速度最快；（4）能够理解客户，推动一些项目，进行创新改革。副总裁需要具备这四个方面的素质，相应地，总监、部门经理等也都有素质要求。此外，摩托罗拉有针对不同层次管理人员和员工的素质培训和职业道德培训等，包括跨国培训，以适应企业参与全球竞争对人才素质的高要求。

第三节　企业文化

我国《企业内部控制基本规范》规定，企业应当加强文化建设，培育积极向上的价值观和社会责任感，倡导诚实守信、爱岗敬业、开拓创新和团队协作精神，树立现代管理理念，强化风险意识。

一、企业文化的内容

企业文化是企业在生产经营实践中逐步形成的，为全体员工所认同并遵守的带有本组织特点的使命、愿景、宗旨、精神、价值观和经营理念，以及这些理念在生产经营实践、管理制度、员工行为方式与企业对外形象等诸多方面体现的总和。企业文化是企业的灵魂，是推动企业发展的不竭动力。它包含着非常丰富的内容，其核心是企业的精神和价值观。

1. 经营哲学

经营哲学也称企业哲学，是一个企业特有的从事生产经营和管理活动的基本原则，是指导企业行为的基础。在激烈的市场竞争环境中，面临着各种矛盾和多种选择，这要求企业有一个科学的方法论来指导，有一套逻辑思维来决定自己的行为，这就是经营哲学。例如，迪士尼公司在其近百年的发展中始终坚守简明而实际的“营造欢乐氛围，把握游客需求，提高员工素质，完善服务系统”的经营理念，创造了“日进斗金”的商业奇迹。

2. 价值观

所谓价值观，是人们基于某种功利性或道义性的追求而对人们（个人、组织）本身的存在、行为及其结果进行评价的基本观点。价值观不是在一时一事上的体现，而是人们在长期实践活动中形成的关于价值的观念体系。企业的价值观是指企业员工对企业存在的意义、经营目的、经营宗旨的价值评价，是企业全体员工共同的价值准则。只有在共同的价值准则基础上才能产生企业正确的价值目标。有了正确的价值目标才会有奋力追求价值目标的行为，企业才能持续发展和壮大。沃尔玛的创始人山姆·沃尔顿所倡导并奉行的“顾客就是上帝”的核心价值观，使之多次成为世界500强之首。

3. 企业精神

企业精神是指企业基于自身特定的性质、任务、宗旨、时代要求和发展方向，经过精心培养而形成的企业成员的精神风貌。

企业精神通过企业全体员工有意识的实践活动体现出来，它又是企业员工观念意识和进取心理的外化。

企业精神是企业文化的核心，在整个企业文化中起着支配作用。企业精神以价值观念为基础，以价值目标为动力，对企业经营哲学、管理制度、道德风尚、团体意识和企业形象起着决定性的作用。可以说，企业精神是企业的灵魂。

企业精神通常用一些既富有哲理，又简洁明快的语言予以表达，便于员工铭记在心，时刻激励自己；也便于对外宣传，在社会上形成个性鲜明的企业形象。中国海尔凭借“无私奉献，追求卓越”的海尔精神，从无到有、从小到大、从大到强，从中国走向世界。

4. 企业道德

企业道德是调整本企业与其他企业之间、企业与顾客之间、企业内部员工之间关系的行为规范的总和。它从伦理关系的角度，以善与恶、公与私、荣与辱、诚实与虚伪等为标准来评价和规范企业。

企业道德与法律规范和制度规范不同，不具有后者的强制性和约束力，但具有积极的示范效应和强烈的感染力，被人们认可和接受后具有自我约束的力量。因此，它具有更广泛的适应性，是约束企业和员工行为的重要手段。中国老字号同仁堂药店之所以 300 多年长盛不衰，在于它把中华民族的传统美德融入企业的生产经营过程中，形成了具有行业特色的职业道德，即“济世养身、精益求精、童叟无欺、一视同仁”。

5. 团体意识

团体即组织，团体意识是指组织成员的集体观念。团体意识是企业内部凝聚力形成的重要心理因素。团体意识的形成使企业每个员工把自己的工作和行为都看成是实现企业目标的一个组成部分，使他们对自己作为企业的成员而感到自豪，对企业的成就产生荣誉感，从而把企业看成是自己利益的共同体。因此，他们就会为实现企业目标而努力奋斗，自觉地克服与企业目标不一致的行为。

6. 企业形象

企业形象是企业通过外部特征和经营实力表现出来的，被消费者和公众所认同的企业总体印象。由外部特征表现出来的企业形象称为表层形象，如招牌、门面、徽标、广告、商标、服饰、营业环境等，这些都给人以直观的感觉，容易形成印象；通过经营实力表现出来的形象称为深层形象，它是企业内部要素的集中体现，如人员素质、生产经营能力、管理水平、资本实力、产品质量等。北京西单商场以“诚实待人、诚心感人、诚信送人、诚恳让人”来树立全心全意为顾客服务的企业形象，而这种服务建立在优美的购物环境、可靠的商品质量、实实在在的价格的基础上，即以强大的物质基础和经营实力作为优质服务的保证，达到表层形象和深层形象的结合，因此赢得了广大顾客的信任。

7. 企业制度

企业制度是在生产经营实践活动中所形成的，具有强制性并能保障一定权利的各种规定。从企业文化的层次结构看，企业制度属中间层次，它是精神文化的表现形式，是物质文化实现的保证。企业制度作为员工行为规范的模式，使个人的活动得以合理进行，内外人际关系得以协调，员工的共同利益受到保护，从而使企业有序地组织起来为实现目标而努力。

二、企业文化建设

1. 培育共同价值观

培养价值观是企业文化建设的一项基础工作。企业的每个成员都有自己的价值观念，但由于资历不同、生活环境不一样、受教育程度不同，他们的价值观千差万别。企业通过教育、倡导等方式，使员工扬弃传统落后的价值观，树立正确的有利于企业生存发展的价值观，并达成共识。

企业价值观的培育是一个由服从经过认同，最后达到内化的过程。服从是在培育的初期，通过某种外部作用（如人生观教育）使企业的成员被动地接受某种价值观，并以此来约束自己的思想和行为；认同是受外界影响（如模范人物的感召）而自觉接受某种价值观，但对这一观念未能真正理解和接受；内化不仅是自愿接受某种价值观，而且对它的正确性有真正的理解，并按照这一价值观自觉地约束自己的思想和行为。

企业价值观的培育是一个长期的过程。在这个过程中，员工价值观的转变可能由于环境因素的影响而出现反复，这更增加了价值观培育的复杂性。价值观的培育，需要企业领导深入细致的思想工作，把高度抽象的逻辑思维变成员工可以接受的基本观点。这其中，思想政治工作十分重要，它能唤起员工对生活和工作意义的思考，树立对自己事业的信念。

2. 构塑企业精神

企业精神构塑是指在企业领导者的倡导下，根据企业的特点、任务和发展走向，使建立在企业价值观念基础上的内在信念和追求通过企业群体行为和外部表象而外化，形成企业的精神状态。

企业精神与企业价值观是既有区别又密切相关的两个概念，价值观是企业精神的前提，企业精神是价值观的集中体现。价值观具有分散性和内隐性，如存在的价值、工作价值、质量价值等，它是人们的信念和追求。企业精神则不同，它比较外露，容易被人们所感知。企业价值观和企业精神共同构成企业文化的核心。

企业精神的形成具有人为性，这就需要领导者根据企业的特点、任务、发展走向有意识地倡导和培育。在构塑企业精神的过程中，特别应将个别的、分散的好人好事从整体上进行概括、提炼、推广，使之成为具有代表性的企业精神。北京王府井百货大楼的“一团火”精神就是以普通售货员张秉贵的事迹为代表提炼而成的。

3. 确立正确的经营哲学

作为企业经营管理方法论原则的企业经营哲学，是企业一切行为的逻辑起点。因此，确立正确的经营哲学是企业文化建设的一项重要任务。

经营哲学的确立，关键是要有创新意识，创建有个性的经营思想和方法。来自瑞典的全球最大的家居零售巨头宜家，以其另类、新潮、率真、个性十足的家居经营特色，成为享誉全球的家居旗舰，被 Interbrand 评为全球最有价值百强品牌。

4. 企业形象设计

企业形象设计一般经过形象调查、形象定位和形象传播三个阶段。形象调查是了解公众对本企业的认识、态度与印象等方面的情况，为企业形象设计提供信息。形象定位是在形象调查的基础上，根据企业的实际状况，用知名度和美誉度的高低程度对企业形象进行定位。形象传播是以广告或公关方式，将企业形象的有关信息向社会传播，让更多的顾客认识和接受，从而提升企业形象。

三、创新型企业文化

创新型企业文化是指创新已经成为企业的核心价值观，创新理念得到员工的普遍认同，人们坚信只有创新，企业才能生存，才能发展。企业管理人员和广大员工都积极创新，敢于进取，敢冒风险。创新思想渗透到企业上上下下人员的意识深处，成为企业员工的行为习惯。

一个组织的核心竞争力往往体现在对创新文化的培育上。在与顾客的互动中，一方面输出组织对创新的实践，另一方面了解对方对创新的需求。组织正是在这种创新的反馈中不断发展壮大的。组织学习和创新是这种文化提倡的重要内容，组织鼓励不断创新并把这些思想表达出来。经营管理者深刻认识到只有不断创新，才能使核心竞争力动态化，同时使竞争对手难以模仿，从而获取竞争优势。

复习思考题

1. 什么是管理控制？管理控制与企业战略和目标之间的关系是什么？

2. 什么是公司治理结构?
3. 公司董事会的职责有哪些?
4. 阐述审计委员会在内部控制中的职责。
5. 何谓集权化组织和分权化组织?各有什么特点?
6. 企业组织有几种类型?各有什么特点?
7. 管理者应具备哪些才能和素养?
8. 什么是员工激励?员工激励有几种主要形式?
9. 什么是企业文化?企业文化包含哪些内容?
10. 如何进行企业文化建设?
11. 谈谈你对创新型企业文化的理解。

第四章 会计控制

会计控制是内部控制的重要手段和核心内容。通过会计控制可以保障企业资产安全，监督控制经营过程，实现企业经营目标。

第一节 资金集中管理

资金管理是企业会计控制的一个重要组成部分，是对企业资金运动的管理，即对资金的筹集、投放、耗费、收入和分配等方面的管理。资金集中管理是国际上普遍采用的一种大型企业集团的资金管理模式，其核心是将整个集团的资金集中到集团总部，由总部统一调配使用。通过资金集中手段来掌握企业集团所属单位的经济活动，要求企业集团所属单位完全执行集团总部的战略意图。

一、集团资金集中管理的必要性

（1）加大财务监控力度，控制资金风险，强化集团公司对成员单位的控制能力。资金的安全性是资金管理的基础和保障，集团公司通过对资金进行集中控制和管理，首先可获得知情权，即通过对资金流入、流出的总控制，了解下属公司的资金存量和流量，随时掌握其生产经营情况，有效防范经营风险；其次通过对下属公司收支行为尤其是支付行为的有效监督，实现对下属公司经营活动的动态控制，保证资金使用的安全。此外，实行资金集中管理，不仅包括资金结算业务，还有资金的预算管理、选择资金筹集方式、监控资金的运行情况等。资金集中管理有利于企业集团加强财经纪律，规范资金收支行为，加快资金回笼，加大对资金运行过程的控制，一定程度上可以避免资金滥用等现象发生，起到防范经营风险和金融风险的作用。

（2）发挥财务资源的聚合优势，降低整体财务成本。集团内各成员企业处于不同的行业或地域，它们面临的竞争形势和发展机遇不尽相同，可能出现某企业由于业务增长迅速面临资金短缺，而另一企业由于业务增长平稳出现资金大量结余却无法有效利用，导致集团资源浪费。同时，由于处于不同生命周期的企业融资能力不同，新兴产业的企业处于初创阶段，各项财务指标不尽如人意，融资成本高，而发展前景看好的成熟企业，融资能力强，现金流充沛，融资成本低。因此，集团企业实施资金集中管理可以加速资金回流，减少资金流出，减少资金头寸，将集团内部留存的资金余额控制在最佳水平；在保证集团内部资金需要的前提下，充分发挥存量资金的作用，提高资金使用效益，增加剩余资金的投资收益。同时，减少外部融资需求，改善公司整体财务状况，节省财务费用，提高公司整体信用等级，扩大融资能力。

二、资金集中管理模式

目前资金集中管理的模式主要有统收统支模式、拨付备用金模式、结算中心模式、内部银行模式、财务公司模式以及资金池模式等。企业集团应根据自身实际情况，结合成员企业的规模、地域、组织结构、业务类型，选择适合的资金集中管理模式，使企业集团的资金使用效益最大化，实现集团资源的优化配置。

1．统收统支模式

在该模式下，企业的一切资金收入都集中在集团总部的财务部门，各分支机构或子公司不单独设立账号，一切现金支出都通过集团总部财务部门，现金收支的批准权高度集中。统收统支模式有利于企业集团实现全面收支平衡，提高资金的周转效率，减少资金沉淀，监控现金收支，降低资金成本。但是该模式不利于调动成员企业开源节流的积极性，影响成员企业经营的灵活性，以致降低整个集团经营活动和财务活动的效率。

2．拨付备用金模式

拨付备用金模式是指集团按照一定的期限统拨给所属分支机构或分公司以备使用的一定数额的现金。各分支机构或分公司发生现金支出后，持有关凭证到集团财务部门报销以补足备用金。

3．结算中心模式

结算中心通常是在企业集团内部设立的，办理内部各成员或分公司现金收付和往来结算业务的专门机构。它通常设立于财务部门内，是一个独立运行的职能机构。

4．内部银行模式

内部银行是将社会银行的基本职能与管理方式引入企业内部管理机制而建立起来的一种内部资金管理机构，主要职责是进行企业或集团内部日常往来结算和资金调拨、运筹。

5．财务公司模式

财务公司又称金融公司，是为企业技术改造、新产品开发及产品销售等提供金融服务，以中长期金融业务为主的非银行机构。我国的财务公司一般是隶属于大型集团的非银行金融机构，是由企业集团内部集资组建的，主要职能是为本企业集团内部各企业筹资和融通资金。

6．资金池模式

资金池业务，是指属于同一企业集团的所有成员单位的银行账户的资金统一归集到一个或几个由集团总部控制的银行账户中，集团所属成员单位的银行账户余额为零，其所需资金必须由集团总部控制的银行账户办理支付。通过资金池，集团总部不但能够及时掌握所属单位的资金流向，明确各单位的责任和控制主体，有效降低财务风险，而且可以将多余的资金集中起来，归还贷款或进行更有效的投资活动，为企业增加收益。

三、以财务公司为平台的资金集中管理模式

财务公司是大型企业集团投资成立的，为集团提供金融服务的非银行金融机构。发达国家的一些大型集团公司都有财务公司，中国国资委提出，为了加强央企的资金管理，鼓励央企建立财务公司。2007 年中国银监会发布《申请设立企业集团财务公司操作规程》，规定申请设立财务公司的企业集团的注册资本不得低于 8 亿元，资产总额不低于 50 亿元，净资产率不低于 30%，连续两年税前利润总额不低于 2 亿元。构建以财务公司为平台的资金集中管理需要做好以下工作：

（1）依托财务公司结算平台，实行集团成员企业内部资金往来封闭结算。财务公司是企业集团内部的金融机构，其经营范围只限于企业集团内部，主要是为企业集团内的成员企业提供金融服务。财务公司的资金主要来源于集团公司成员企业在财务公司的存款，用于为本集团公司成员企业提供资金支持。由于财务公司的资金来源和运用都限于集团公司内部，因而尽量使用集团内部资金循环是财务公司管理的关键。如果成员企业间的大量资金结算业务通过外部银行进行，则一笔资金的结算需要通过多个银行结算环节，且资金到账需要一定时间，此外还要支付一定的手续费。通过搭建以财务公司为主的资金结算平台，实现资金内部循环，有利于加快资金周转，减少在途资金，降低支付成本。同时，资金在财务公司的内部划转降低了财务公司的日常备付头寸，使财务公司能利用闲置资金，通过合理运作提高资金使用效率，增加资金收益。

（2）以银企直连系统为基础，依托电子支付网络，完善财务公司结算平台。由于财务公司作为非银行金融机构没有纳入中国人民银行清算体系，没有商业银行所具备的清算号和同城交换号，无法参与银行间清算网络，因此给财务公司自主结算带来一定困难。在这种条件下，银企直连系统应运而生。

所谓“银企直连”，就是集团企业在集团内部建立自己的资金管理系统，并与商业银行共同开发内部资金管理系统与商业银行网银系统之间的数据接口，通过数据接口实现内部资金管理系统与商业银行网银系统的连接。采用“银企直连”后，企业在内部的资金管理系统中进行结算、投资、融资、预算、审批、核算等各种业务管理，所有个性化管理不再涉及商业银行。之后，企业内部资金管理系统自动将需要商业银行提供服务的业务通过数据接口发送给商业银行，借助商业银行网银系统的各种产品功能得以实现。

企业集团根据需要选择几家商业银行，由财务公司在各商业银行统一开办一个一级主账户，集团和成员企业在相应银行开立二级账户，二级账户经过授权和一级账户关联。当资金在集团内部结算时，财务公司一级账户余额不发生改变，仅在二级账户间反映。当二级账户发生资金收付时，通过银行数据中心实现一级主账户同方向变动。

（3）通过收支两条线和预算管理，加强资金集中管理，强化内部控制。所谓收支两条线，即集团成员单位的收入资金不得留存，按规定进行上缴。同时，成员单位的所有支出资金均根据预算进行下拨，成员单位不得坐收坐支。要实现收支两条线需分别设立收入账户和支出账户。集团公司可根据管理需要，按日对资金余额上收。成员企业收到的外部款项存入各成员企业的收入账户，并在工作日结束时自动划转到财务公司的主账户。各成员企业按月按日编制资金预算，并上报集团公司总部，集团公司总部据此做出总体安排。财务公司根据实际情况及预算情况，审批成员单位的付款。

（4）对成员企业的筹融资实行统一管理。各企业的融资需求首先在集团内部由财务公司统筹解决，或者财务公司利用金融机构的外部融资渠道解决。财务公司不能满足需要的，由集团总部统一安排银行贷款。通过建立覆盖成员企业的集团“资金池”，有效提高资金使用效率，降低资金成本，控制财务风险，最终实现集团整体资金效益最大化。

第二节　全面预算控制

预算是企业资源的预先整体筹划，是内部控制的重要手段。现代企业不能没有预算控制，内部控制离不开预算控制。

一、全面预算的概念

预算是在预测和决策的基础上，围绕企业战略目标，对一定时期内资金的取得和投放、各项收入和支出、经营成果及其分配等资金运动所作的筹划。全面预算是指企业在战略目标的指导下，利用预算对企业内各部门、各单位的各种财务及非财务资源进行分配、考核、控制，以便有效地组织和协调企业的各种经济活动，完成既定经营目标。全面预算是一种先进的企业管理和内部控制模式。全面预算体系包含三个重要方面：一是与企业发展战略相配合的战略保障体系以及与业务流、资金流、信息流和人力资源流的要求相一致的经营指标体系；二是渗透进日常经营管理过程中的行为规范与标准体系；三是期末评价相关业绩的奖惩体系。全面预算在内部控制中处于十分重要的地位。

全面预算包括财务预算、业务预算、资本预算和非财务预算，如图 4—1 所示。

- 全面预算
  - 业务或经营预算
    - 销售或营业预算
    - 生产预算
    - 产品成本预算
      - 直接材料预算
      - 直接人工预算
      - 制造费用预算
    - 营业成本预算
    - 期间费用预算
      - 管理费用预算
      - 销售或经营费用预算
      - 财务费用预算
    - 营业外收支预算
  - 资本预算
    - 投资预算
      - 固定资产投资预算
      - 权益性投资预算
      - 债权性投资预算
    - 筹资预算
      - 银行借款预算
      - 非银行金融机构借款预算
      - 发行股票、债务预算
      - 归还借款预算
  - 财务预算
    - 现金流量预算
    - 预计资产负债表
    - 预计利润表
  - 非财务预算
    - 人力资源预算
    - 主要原材料预算
    - 生产能力预算

图 4—1　企业全面预算

财务预算、业务预算和资本预算是以货币计量的预算，而非财务预算是以劳动和实物等计量的预算，后者往往是前者编制的基础。

二、预算控制的作用

1. 使企业决策科学化、民主化，提高企业经济效益

一个企业所拥有的资源总是有限的，对有限的资源在各种用途方面预先做出规划，使影响企业目标实现的各种因素都能发挥最大潜能，避免因出现“瓶颈”而影响企业的整体营运效率，是企业经营者必须考虑的问题。全面预算管理能够使企业有限的资源得到优化配置和合理运用，提高企业的经济效益，减少决策的盲目性，提高决策的科学性。此外，预算编制过程是一个需要上下协商和人人参与的过程，有利于决策的民主化。

2. 明确目标，有利于调动员工的积极性

“以人为本”的管理理念是为了调动员工的积极性。预算管理需要将预算目标分解落实到各部门、各单位，并延伸至每个员工，这些目标就成为他们在特定期间内奋斗的方向。预算管理要求企业高层使企业目标和达到目标的措施、激励

方法都明朗化。因此，预算期内的目标具有激励作用，能够使员工了解自己的工作与企业整体目标以及自身利益之间的关系，从而促使员工为完成企业的目标而努力工作，调动员工的积极性。

3. 改变企业的管理方式

预算实际上是一种总体批准控制。未实行预算管理的企业，按照内部控制的要求，凡事都要授权批准，导致企业的高层管理者疲于应付日常大小事务。在一个特定期间内，通过编制预算将大多数经营决策确定下来，并且通过预算下达，贯彻实施，不再需要事事研究、处处请示，可以使高层管理者从事无巨细的管理事务中摆脱出来，有更多的精力思考企业的发展方向，研究企业的长期战略规划等问题。预算管理将直接管理转变为间接管理，使高层管理者既能把握企业全局，又不失控制，收到事半功倍的效果。

4. 加大企业内部控制

实行全面预算管理是一种全员、全方位、全过程的控制。编制预算使经营目标具体化，是企业资源配置的事前控制；执行预算是为达到预期目标的事中（过程）控制；对预算执行结果的分析、考核是反馈控制，属事后控制。因此，全面预算管理实际上融合了控制活动的全过程。

5. 有利于正确评价各级各部门的绩效

企业的预算通过分解、下达，成为各级各部门的业绩考核依据。通过实际情况与预算的比较，可以对部门和员工的工作业绩进行定量分析、考核和评价。这种考核评价以定量数据为依据，具有充分的根据，科学合理，令人信服。

6. 有助于现代企业制度的建设

在市场经济条件下，企业出资者、经营者和其他员工之间构成了复杂的经济关系。通过预算来约束三者的关系，适应现代企业制度的要求。全面预算管理提供了制度保证，体现了企业内部决策、执行和监督权的适度分离。股东大会或者董事会批准预算方案是行使决策权；管理层实施预算是决策的贯彻执行；监事会、审计委员会和内部审计对预算执行过程的监督、评价是事中和事后控制。这样就理顺了决策制定和决策执行的关系。此外，预算管理的重要环节，如预算编制、预算审批、预算协调、预算调整等，明确界定了各个层次的权限和责任，可以将控制权落到实处，并为企业所有者与经营者履行受托责任的考核提供了依据。

三、预算的编制

（一）预算的编制原则

1. 目标导向原则

应该以企业的战略目标为导向，结合年度目标，考虑预算编制的起点来编制预算。不应偏离企业的长期战略目标，使预算失去方向。

2. 量入为出、量力而行原则

企业应该按照现有资源、管理和技术力量制定预算，也就是说，依照自己的人力、物力、财力安排经营活动，不盲目铺摊子。

3. 预测、决策原则

预算的编制并不是凭空想象出来的，而是在精密的调查研究的基础上，通过对未来事项的预测、分析、计算、研究、评价等，经过充分论证的决策过程。所以，预算的编制过程是全面预测和决策的过程。

4. 坚持效益优先原则

企业是营利组织，在编制预算时，首先应该考虑的是效益。如果不考虑效益就违背了企业的宗旨。

（二）预算编制的依据

预算要根据企业发展战略、经营目标、投资计划、筹资计划和其他必要的会议决议等，结合公司的历史资料、相关数据、定额、标准等编制。企业在编制预算前应该拟定预算大纲或预算手册。预算大纲要求做到内容完整、指标统一、权责明晰、要求明确。内容包括：

（1）总纲，即预算编制总的原则；

（2）上一年度的预算完成情况；

（3）宏观经济形势、行业市场情况及公司内部环境分析；

（4）企业的战略方针、经营目标、生产计划与价格政策；

（5）主导预算指标目标值及辅助预算指标的编制要求；

（6）预算编制的内容和格式体系；

（7）编制的时间进度；

（8）编制的质量要求及相关的责任规定等。

（三）预算编制的程序

预算编制一般按照“上下结合、分级编制、逐级汇总”的程序进行。

1. 下达目标

企业董事会根据企业发展战略和对经济形势的初步预测，在决策的基础上，在预算期开始前三个月提出预算目标，包括生产目标、销售或经营目标、成本和费用目标、利润目标和现金流量目标等，并提出预算编制的政策、原则以及编制的要求和时间安排等。

2. 编制上报

各预算执行单位按照董事会下达的目标和政策、原则，结合自身的特点和预算的执行条件，根据规定的格式编制预算方案。在预算期前两个月上报董事会预算委员会办公室。

3. 审查平衡

预算办公室在汇总各单位预算后，进行审查和综合平衡，汇编企业预算草案。对审核过程中发现的问题提出意见，由预算委员会审议。

4. 审议通过

预算委员会对预算办公室提出的预算草案和审查平衡的意见进行逐项检查后和预算单位协调，作进一步修改，并提出意见与建议，报董事会或股东大会审议。

5. 批准执行

根据《公司法》和企业章程的规定，企业预算报请股东大会或董事会审议批准后，在预算开始初期分解成各种指标，逐级下达，贯彻执行。

四、预算的执行和控制

企业预算目标一经确定，就将作为年度经营管理活动的基本依据，需要在董事会和总经理的领导下认真组织实施。企业应建立预算执行责任制度，实行分级归口管理，在内部建立起“从上到下、人人负责”的多层次责任网络。

预算的编制仅仅是预算控制的开始，预算控制的重点在于执行预算控制。

（一）预算控制模式

预算作为一种控制系统有广义和狭义之分。广义的预算控制是指通过预算的编制、执行、监控、分析和评价等环节，实施事前、事中和事后全过程的控制；狭义的预算控制则是指利用预算对经营活动进行控制，是对预算执行过程的控制，可以称为事中控制。

按照预算控制的模式，可以分为硬控制和软控制。预算的硬控制的特点是：

（1）高层管理者重视预算控制，强调预算目标的实现；

（2）预算作为业绩考核的依据，预算期间除了特别原因，一般不做预算调整；

（3）关注预算具体项目的细节，不容许偏离预算目标；

（4）高层管理者十分重视与预算相关事项的交流。

预算的硬控制是比较传统的控制模式，它源于制造企业成本管理的标准成本法，以控制偏差为基础，检测实际的产出与事先确定的目标之间的差异，然后采取行动，以消除或减少差异的数量，达到控制的目的。在实践中会出现一些难以控制的矛盾，往往表现为：

（1）全面控制管理是一个庞大的管理系统，层次繁多，存在复杂的逻辑钩稽关系，每年编制预算集中在年终岁末，需要耗费大量的人力物力。另外，由于企业经营环境的不确定性，往往编制的预算指标下达不久就要调整，而这种调整牵一发而动全身。这样使得企业陷入两难境地，要么投入大量人力物力来编制和调整预算，要么放弃预算管理。

（2）由于预算指标关系到企业内部各预算责任单位或者个人的切身利益，所以在预算指标的确定过程中，常常发生矛盾与争论，上下级之间常常为预算指标争论不休，部门和同事之间也往往因为预算问题而发生摩擦，关系恶化。

（3）由于预算的完成情况关系到每个预算责任单位和员工的切身利益，为了完成预算目标或者为了留一手，大量财务信息被操纵，企业内部会计造假之风愈演愈烈。

在预算的软控制中，预算主要用作沟通和计划的工具，每年管理者照样编制预算，研究决策，修订、批准、下达、分解、贯彻预算，将实际业绩与预算比较，分析和解释差异，但预算不作为对预算责任单位业绩评价的主要标准或者唯一标准。预算控制着重于预算执行过程控制，重点放在现金流量控制上。对期初编制的预算标准，除非客观环境发生重大变化，一般不作调整。

（二）预算控制方法

1. 预算的分解和贯彻落实

预算一经批准下达，各预算责任单位必须认真组织实施，将年度预算细分为季度、月度的执行预算，并把预算指标层层分解，横向和纵向落实到内部各部门、单位、环节和岗位，形成全方位的预算执行体系，将预算作为组织协调各项经营活动的基本依据，不留空白，不留死角。

2. 建立预算标准

所谓预算标准，也就是预算定额，是指企业为编制、执行、考核预算，对各项经济指标所作的统一规定。预算标准是全面预算管理的基础。按照业务内容的不同，预算标准可以分为收入定额、成本费用定额、资产运用定额和成果定额；按照计量依据的不同，可分为货币定额和实物定额；按照所反映的效果不同，可分为工时定额和设备利用定额等。

3. 建立内部银行或者内部结算中心

为了强化现金流量的管理，按时组织预算资金的收入，严格控制预算资金的支出，调节资金余缺和控制支付风险，建立内部银行是行之有效的方法。第一，可以按照预算标准，控制现金流量，使预算内的资金得到保证，限制无预算或超预算的支付；第二，可以调节各内部单位的资金余缺，使有限的资金发挥最大的效用；第三，能够防止发生无合同、无凭证或凭证不合法、手续不全的支付等。

4. 使用预算控制工具

预算控制工具有多种，如限额支付卡、限额领料卡、内部货币等，这些是我国管理实践中行之有效的控制手段，方法简单，效果良好。

5. 建立预算信息反馈系统

要求预算责任单位运用财务会计报表或者其他统计核算资料，定期、及时地向预算管理组织报送预算执行情况报表，反馈预算执行差异和产生差异的原因。运用计算机信息系统对预算进行实时控制。

第三节　业绩评价控制

一、业绩评价的概念和原则

业绩评价是指采用特定的指标体系，对照统一的评价标准，按照一定的程序，运用科学的方法，对被评价者一定时期的经营成果和发展能力作出客观、公正和准确的评价。评价指标体系的设计应遵循内容全面、客观公正、操作简便、适用性广、定量指标与定性指标相结合的基本原则，将影响评价的各种因素都纳入评价范围。

（一）业绩评价类型

根据评价者和被评价者的不同组合可将业绩评价分为四种类型：一是政府或公众对企业的社会总贡献的评价，包括纳税、捐赠、增加就业以及环境保护等社会责任的履行情况。二是潜在投资者对企业投资价值的评估。三是企业所有者对企业整体经营业绩的评价。四是企业经营者对各部门业绩的评价。从评价范围和内容来看，前两类为企业外部评价，后两类为企业内部业绩评价，业绩评价控制主要指企业内部业绩评价。

（二）业绩评价标准

业绩评价标准是指评判被评价者业绩优劣的基准，实际工作中可采用以下标准：

（1）计划标准。可采用公司战略所确定的目标或预算标准，以保证公司战略目标的实现以及预算指标的落实。

（2）行业标准。可采用行业平均标准，以保证在同业内的一个较高水平。

（3）竞争对手标准。等于为企业经营确立了“标杆”，以保证企业在与其他企业的竞争中处于领先地位。

（4）历史或经验标准。以过去所取得的业绩或者历史经验作为标准，优点是具有可比性和现实性，缺点是不适应变化，不利于企业取得突破式进展。

（三）业绩评价原则

通过业绩评价可以衡量公司各部门的工作效果以及工作任务的完成情况。业绩评价必须遵循以下原则。

（1）明确设定目标。业绩评价控制的目的是保证企业战略和经营目标的实现，因此，在确定评价标准时应符合公司长期发展战略和短期经营目标，建立明确、灵活、现实、平衡的指标体系，作为公司各部门、各员工努力的方向。

（2）评价指标科学公正。业绩评价的效果很大程度上取决于评价指标体系的设计科学与否。为使业绩评价切实起到激励员工、奖勤罚懒的作用，应该设计一套企业员工认同的、公平公正的、科学的指标体系。

（3）可控性。可控性指被评价者只对其职权范围内可以控制的经济活动及其经营成果负责，以真实反映其业绩效果。该原则要求企业正确划分责任中心并确定相适宜的考核范围和评价指标。

（4）财务指标与非财务指标结合。财务业绩只是企业业绩的一个重要方面而不是全部，其他非财务指标如顾客满意度、质量、市场占有率、员工结构等亦对企业长期发展和战略目标的实现起着重要作用。因此，企业业绩评价体系应该是既有财务指标，也包含非财务指标的综合绩效评价体系。

（5）员工激励与业绩评价结合。企业业绩评价应该起到对员工的激励作用，通过对员工动态而持续的评价以及定期考核，尽可能客观真实地对员工的业绩做出评价，让员工感到满意。同时，对于考核结果要落实相应的激励及惩罚措施，使得业绩评价成为企业有效的激励与约束机制。

二、责任中心划分与控制

责任中心的划分须以各责任中心可控为原则。对于一个实施控制的企业，从整体来看其所发生的收入和费用都是可以控制的，但若将这些收入和费用准确地划分到各责任中心，并且成为各中心可以进行控制的项目却并非易事。按照美国著名质量管理学家 J. M. 朱兰博士所论述的“以自控标准来理解责任中心的可控制性”，应当是“责任中心对其实现计划的成果能够完全掌握并完全负责”。具体地说就是责任中心首先必须有明确的目标，掌握影响该目标实现的诸因素和足够的信息，并且能够对可控范围内的一切行为后果负责。实际中，贯彻责任中心的可控性应注意以下几个方面：

（1）责任中心应该拥有与企业总体目标相协调且与管理职能相适应的决策权。这是责任中心实现控制并负责的基础和关键。

（2）责任中心能够承担与决策权相适应的经济责任。责任与权力是一对孪生兄弟，有什么样的决策权就应该有什么样的经济责任，所以当责任中心被赋予某种决策权时，就必须对其决策的恰当性和后果承担经济责任。这也是对有效使用其权力的一种制约。

（3）企业应建立与责任相配套的利益机制。为了保证各责任中心都能有效地行使权力并承担相应的责任，必须建立与其责任相配套的利益机制，以使责任中心人员的个人利益与其管理和控制效果有机联系起来，这是激励“负责任”的最一般且有效的手段。

（4）各责任中心的目标与企业整体目标应该协调一致。为保证企业整体目标的实现，各责任中心分目标与企业的整体目标必须一致。责任中心构成企业整体的一部分，为保证企业目标的实现，在为各责任中心确定责任目标和制定预算时，应注意与企业的整体目标保持一致，避免因片面追求局部利益而影响企业整体利益。

为此，企业责任中心可划分为成本/费用中心、利润中心、投资中心等。成本/费用中心对发生的可控成本或费用负责。收入中心同时也是费用中心，主要考核指标是销售收入，不需要对销售产品的成本负责。利润中心既要控制收入，又要控制成本、费用。投资中心不仅要对利润负责，还要综合控制投资的收益。责任中心的划分和控制见表4—1。

表4—1　　责任中心的划分和控制

责任中心	决策权	业绩指标	通常运用的情况
成本中心	• 选择投入的资源（人力、材料及其他设施）	• 产量一定时最小的总成本 • 预算一定时最大的产出量	• 成本中心的经理能够衡量产出情况，了解成本属性，同时能确定理想的产量及适当的奖惩 • 成本中心的经理可以获知成本中心产出的质量 • 成本中心的经理掌握关于理想的投入资源组合的专门知识
利润中心	• 选择投入资源组合 • 选择产品组合 • 选定售价	• 真实利润 • 真实利润与预算利润比较	• 利润中心的经理拥有选定适当的价格、产量的信息 • 利润中心的经理拥有生产经营决策权
投资中心	• 选择投入资源组合 • 选择产品组合 • 选定售价 • 运用投入该中心的资本金	• 投资收益* • 剩余收益**	• 投资中心的经理拥有选定适当的价格、产量的信息 • 投资中心的经理拥有选择最优产品组合的信息 • 投资中心的经理拥有关于投资机会的信息

$*$ 投资收益$=\dfrac{\text{会计收益}}{\text{投资（资产）总额}}$

** 剩余收益＝会计收益－资本成本×投资（资产）总额

三、经济增加值评价指标

（一）经济增加值的含义

经济增加值（economic value added，EVA）是20世纪80年代以来受到广泛重视的企业经营业绩评价指标，根据EVA的创立者美国斯图斯特咨询公司的解释，EVA是指企业资本收益与资本成本之间的差额。更具体地说，EVA是指企业税后营业净利润与全部投入资本（借入资本和自有资本之和）成本之间的差额。如果这一差额是正数，说明企业创造了价值和财富；反之，则表示企业发生价值损失；如果差额为零，说明企业的利润仅能满足债权人和投资者预期获得的收益。

EVA指标衡量的是企业资本收益和资本成本之间的差额。EVA指标最重要的特点就是从股东角度重新定义企业的利润，考虑了企业投入的所有资本（包括权益资本）的成本。EVA指标由于在计算上考虑了企业的权益资本成本，因此能够更加真实地反映一个企业的经营业绩。如果企业的资本收益超过了它的资本成本，即EVA为正值，那么它就具有真实利润，企业的经营者就增加了企业的价值，同时也为股东创造了真实的财富。反之，如果企业当年的EVA为负值，这说明公司发生亏损，企业的价值受到损害，同时股东的财富也受到侵蚀。

EVA的应用创造了使经营者更接近于股东的环境。经营者甚至企业的一般雇员开始像企业的所有者一样思考，权益资本不再被视为“免费资本”。经营者不再追求企业的短期利润，而开始注重企业的长期目标与最大化股东财富的目标相一致，注重资本的有效利用以及现金流量的增加，以此来改善企业的EVA业绩。

经济增加值的计算公式为：

$$EVA=\text{税后净营业利润}-\text{加权资本成本}\times\text{投入资本}$$

（1）税后净营业利润等于企业税后净利润加上利息支出，为全部资本的税后投资收益。

（2）加权资本成本为股权成本和债权成本的加权平均成本。

（3）投入资本为投入企业的资本总额，包括股权资本和债权资本（扣除商业信用）。

（二）经济增加值指标的应用

在应用EVA指标评价企业业绩时，为了获得企业真实的经济收益，通常需要对财务报表项目进行调整，主要的调整项目包括：

（1）企业研发费、广告费、培训费等长期发展费用；

（2）折旧费用及各种准备；

（3）递延税项；

（4）营业外收支等。

EVA 指标的缺陷主要有：

第一，计算 EVA 时，数据的取得和计算有一定困难，比如股权资本成本，特别是普通股和留用利润的成本较难获得；

第二，计算 EVA 时调整的项目因企业而异，不仅增加了指标计算的复杂性，而且会影响指标的可比性。

四、平衡计分卡评价体系

企业一定时期的绩效不仅表现为财务和经济指标，而且是企业整个规划管理过程的结果，涉及方方面面。平衡计分卡是企业绩效的综合规划管理及考核评价系统。

（一）平衡计分卡的原理及特点

平衡计分卡是战略绩效管理的有力工具。平衡计分卡以公司战略为导向，寻找能够驱动战略成功的关键成功因素，建立与关键成功因素具有密切联系的关键绩效指标体系，通过对关键绩效指标的跟踪监测，衡量战略实施过程的状态并进行必要的修正，以实现战略的成功实施及绩效的持续增长。平衡计分卡是通过财务、客户、运营和学习与成长四个方面及其绩效指标的因果关系，全面管理和评价企业综合绩效的系统。平衡计分卡框架如图 4—2 所示。

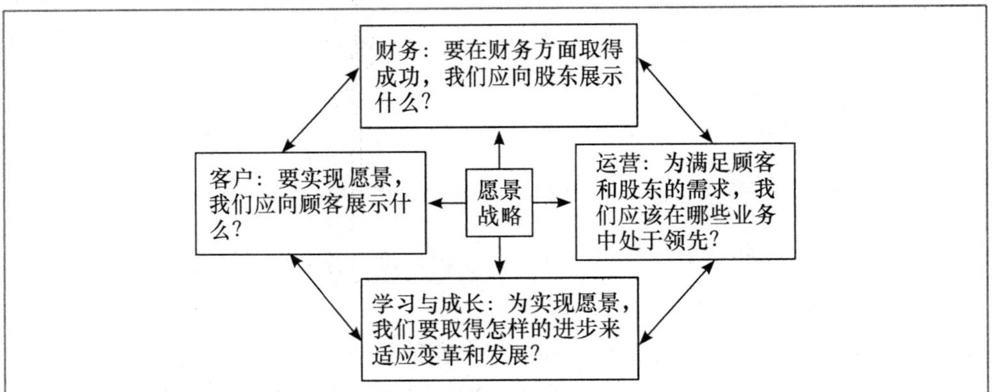

图 4—2　平衡计分卡框架

20 世纪 90 年代，管理会计大师、哈佛大学教授罗伯特·卡普兰和复兴方案公司总裁大卫·诺顿，在积累大量实践经验的基础上创立了平衡计分卡系统。平衡计分卡的主要特点是：

（1）以企业发展战略为导向，将企业长期战略规划纳入考核评价系统，实现短期目标与长期目标相衔接，提高企业长期发展能力。

（2）为平衡管理和评价，在财务因素之外引入客户、运营、学习与成长等因素，财务指标与非财务指标相互补充，促使企业平衡发展。

（3）实行绩效结果评价与营运过程考核相结合、企业内部评价与外部评价相结合，寻求企业各部门之间的平衡。

（4）企业绩效的全面综合评价系统。

（二）平衡计分卡的关键绩效指标

设计平衡计分卡系统，在由上而下确立绩效目标的基础上，还要分析绩效驱动因素与绩效考核指标之间的因果关系，并考虑绩效驱动因素与绩效考核指标的长期性与短期性、过程结果与过程行为、团队与个人等，设立相应的绩效考核评价的具体指标。

例如，提高资产利用率是提高净资产报酬率的驱动因素之一，而提高资产利用率取决于加速应收账款的周转、加速存货周转和加速固定资产的周转等驱动因素；加速存货周转目标的衡量指标有原材料周转率和产成品周转率等。

1. *财务方面*

平衡计分卡财务方面的目标是解决“股东如何看待我们”这一类问题，表明我们的努力是否对企业的经济收益产生了积极的作用，因此，财务方面是其他三个方面的出发点和归宿。财务指标通常包括利润、收入、资产回报率和经济增加值等。

2. *客户方面*

平衡计分卡将企业使命和战略以及核心财务指标拓展为与客户相关的具体要素、目标和指标。企业应以目标客户和目标市场为导向，关注满足核心顾客的需求。一般而言，客户关心时间、质量、性能、服务和成本五个要素。企业需要为这五个要素确立明确的目标，再将这些目标细化为具体指标，譬如市场份额、客户保有率、新客户获得率、顾客满意度、客户贡献的利润等。

3. *运营方面*

设计平衡计分卡，通常在设计财务方面和客户方面的具体目标或指标后，分析企业内部运营方面的要素，设计相应的具体目标和指标。运营方面需要关注的重点是与股东和客户目标密切相关的运营过程，譬如客户满意度和股东回报率。运营指标既包括短期的现有业务的改善，又包括长远的产品和服务，涉及创新、经营和服务等过程。具体指标有：产品（服务）质量、事故回应速度、安全与环境、劳动生产率、设计开发周期、生产周期、项目完成率等。

4. *学习与成长方面*

全体员工的学习与成长为其他三个方面提供了基础和动力，包括员工的能力、信息系统的能力、授权与相互配合以及激励的效果，具体指标有新产品和新服务的收入及所占比例、员工满意度、关键技能的发展、领导能力的发展、关键员工流失率、员工建议数等。可见，平衡计分卡融入了全员参与和团队管理的理念。

（三）平衡计分卡的应用

1. 平衡计分卡的适用条件

平衡计分卡并非在所有单位都能发挥重大作用。平衡计分卡要站在企业整体的高度来制定，品牌、客户关系、技术水平、人才资源等在经营贡献中占较大比重的企业依靠高层管理人员合理制定各项衡量指标，同时还要有全体员工的积极配合。这样，才能保证平衡计分卡实施中的协调一致。

2. 构建完善的企业信息系统

平衡计分卡的编制和实施涉及大量绩效指标的取得和分析，而国内企业的信息化进程较低，信息的精细度和质量要求会在很大程度上影响平衡计分卡的应用。因此，开发合适的平衡计分卡需要企业信息系统强大的支持。

3. 考量实施成本和获得收益

实施平衡计分卡首先表现出的是成本的增加而非短期利润的增长，利润的增长会滞后很长时间。平衡计分卡的实施需要企业全体成员参加，有时还需聘请专门顾问来协助实施。企业通常需要投入大量人力物力，无法在短期内看到实施的效果，只有从长期的角度认为效益可以弥补成本时才可考虑使用。

4. 平衡计分卡要与激励机制相结合

为充分发挥平衡计分卡的效果，需要将平衡计分卡的实施结果与奖励制度挂钩，把激励制度与实现平衡计分卡的目标有机联系起来。

复习思考题

1. 什么是资金集中管理？资金集中管理主要有几种模式？
2. 企业如何实施以财务公司为平台的资金集中管理？
3. 什么是企业全面预算？
4. 什么是企业业绩评价控制？
5. 何谓责任中心？各责任中心的主要业绩考核指标有哪些？
6. 什么是经济增加值？经济增加值评价指标的特点是什么？
7. 什么是平衡计分卡？平衡计分卡的关键绩效指标有哪些？

第五章

业务流程控制

第一节　销售与收款控制

一、基本控制方式

1. 授权审批控制

授权审批控制是指企业必须经过授权批准才能处理经济业务。企业销售与收款业务授权审批控制主要包括订单审核、赊销授权、发货审批、销货折扣、折让及销售退回的授权审批等。

2. 不相容职务相互分离

企业应当建立销售与收款业务的岗位责任制，明确相关部门和岗位的职责权限，确保办理销售与收款业务的不相容岗位相互分离、制约和监督。销售与收款业务的不相容岗位至少应当包括：

（1）客户信用调查评估与销售合同的审批签订；

（2）销售合同的审批、签订与办理发货；

（3）销售货款的确认、回收与相关会计记录；

（4）销售退回货品的验收、处置与相关会计记录；

（5）销售业务经办与发票开具、管理；

（6）坏账准备的计提与审批。

3. 文件记录控制

为了对每一个业务循环进行有效的反映和监督，企业应当编制充分的文件记录，以作为对每个业务环节进行有效控制的保证和凭据。销售与收款循环的文件记录主要包括：订货单、销货通知单、货运文件、销货发票、退货接受报告、贷项通知单、汇款通知、应收账款分类账、营业收入分类账、折扣与折让申请表、坏账审批表、对账单等。

4. 定期寄送对账单

为了更好地对应收账款进行管理，减少不必要的纠纷，企业应当定期向客户寄送对账单。企业也应当根据客户反馈的有关账款的情况，及时进行检查并做出必要的处理。

二、主要控制活动

销售与收款循环的主要控制活动包括：

1. 合同审批及订立

（1）销售谈判。企业在销售合同订立前，应当指定专人就销售价格、信用政策、发货及收款方式等具体事项与客户进行谈判。对谈判中涉及的重要事项，应当有完整的书面记录。

（2）合同审批。企业应当建立健全销售合同审批制度，说明具体的审批程序及所涉及的部门人员，并根据企业的实际情况明确界定不同合同金额的审批权限等。审批人员应当对销售合同草案中提出的销售价格、信用政策、发货及收款方式等严格审查并建立客户信息档案。金额重大的销售合同应由法律顾问审查，必要时由内部审计机构对合同草案进行初审。

（3）合同订立。销售合同草案经审批后，企业应当授权有关人员与客户签订正式销售合同。销售合同应当明确与销售商品相联系的所有权和风险与报酬的转移时点。

2. 接受顾客订单

顾客的订单只有在符合相关管理部门的授权标准时才能接受，由相关管理部门确定批准销售的顾客名单。销售单管理部门在决定是否同意接受某顾客的订单时，应核对该顾客是否列入批准销售的顾客名单。如果该顾客未列入顾客名单，通常需要由销售单管理部门的主管来批准销售与否。

3. 批准赊销信用

对于赊销业务，赊销批准是由企业信用管理部门根据管理当局的赊销政策及给每个顾客授权的信用额度来进行的。信用部门的职员在收到销售单管理部门的销售单后，即将销售单与该顾客被授权的赊销信用额度以及至今尚欠的账款余额加以比较。执行人工赊销信用检查时，还应合理划分工作职责，以避免销售人员为扩大销售而使企业承受不适当的信用风险。

企业应对每个新顾客进行信用调查，包括获取信用评审机构对顾客信用等级的评定报告。无论批准赊销与否，都要求被授权的信用部门人员在销售单上签署意见，再将销售单送回销售单管理部门。信用批准控制的目的是降低坏账风险。

4. 按销售单供货

企业管理当局通常要求商品仓库只有在收到经过批准的销售单时才能供货。设立这项控制程序是为了防止仓库在未经授权的情况下擅自发货。因此，已批准销售单的副联应送达仓库，作为仓库按销售单供货和发货给装运部门的授权依据。

5. 按销售单装运货物

将按经批准的销售单供货与按销售单装运职责分离，可以避免装运人员在未经授权的情况下装运产品。此外，装运人员在装运之前，还必须进行独立验证，以确定从仓库提取的商品都附有经批准的销售单，并且所有收到的商品与销售单一致。

同时，应当有电脑或人工编制的一式多联的连续编号的装运凭证或提货单，按序归档的装运凭证通常由装运部门保管，作为商品确实已装运的证据。

6. 向顾客开具账单

为了降低开单过程中出现遗漏、重复、错误计价或其他差错的风险，应设立以下控制程序：

（1）开具账单部门人员在编制每张销售发票之前，独立检查是否存在装运凭证和相应的经批准的销售单；

（2）依据已授权批准的商品价目表编制销售发票；

（3）独立检查销售发票计价和计算的正确性；

（4）将装运凭证上的商品总数与相对应的销售发票上的商品总数进行比较。

7. 记录销售

记录销售的控制程序包括以下内容：

（1）只依据附有有效装运凭证和销售单的销售发票记录销售，这些装运凭证和销售单应能证明销售交易的发生及其发生日期；

（2）控制所有事先连续编号的销售发票；

（3）检查已处理销售发票上的销售金额与会计记录金额的一致性；

（4）记录销售的职责应与处理销售交易的其他功能相分离；

（5）限制对有关记录的接触，以减少未经授权批准的记录发生；

（6）定期检查应收账款的明细账与总账的一致性；

（7）定期向顾客寄送对账单，并要求顾客将任何例外情况直接向指定的会计主管报告。

8. 办理和记录现金、银行存款收入

在办理和记录现金、银行存款收入时，最关键的控制是防止货币资金失窃。货币资金失窃可能发生在货币资金收入登记入账之前或入账之后。处理货币资金收入最重要的是保证全部货币资金如数及时地记入现金收入、银行存款日记账或应收账款明细账，并如数及时地将现金存入银行。控制重点是汇款通知单。

9. 办理和记录销货退回、销货折扣与折让

顾客如果对商品不满意，销货企业一般同意退货，或给予一定的销货折让。发生此类事项时，必须经授权批准并确保与办理此事有关的部门和人员各司其

职，分别控制实物和会计处理。在这方面，严格使用贷项通知单无疑会起到关键作用。在有现金折扣条款的条件下，应当注意有关款项的收取金额及给予顾客的折扣金额是否正确，处理是否合理。

10. 控制应收账款

在普遍存在赊销的情况下，应收账款在企业的资产中占有较大的比重。因此，对应收账款的控制是非常重要的。对应收账款进行控制的目的表现在：保证应收账款的安全性，即不被他人非法占有或使用；对应收账款进行日常的分析管理，以便采取相应的收款措施，保证应收账款的可收回性；企业信用管理部门往往依据应收账款的发生、收回情况制定赊销政策。应收账款的控制措施包括：

（1）应收账款的记录必须以经过销售部门核准的销货发票和货运文件为依据。

（2）应定期编制应收账款的明细账户余额核对表（对账单），并将该表寄给客户核实（需要注意的是，编制该表的人员不能同时担任记录和调整应收账款的工作）。

（3）应收账款的总账和明细账应由不同的人分别登记，由独立的其他人员定期核对总账账户和明细账余额。

（4）定期编制应收账款汇总表和账龄分析表，分析应收账款的可收回情况，并制定相应的收款政策及赊销政策。这类表格也可以作为期末提取坏账准备的依据。

11. 控制应收票据

企业应当结合销售政策和信用政策，明确应收票据的受理范围和管理措施。企业应当加强对应收票据合法性、真实性的审查，防止购货方以虚假票据进行欺诈。企业应收票据的取得和贴现必须经保管票据以外的主管人员书面批准。企业应当有专人保管应收票据，对于即将到期的应收票据，应当及时向付款人提示付款；已贴现但仍承担收款风险的票据应当在备查簿中登记，以便日后追踪管理。企业应当制定逾期票据的冲销管理程序和追索监控制度。

12. 注销坏账

销售企业若认为某项货款再也无法收回，就必须注销这笔货款。对这些坏账，正确的处理方法应该是获取货款无法收回的确凿证据，经适当审批后及时作会计调整。

三、业务活动控制流程设计

订货单证和审核业务流程如图 5—1 所示。

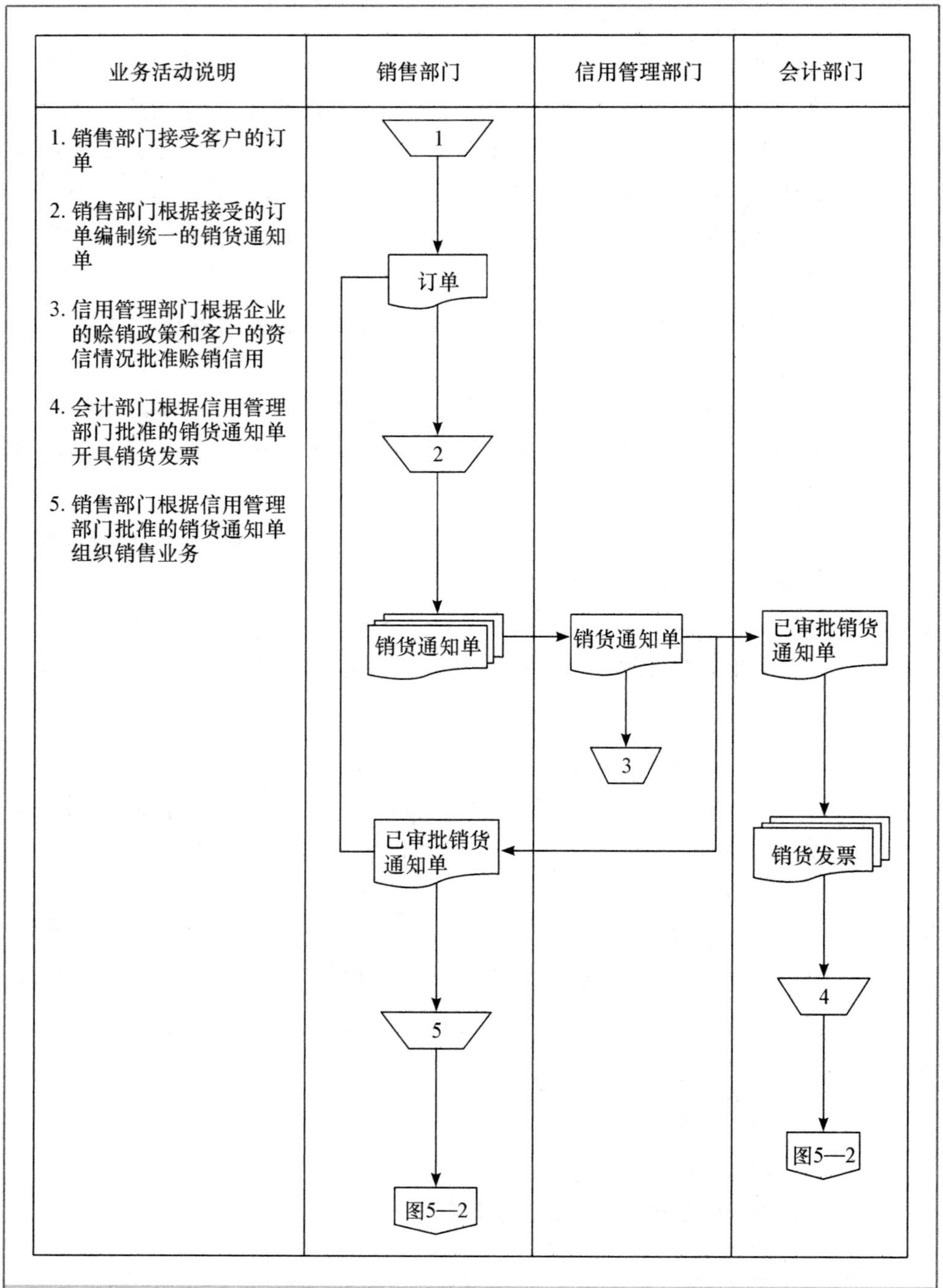

图 5—1 订货单证和审核业务流程

销货业务控制流程如图 5—2 所示。

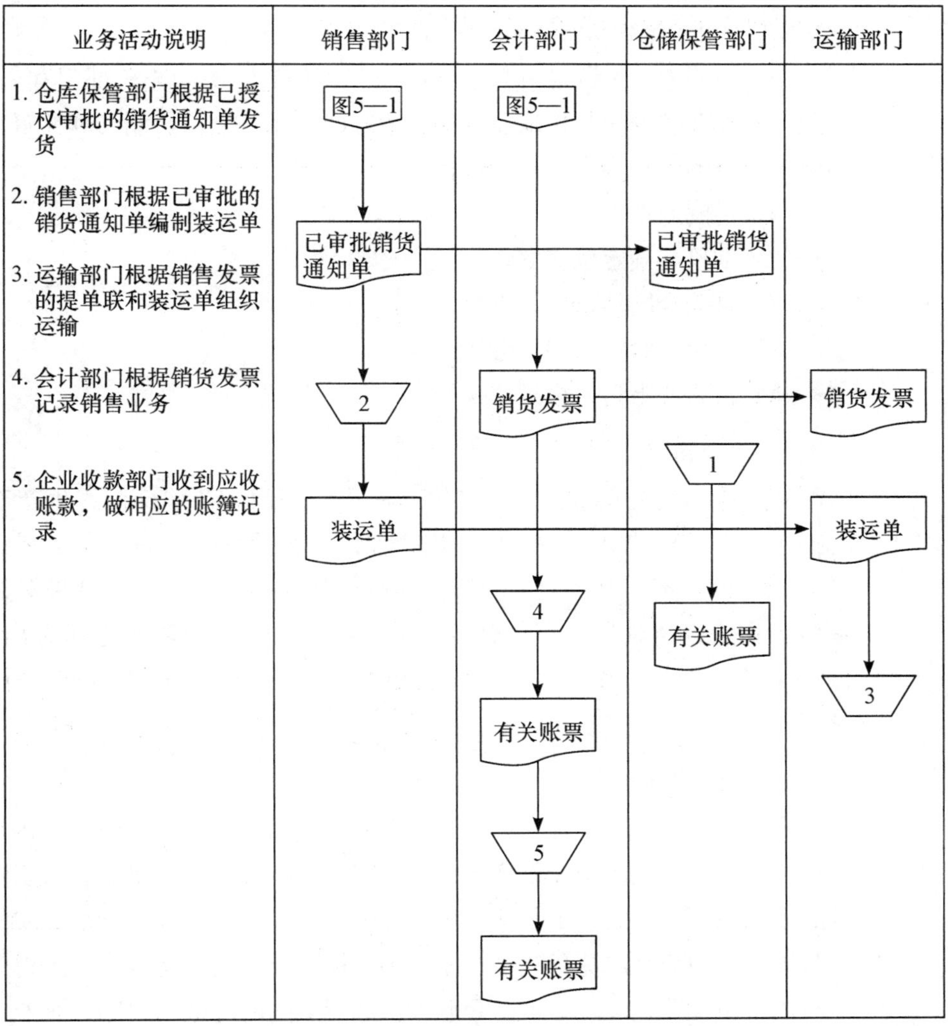

图 5—2　销货业务控制流程

第二节　采购与付款控制

一、基本控制方式

1. 授权审批控制

采购与付款业务授权审批控制主要包括：请购申请审核；采购合同的授权审批；支付货款的审批等。另外，有资源整合条件的企业或企业集团，业务采购权应当尽量集中。企业应当实施集中或相对集中采购，或采取集中招标形式，以提高采购效率，堵塞管理漏洞，降低成本和费用。

2. 不相容职务相互分离

企业应当建立采购与付款业务的岗位责任制，明确相关部门和岗位的职责、权限，确保办理采购与付款业务的不相容岗位相互分离、制约和监督。企业采购与付款业务的不相容岗位至少包括：

（1）请购与审批；

（2）询价与确定供应商；

（3）采购合同的订立与审核；

（4）采购、验收与相关会计记录；

（5）付款的申请、审批与执行。

3. 供应商评价制度

企业应当建立供应商评价制度，由采购部门、请购部门、生产部门、财务部门、仓储部门等共同对供应商进行评价，包括所购商品的质量和价格、交货及时性、付款条件及供应商的资质和经营状况等，根据评价结果对供应商进行调整。企业应当对紧急、小额零星采购的范围及供应商的选择做出明确规定。同一企业（或企业集团）的分支机构应当尽量避免多头对同一个供应商的情况。

4. 采购招标制度

企业应当成立由管理层，以及来自采购、请购、生产、财务、内审、法律等部门的负责人组成的采购价格委员会，明确采购价格形成机制。大宗商品或劳务等必须采用招标方式确定采购价格，并明确招投标的范围、标准、实施程序和评标规则。其他商品或劳务应当根据市场行情制定最高采购限价，不得以高于采购限价的价格采购，以低于最高采购限价进行采购的应适当奖励。企业应根据市场行情的变化适时调整最高采购限价。

5. 文件记录控制

采购与付款循环的文件记录主要包括：请购单、采购合同、验收单、退货单、付款凭单、付款记录、采购分类账、应付账款分类账、固定资产分类账。

6. 财产保护制度

财产保护制度包括存货的保管与控制制度，固定资产的使用、维护、保管制度等。

二、主要控制活动

1. 请购商品和劳务

仓库负责对需要购买的列入存货清单的项目填写请购单，其他部门对所需要购买的未列入存货清单的项目编制请购单。大多数企业对正常经营所需物资的购买作一般授权。比如，仓库在现有库存达到再订购点时就可以提出采购申请，其他部门可为正常的维修工作和类似工作申请采购有关物品。但对资本支出和租赁合同，企业政策通常要求作特别授权，只允许指定人员提出请购。请购单可由手工或计算机编制，由于企业内不少部门都可以填列请购单，不便事先编号，为加强控制，每张请购单必须经过对这类支出预算负责的主管人员签字批准。

2. 编制订购单

采购部门在收到请购单后，只能对经过批准的请购单发出订购单。对每张订购单，采购部门应确定最佳的供应来源。对一些大额、重要的采购项目，应采取竞价方式来确定供应商，以保证供货的质量、及时性和较低的成本。

订购单应正确填写所需要的商品品名、数量、价格、厂商名称和地址等，预先按顺序编号并由被授权的采购人员签名。其正联应送交供应商，副联则送至企业内部的验收部门、应付凭单部门和编制请购单的部门。随后，应独立检查订购单的处理，以确定是否收到商品并正确入账。

3. 验收商品

验收部门首先应比较所购商品与订购单上的要求是否相符，如商品的品名、说明、数量、到货时间等，然后再盘点商品并检查商品有无损坏。验收后，验收部门应对已收货的每张订购单编制一式多联、预先按顺序编号的验收单，作为验收和检验商品的依据。验收人员将商品送交仓库或其他请购部门时，应取得签过字的收据，或要求其在验收单的副联上签收，以确立其对所采购资产应负的保管责任。验收人员还应将其中一联验收单送交应付凭单部门。

4. 储存已验收的商品

将已验收商品的保管与采购的其他职责相分离，可减少未经授权的采购和盗用商品的风险。存放商品的仓储区应相对独立，限制无关人员接近。

5. 编制付款凭单

记录采购交易之前，应付凭单部门应编制付款凭单，具体控制包括：

(1) 确定供应商发票的内容与相关的验收单、订购单的一致性；

(2) 确定供应商发票计算的正确性；

(3) 编制有预先顺序编号的付款凭单，并附上支持性凭证（如订购单、验收单和供应商发票等）；

(4) 独立检查付款凭单计算的正确性；

(5) 在付款凭单上填入应借记的资产或费用账户名称；

（6）由被授权人员在凭单上签字，以示批准照此凭单要求付款，所有未付凭单的副联应保存在未付凭单档案中，以待日后付款。

6．确认与记录负债

应付账款部门一般有责任核查购置的财产，并在应付凭单登记簿或应付账款明细账中加以记录。在收到供应商发票时，应付账款部门应将发票上所记载的品名、规格、价格、数量、条件及运费与订货单上的有关资料核对，如有可能，还应与验收单上的资料进行比较。会计部门应根据已批准的未付款凭单，编制有关记账凭证和登记有关账簿。

应付账款确认与记录的一项重要控制是要求记录现金支出的人员不得经手现金、有价证券和其他资产。恰当的凭证、记录与恰当的记账手续，对业绩的独立考核和应付账款职能而言是必不可少的控制。

7．付款

通常由应付凭单部门负责确定未付凭单在到期日付款。企业有多种款项结算方式，以支票结算方式为例，编制和签署支票的有关控制包括：

（1）独立检查已签发支票的总额与所处理的付款凭单的总额的一致性；

（2）由被授权的财务部门人员负责签署支票；

（3）被授权签署支票的人员应确定每张支票都附有一张经批准的未付款凭单，支票收款人姓名和金额与凭单内容一致；

（4）支票一经签署就应在其凭单和支持性凭证上用加盖印戳或打洞等方式将其注销，以免重复付款；

（5）支票签署人不应签发无记名甚至空白的支票；

（6）支票应预先连续编号，保证支出支票存根的完整性和作废支票处理的恰当性；

（7）应确保只有被授权的人员才能接近未经使用的空白支票。

8．记录现金、银行存款支出

以记录银行存款支出为例，有关控制包括：

（1）会计主管应独立检查记入银行存款日记账和应付账款明细账的金额的一致性，以及与支票汇总记录的一致性；

（2）通过定期比较银行存款日记账记录的日期与支票副本的日期，独立检查入账的及时性；

（3）独立编制银行存款余额调节表。

9．退货制度

企业应当建立退货管理制度，对退货条件、退货手续、货物出库、退货货款收回等做出明确规定，及时收回退货货款。

三、业务活动控制流程设计

订货业务控制流程如图 5—3 所示。

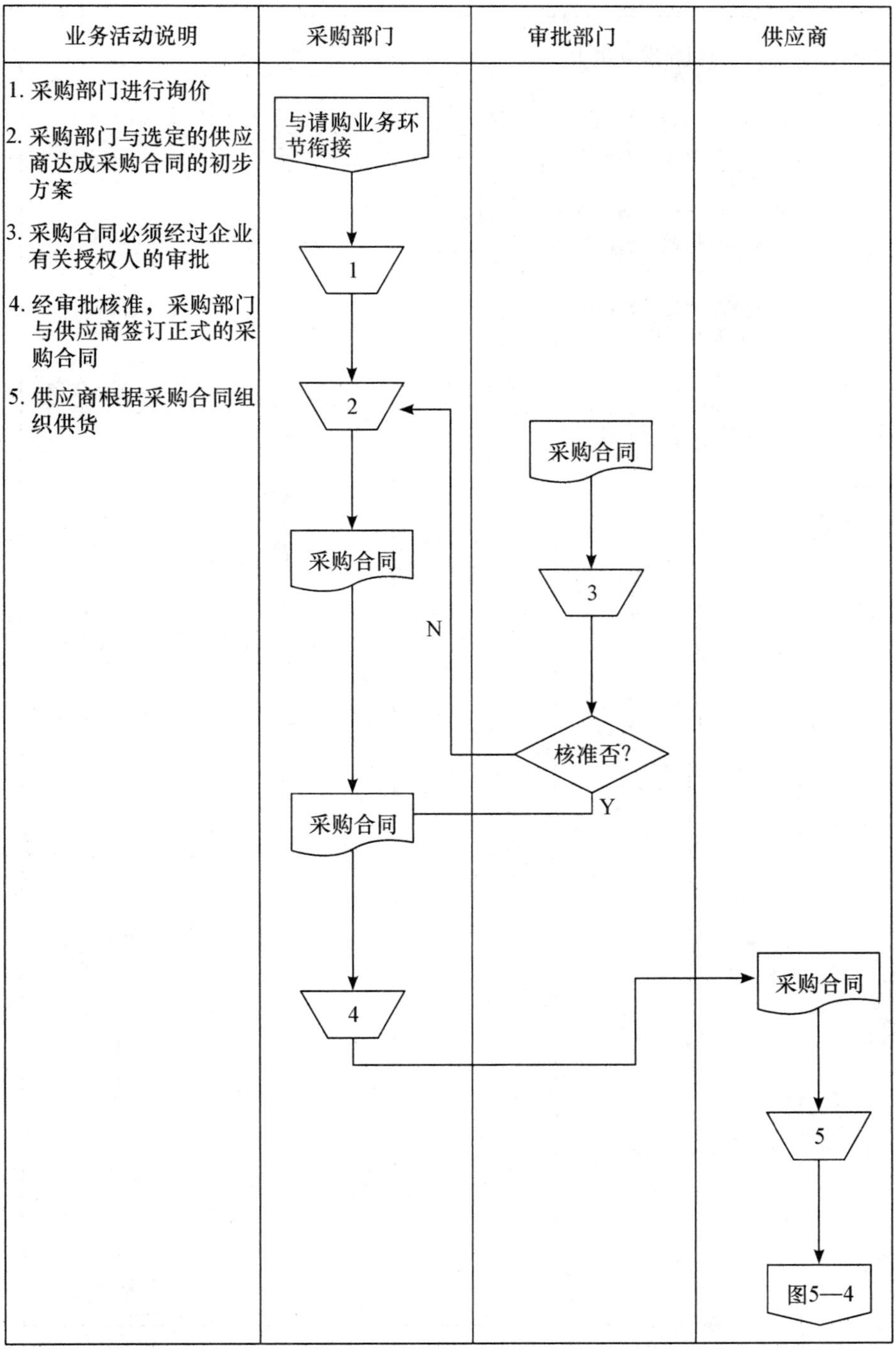

图 5—3 订货业务控制流程

商品验收入库控制业务流程如图 5—4 所示。

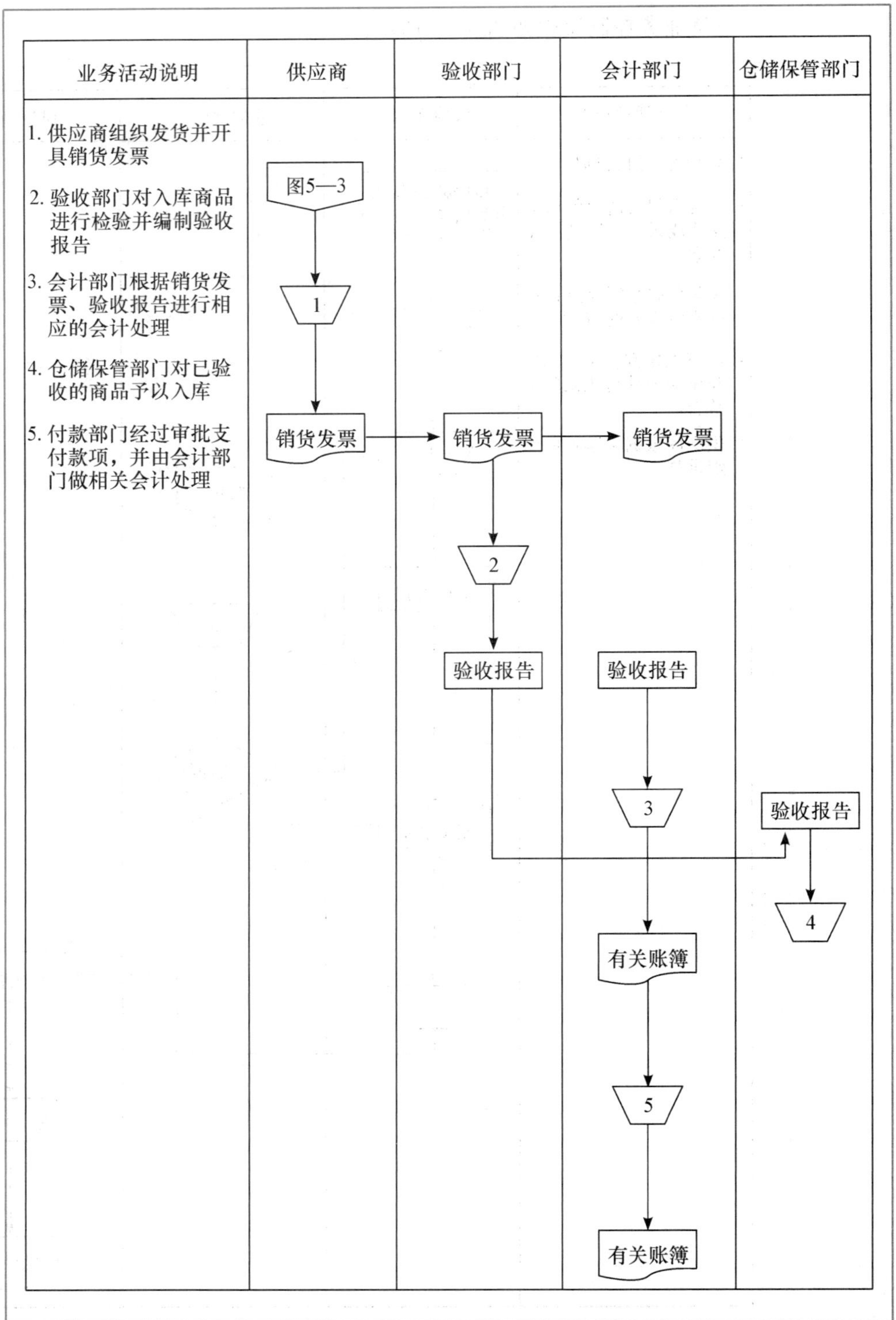

图 5—4　商品验收入库控制业务流程

第三节 生产流程控制

一、基本控制方式

1. 授权审批控制

企业的生产活动必须经过授权审批才能进行，如原材料的领用应当经过批准。

2. 不相容职务相互分离

(1) 生产计划的编制者应当与审批人员分离；

(2) 产品的验收部门应当与产品的加工部门分离；

(3) 负责存货保管的人员不能同时负责相应账簿的会计记录；

(4) 存货盘点不能只由负责保管、使用或记录的人员来进行，应当由独立于这些人员的其他人员共同完成。

3. 文件记录控制

生产循环涉及产品生产过程的所有投入，为了正确核算产品成本，必须有充分的文件记录。文件记录包括：材料的领用、人工的投入、各种加工费用的形成记录；核算成本的费用归集、分配记录；产品的验收、入库记录等。

4. 资产保护

生产循环涉及企业众多存货项目，企业必须建立完善的制度，以保证存货的安全性和完整性。主要控制包括：

(1) 收到存货的验收制度；

(2) 发出存货的审批制度；

(3) 存货的接触限制，如不相关人员不得进入仓库；

(4) 存货的安全保障措施，包括防止意外灾害、偷盗的措施；

(5) 存货的盘存及记录制度；

(6) 存货的定期清点制度。

5. 存货计价与成本核算制度

为了真实、客观地反映相关信息，企业应当选择恰当的存货计价方法，以合理确定存货的发出成本及结存价值。另外，产品成本的确定在许多方面影响着企业的经营状况及结果，因此，企业应当恰当地选择成本核算对象及成本核算方法，以合理确定产品的成本。

二、主要控制活动

1. 计划和安排生产

生产计划部门应当根据顾客订单、销售预测或相关的预算资料来计划和安排生产。安排生产应当签发预先编号的生产通知单。

2. 发出原材料

仓储管理部门应当根据生产部门的领料单发出原材料。领料单上必须列明所需要的材料数量和种类、领料部门的名称等。领料单应当一式三联，其中一联交领料部门，一联留底，一联用于会计部门核算成本。

3. 生产产品

生产部门在收到生产通知单及领取原材料后，应当对生产任务进行分配。生产完成后，形成的产品经过检验后入库或移交下一个工序进行加工。

4. 核算产品成本

为了正确核算并有效控制产品成本，必须建立健全成本会计制度，将生产控制和成本核算有机结合在一起。一方面，生产过程中的各种记录、生产通知单、领料单、计工单、入库单等文件资料都要汇集到会计部门进行检查和核对，以了解和控制生产过程中存货的实物流转；另一方面，会计部门要设置相应的会计账户，会同有关部门对生产过程中的成本进行核算和控制。成本会计制度可以非常简单，只是在期末记录存货余额；也可以是完善的标准成本制度，连续记录所有材料处理、在产品和产成品，并形成成本差异的分析报告。完善的成本会计制度应该提供原材料转为在产品，在产品转为产成品，以及按成本中心、分批生产任务通知单或生产周期所消耗的材料、人工和间接费用的分配与归集的详细资料。

5. 储存产成品

产成品入库须由仓库部门先行点验和检查，然后签收。签收后，将实际入库数量通知会计部门，以做出相应的会计处理。据此，仓库部门确立了自身应承担的责任，并对验收部门的工作进行验证。除此之外，仓库部门还应根据产成品的特征分类存放，并填制标签。

6. 发出产成品

产成品须由独立的发运部门发出。装运产成品时必须持经有关部门核准的发运通知单，据此编制出库单。出库单至少一式四联，一联交仓库部门，一联发运部门留存，一联送交顾客，一联作为给顾客开发票的依据。

三、业务活动控制流程设计

生产循环基本业务活动控制流程示例见图5—5。

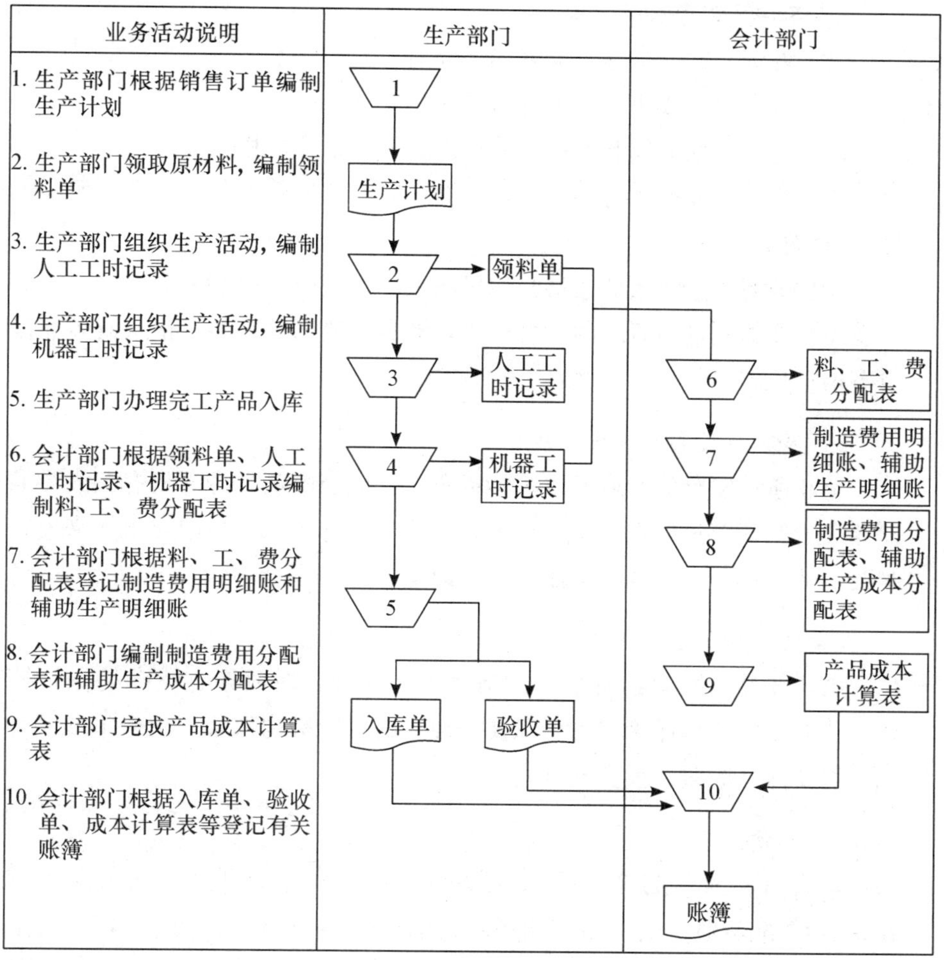

图 5—5　产品成本核算流程

第四节　筹资活动控制

一、基本控制方式

1. 授权审批控制

筹集资金属于企业的重大决策，会在较长时期内影响企业的运营。主要表现在：对企业资本结构的影响以及由于资本结构的变化对企业控制权的影响；对企业资本成本水平的影响乃至对企业相关费用的影响；对企业可以支配的现金流的影响等。因此，企业的筹资活动必须经过不同层次的审批，包括股东大会的审批、董事会的审批、相关管理部门的审批等。

2. 不相容职务相互分离

（1）筹资方案的拟订与决策相互分离；

（2）筹资合同或协议的审批与订立相互分离；

（3）筹资计划的编制人员与筹资计划的审批人员相互分离；

（4）债券、股票发行的人员，债券、股票的保管人员，债券、股票的记录人员应当相互分离；

（5）筹集资金收入的人员与记录收入的人员应当相互分离；

（6）计算利息、股利的人员，支付利息、股利的人员，记录有关账簿的人员应当相互分离。

3. 债券与股票的签发制度

企业通过发行债券或股票筹集资金时，应当由董事会授权有关人员共同签发债券或股票，以免出现漏洞。另外，企业可以选择并委托中介机构来发行债券或股票，从而避免签发环节可能存在的缺陷。

4. 债券与股票的保管制度

由于债券与股票具有很大的流动性，因此，对股票、债券的保管控制很重要。企业可以自行保管，也可以委托独立的保管机构保管。无论采取哪种保管方式，都要保证股票、债券安全完整。

5. 充分的文件记录

筹资活动涉及的文件记录主要包括：筹资审批报告；筹资协议或合同；股票、债券存根；与中介机构签订的各种委托协议；股东名单与股本明细表；债券明细表；各种划款记录；债券的折价、溢价摊销表；各种会计记录等。

二、主要控制活动

1. 筹资活动的审批授权

企业筹资活动必须经过有关部门或人员的审批授权。一般来讲，企业通过借款筹措资金需要经过管理当局的审批；企业发行债券需要由董事会授权；企业发行股票必须依据国家有关法规及企业章程的规定，报经企业最高权力机构，包括董事会及股东大会审批，并经国家有关管理部门批准。

2. 签订筹资合同或协议

企业向银行或其他金融机构借款融资需要签订借款合同；企业发行债券、股票需要签订债券契约及各种承销或包销协议。另外，企业以抵押、质押方式筹资，应当对抵押物进行登记。业务终结后，应当对抵押或质押资产进行清理、结算、收缴，及时注销有关担保内容。

3. 实际取得资金

企业通过不同的筹资渠道取得资金，应当按照有关收款记录登记有关账簿。例如，企业取得借款，应当按照实际取得的银行或其他金融机构划入款项的金额登记有关账簿；企业发行债券或股票，应当根据中介机构的销售协议及实际划款记录登记有关账簿。

4. 按照合同或协议计算筹集资金的利息或股利

企业应当按照筹资合同或协议计算有关利息或股利，并反映在相应账簿上。

5. 按照合同或协议偿还本金、利息或支付股利

企业通过借款或发行债券筹集资金时，应当按照合同或协议约定的时间支付本息；企业应当根据股东大会的决议向股东分配股利。企业支付本金、利息、股利应当按照有关付款文件及各种决议登记相应的账簿，并保证货币支付活动安全、可靠。

第五节　投资活动控制

一、基本控制方式

1. 授权审批控制

投资活动是企业的重大决策，会在较长时期内影响企业的运营。因此，企业在进行投资前应当编制详细的可行性分析报告，做出详细的投资计划，并报有关部门审批。按照重要程度，企业的投资活动必须经过不同层次的审批，包括股东大会的审批、董事会的审批、相关管理部门的审批等。

2. 不相容职务相互分离

(1) 投资计划编制人员与投资计划审批人员相分离；

(2) 负责办理债券、股票购入及转让的人员，债券、股票的保管人员，债券、股票的记录人员应当相互分离；

(3) 办理投资支出的人员与记录投资的人员应当相互分离；

(4) 负责收取利息、股利及投资转让收入的人员与登记有关账簿的人员应当相互分离。

3. 债券与股票的保管制度

由于债券与股票具有很大的流动性，因此，对股票、债券的保管控制很重

要。企业可以自行保管，也可以委托独立的保管机构保管。无论采取哪种保管方式，都要保证股票、债券安全完整。

4. 债券与股票的取得和处置制度

企业的投资与投资处置除了应当经过详细的分析并报经有关部门或人员批准外，还应当建立控制良好的债券与股票的取得和处置制度。企业一般通过经纪人来进行股票、债券的交易业务。企业应选择可以信赖的经纪人，并签订明确的委托合同，以明确双方的权利、义务。另外，应当有一个从发出委托交易指令到交易完成的完整的控制过程。

5. 登记制度

除了无记名证券外，企业在取得股票、债券后应当尽快登记在企业名下，而不能以操作人员或其他人员的个人名义进行登记。这一点对保证企业投资资产的安全完整很重要。

6. 定期盘点制度

企业拥有的股票、债券应当定期进行盘点，并与有关的记录进行核对，以保证投资真实存在。盘点工作应当由保管、记录以外的其他人员进行。

7. 充分的文件记录

投资活动涉及的文件记录主要包括：投资审批报告；投资协议或合同；股票、债券等登记证明；与中介机构签订的各种委托协议；各种划款记录；各种会计记录等。

二、主要控制活动

1. 审批授权

投资业务应当由企业的高层管理机构进行审批，按照重要程度，企业的投资活动必须经过不同层次的审批，包括股东大会的审批、董事会的审批、相关管理部门的审批等。

2. 取得证券或其他投资

企业可以通过购买有价证券进行投资，也可以通过联合经营等其他形式进行投资。企业取得有价证券或其他投资，应当按照有关的证券交易记录、投资协议及划款记录来登记有关账簿。同时应当注意，投资一定记录于企业名下。

3. 取得投资收益

企业取得利息收入、股利收入或其他投资收益，应当按照有关文件协议及各项收款记录登记有关账簿。同时应当注意投资收益的确认方法是否适当，款项的收取分工是否安全合理。

复习思考题

1. 销售和收款业务的主要控制活动有哪些？
2. 采购与付款业务的主要控制活动有哪些？
3. 生产流程的主要控制活动有哪些？
4. 筹资活动的主要控制活动有哪些？
5. 投资活动的主要控制活动有哪些？

第六章

内部控制评价

第一节 内部控制评价主体

内部控制评价目标取决于促使内部控制评价产生的不同方面的要求：内部控制评价的目标既可以是满足审计方面的需要，评价那些可能对财务报表可靠性有重要影响的内部控制，判断其可依赖程度，从而合理确定审计程序，保证审计质量，提高审计效率；也可以是出于管理方面的要求，对企业整个内部控制系统进行全面的评价，以促进企业经营管理措施的实施及目标的实现；还可以是出于对相关法律法规的遵循，如《萨班斯-奥克斯利法案》对美国公众公司的要求、中国证监会对首次公开发行股票公司的要求、上海证券交易所和深圳证券交易所对两地上市公司的要求等。在不同的需求下，内部控制评价的主体、客体、评价范围以及内部控制评价目标都不尽相同。

一、审计的要求

内部控制评价目标随着审计的发展而变化。早期的审计以查错防弊为目的，审计人员从公司的账目、凭证出发，进行全面细致的账账核对、账证核对，当时内部控制评价对于审计的作用尚未受到重视。

随着股份公司的诞生及迅速发展，公司的规模逐渐扩大，结构愈加复杂，业务也日趋繁多，在这种情况下，进行全面详细的审计已不可能。大危机爆发后，审计人员开始了以财务报表记录的主要项目为基础，抽取凭证进行详细审查的审计方法。这种方法不同于早期的顺查法，属于逆查法。审计抽样方法最初的实施在一定程度上减轻了审计人员的工作量。但可以看出：一方面，抽查样本的选取具有明显的盲目性，无法保证不出现重大错弊；另一方面，随着公司的进一步发展以及业务范围的进一步扩大，即使是仅围绕财务报表事先进行详细审计也越来越耗时费力，同时无法保证审计目标的实现，因此这种审计模式必然会被新的模式所取代。

20 世纪 30 年代，财务报告的外部使用者开始重视公司的经营活动和财务状况，审计目标转变为验证财务报告是否真实、公允地反映被审计单位的财务状况和经营成果。为了实现新的审计目标，审计人员在实践过程中开始关注和重视企业的内部控制，并发现内部控制越强，审计风险就越小。20 世纪 40 年代之后，随着内部控制制度在企业中普遍建立，审计人员意识到可以将抽样审计与企业内部控制制度相结合，制度基础审计应运而生。

在制度基础审计下，内部控制评价主体是审计人员，而评价的客体是被审计单位的内部控制制度。内部控制评价的目标是通过对被审计单位内部控制制度是否健全、有效的评价，判断其内部控制的可依赖程度，进而确定审计的范围、重点和具体方法，从而提高审计质量和效率，节约审计时间和费用。

与账表基础审计相比，制度基础审计有其优越性，然而，其缺陷也很明显。首先，内部控制制度的设计和运行受到成本效益原则的制约，即使存在设计完美的内部控制制度，其实施也不可能完全有效；其次，内部控制一般仅针对常规活动而设计；最后，制度基础审计假设被审计单位管理层与审计人员同样希望建立良好的内部控制制度，将期望寄托于管理层能够设计良好的内部控制制度并保证其有效实施，也就是说，这种模式忽略了管理舞弊的情况。

20 世纪中后期，随着企业组织结构和业务流程的复杂化，管理舞弊开始盛行。在这种情况下，审计人员不应只关注内部控制的评价，还应关注审计环境以及被审计单位的整体情况，关注对审计风险的识别和评估，这就产生了风险导向审计。

风险导向审计不仅考虑企业内部会计系统和程序的风险，还考虑控制环境等因素导致企业经营面临的外部风险，同时对审计风险进行量化，确定审计证据的充分性和适当性。在风险导向审计下，内部控制评价的主体仍然是审计人员。不同的是，其评价客体不仅包括被审计单位内部控制制度，控制风险评价的地位也提到了前所未有的高度。在实施风险导向审计的过程中，审计人员需要对内部控制进行初步评价及再评价。初步评价发生在控制测试前，在初步了解和调查被审计单位的内部控制后应初步评价控制风险的水平，根据控制风险水平评价结果，判断被审计单位的内部控制是否有效，是否拟信赖被审计单位的内部控制，从而决定是否进行控制测试；在控制测试完成后，审计人员需要对内部控制进行再评价，根据控制风险再评价确定将要执行的实质性测试的性质、时间和范围。针对风险导向审计的要求，内部控制评价的目标是通过对控制风险的评价来确定相关的审计程序，从而控制审计风险。

二、法律法规的要求

内部控制评价应当符合国家法律法规的要求。为了制止美国公司在海外交易中行贿，美国于 1977 年颁布了《反国外贿赂法》。该法案分为两部分：一是确定国外贿赂行为属违法行为；二是将未能保持充分内部会计控制系统的情形视为违法。针对 20 世纪 80 年代金融机构倒闭而引发的混乱，1991 年美国颁布了《联邦储蓄保险公司修正法案》，该法案要求金融机构的管理层必须对内部控制有效性进行报告。由于层出不穷的财务丑闻，美国国会于 2002 年 7 月颁布了《萨班斯-奥克斯利法案》。该法案第一次对财务报告内部控制的有效性提出了明确的要求，规定管理层不仅要对公司的内部控制负责，还要对内部控制的有效性进行评价，并使得管理层对外披露内部控制报告成为所有上市公司的强制性要求。

我国证监会在 2001 年发布了《公开发行证券的公司信息披露内容与格式准则第 11 号——上市公司公开发行证券募集说明书》，其中明确规定，发行人应披露管理层对内部控制制度的完整性、合理性及有效性的自我评估意见，同时应披露注册会计师关于发行人内部控制制度评价报告的结论性意见。2006 年上海、深圳两地证券交易所相继发布《上市公司内部控制指引》，标志着我国开始明确要求上市公司管理层及注册会计师分别对内部控制进行评价，同时出具各自的评价报告。

2008 年 5 月财政部等五部委发布《企业内部控制基本规范》，企业应建立与实施有效的内部控制，对内部控制建立与实施情况进行监督检查，评价内部控制的有效性。接受企业委托从事内部控制审计的会计师事务所，应当对内部控制的有效性进行审计，出具审计报告。会计师事务所及其签字的从业人员应当对发表的内部控制审计意见负责。

三、企业自身管理与发展的要求

管理和控制是相依相存的，内部控制是企业管理工作的基础。一个有效的内部控制系统应当与企业的战略紧密结合，它是企业取得成功的关键。通过监控和评价结果判断内部控制系统的设计有无缺陷，执行是否有效，是否需要随环境的变化做出相应的改变等，以确保内部控制系统始终是强大的并且是可以依赖的。一般而言，公司内部控制报告包括以下内容：

（1）对高层管理人员所负责实施的调查和评价的性质进行描述，并且指出高层管理人员是否相信这些调查，从而对内部控制有效性做出评价；

（2）对报告期内针对高层管理人员认为的过度商业风险所采取的补救措施进行描述，并对他们知道的将持续存在的过度商业风险进行披露；

（3）提供在过度商业风险方面与外部审计师或内部审计师的不同意见，以及解决这些不同意见的建议等信息。

第二节 管理层评估内部控制

公司作为独立的经济实体必然有其存在和发展的目标，追求公司的价值最大化是公司的目标之一。虽然现代公司理论对公司目标有多重定义，但有一点是明确的，即为了帮助公司有效地实现自身所追求的目标，必须对公司进行控制，其中内部控制是重要的控制手段。

一、内部控制自我评价与评价目标

管理层评估内部控制称为内部控制自我评价，是指公司董事会及其审计委员会根据内部控制评价的有效性标准对本公司内部控制的设计和执行情况进行自我评价的过程。内部控制自我评价与内部控制审计的不同之处在于，评价内部控制的主体不再只是内部审计人员，而是包括对内部控制的制定和执行负有责任的管理人员。

在如何更好地适应组织的需要方面，内部控制自我评价的应用范围很广，它可能关注以下目标中的一个或多个：

（1）确定一个组织所面临的主要商业风险；

（2）帮助实现公司目标，即确定实现公司目标需要哪些必要条件，组织存在哪些风险，以及如何改进公司的绩效；

（3）检查现有的流程控制情况，确定要提高工作效率和效果应做出的改变；

（4）调查商业流程，可以是从生产车间到应付账款程序的任何流程，从中找出可以改进的地方。

二、内部控制自我评价程序

管理层进行内部控制自我评价的过程可以分为以下环节：

（一）分解内部控制系统

由于管理评价模式立足于企业的管理与业务流程，要实现对内部控制健全性和有效性的合理评价，首先要将企业的内部控制系统进行分解。分解内部控制系统的方式有两种：其一，按层次进行分解，将内部控制系统划分为企业组织层面，职能、流程层面和作业、功能工作层面等不同层次。其二，在每个层次内部再做进一步分解，既要保证分解后的各个部分在功能上的完整性，即从某个独立方面提高经营的效率和效果，又要避免功能上的重复和交叉，同时在各个部分之间实现较好的衔接和关联。通过对系统结构进行分层、分解，可以进行更有针对性的内部控制评价，方便评价人员深入到企业内部控制活动的每一个环节。

（二）分析内部控制目标

首先应对分解后形成的内部控制系统的各子部分进行控制目标分析。控制目标分析首先是确立该部分控制的总体目标，然后对该总体目标作进一步分解，直至能对控制点设计产生直接指导作用。

（三）梳理企业业务流程

对业务流程进行梳理是管理控制评价模式的关键环节。通过对企业业务流程进行分析，不仅可以厘清流程或作业中存在哪些环节，明确各个环节涉及的部门、岗位以及所需要的资源和信息，而且可以找出环节之间衔接的方式和责权的归属。对业务流程的分析必须以内部控制目标为指导，与风险评估相结合。风险评估是针对控制目标体系中各项分目标，结合企业内部环境及其可能的变化，评估目标实现过程中可能存在的风险。

内部控制评价人员在对业务流程进行梳理时，可以采用制作流程图辅以文字说明的方法。该方法的优点在于能够更好地反映所审查的流程，使参与某一流程的所有人都能够更好地了解该流程以及所审查的各个流程是如何协同运作的，这使企业能够有效简化流程。

（四）选择关键控制点

内部控制的目标是在规范流程的基础上提高流程的运行效果和效率。这一目标是通过内部控制的控制职能，即对业务流程进行绩效评价和矫正实现的。成本效益原则要求管理人员将目光集中到更需要他们关注的地方，即流程中比较重要的或是难以控制的需要特别给予重视的环节和作业，这便是关键控制点。管理者从流程中甄选出关键控制点，然后对其进行观察、控制，确保业务流程按计划进行，从而保证企业整体内部控制的有效性。

在选择关键控制点时必须考虑以下几个因素：（1）岗位牵制；（2）授权；（3）信息沟通；（4）检查监督；（5）记录；（6）相关考核。关键控制点是基于上述因素在流程中的影响所选择的对实现控制目标起关键作用的若干控制点，是企业高层管理人员关注的重点。关键控制点的甄选原则包括以下几条：第一，将各业务的所有控制点按控制目标的重要性排序，既要立足于对企业现实环境的风险评估，又要考察本企业和同行业其他企业出现过的薄弱环节和问题。按重要性程度将控制点分为几类，最重要的一类可列为关键控制点。第二，平衡各环节的关键控制点，避免出现有些环节有若干关键控制点，而有些环节一个都没有的情况。第三，对各个业务环节甄选出的关键控制点进行综合评估，以确保它们能保障该环节控制目标的实现。

（五）建立评价指标体系

评价指标体系包括评价指标和指标标准两个方面。

1. 设计评价指标

评价指标的设计应该遵循合理性与可操作性的原则。合理性保证指标在企业内部控制中能起到约束或影响作用，避免将一些与企业不相符的指标纳入其中；可操作性要求评价指标在实际操作时能够得到准确的测量。指标若无法考察，设立就没有意义，评价也只能沦为一纸空文。只有符合合理性与可操作性原则的指标才是合格的指标，才能满足内部控制评价的需要。

2. 确定指标标准

指标标准的确定是一个相对复杂的过程。它一方面依赖于对本企业内部控制运作状况的研究；另一方面需要研究行业中其他企业的做法，特别是在同一集团管理之下的不同企业，它们更有条件借鉴彼此的做法。指标标准将成为衡量流程运行效果和效率的准绳，它对内部控制系统的完善具有引导和促进作用。指标标准可能是在当前管理水平和技术水平下还无法达到的标准状态，但可以引导企业朝着那个方向努力。

（六）评价并报告

最后，评价人员将指标标准和企业实际的内部控制情况进行对比，对企业的内部控制情况作出综合评价。评价与改进报告的内容包括两个部分：第一部分是对内部控制现状的评价；第二部分旨在提出改进措施，这部分应针对第一部分提出的不足，讨论与内部控制评价指标标准的差距在何处，与其他做得更好的单位的差距在何处，同时结合本单位目前的状况，确定可改进的地方。

三、内部控制自我评价的实施

管理层实施内部控制评价通常有以下方法。

（一）管理整合方法

1. 框架图

所谓管理整合方法，就是在现有制度的基础上，对所有业务作流程化处理，确定控制路线、环节和控制标准，从而定期评价内部控制。管理整合方法的框架见图6—1。

2. 适用前提与优缺点

企业基于业务流程的内部控制评价可以采用管理整合方法，应用流程绘制这一有力工具，在对所有业务作流程化处理的基础上，确定控制路线和关键环节，并制定控制标准，以评价其内部控制。

要绘制流程图就必须对流程有整体上的把握，所以管理整合方法包含整体分析思想，从整体的角度了解内部控制的实际情况。同时，简明的流程图可以使人们对内部控制状况有一个直观的了解。另外，管理整合方法让企业的全体员工在参与流程绘制时了解到他们所从事的工作在整个流程中处于什么样的地位、对整个流程有什么样的贡献，从而激发其责任感。

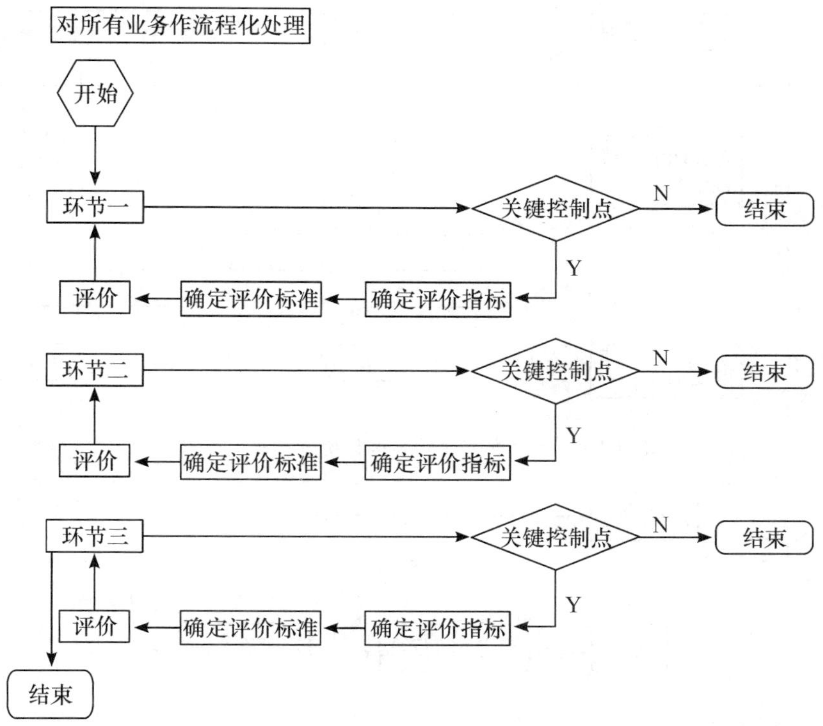

图 6—1　管理整合方法

实际操作中，确定关键控制点有一定的困难，对于“是否关键”的尺度把握过严会漏掉一些有重要作用的环节，过松则会使评价体系过于庞大。此外，对关键控制点责任人的界定也常常模糊不清，往往一个控制点会出现在部门之间权责交界的地方，权责界定不清容易导致控制上的薄弱甚至缺陷。

（二）分层评价方法

1. 框架图

所谓分层评价方法，是在企业的重要业务、流程及全程控制有效性方面设计综合评价指标，定期评价这些指标，以确定组织内部各部门、层次、环节控制的水平（见图 6—2）。

2. 适用前提与优缺点

集团化是现代企业普遍采取的发展战略，但是，由于企业集团的建立，复杂的层级结构给企业管理带来了新的问题。对这样的企业进行内部控制评价，就需要采取分层评价方法。而对于中小企业，由于其组织结构简单，因此没有必要进行分层评价。

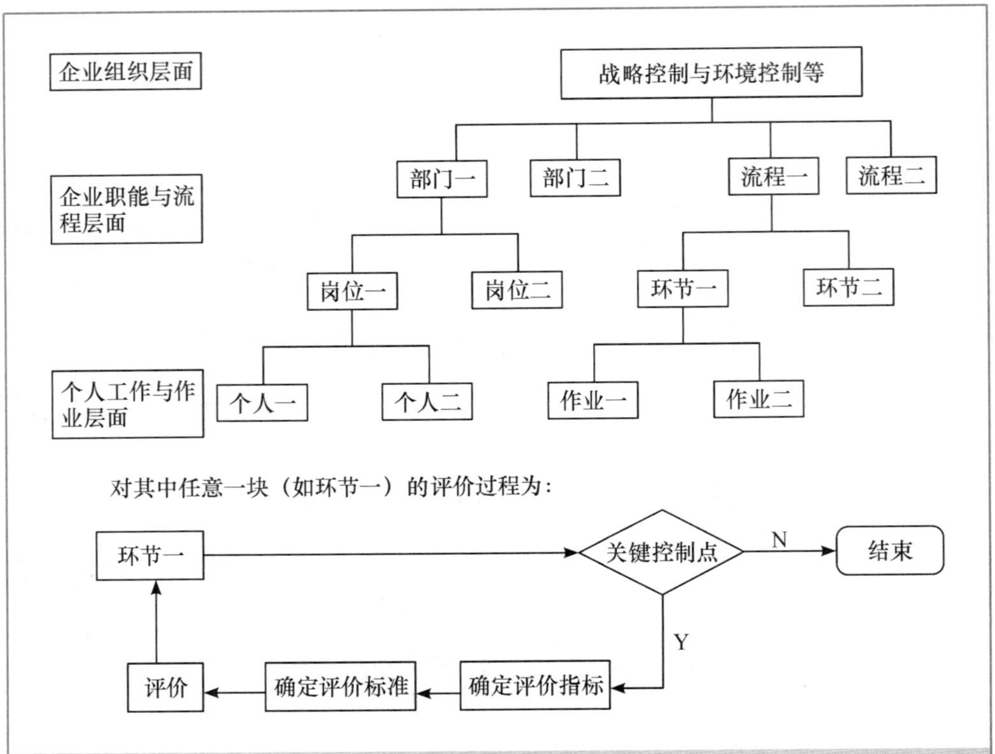

图 6—2 分层评价方法

分层评价的优点在于，对企业职能与流程以及个人工作与作业层面进行单项评估，而在对企业组织层面进行评价时，在单项评估的基础上，对单项评估结果加以整合，进行综合评估。这样既有对单个部门或单个业务的内部控制状况的具体评价，又有对企业内部控制状况的整体把握，形成了分级别、一体化的评价体系，得到比较全面的评价。

不过这种把企业按照层次与部门划分、评价各层次各部门内部控制的逻辑思路，与企业日常业务处理的顺序不同，容易导致考察具体工作时缺乏逻辑上的连贯性，不利于发现业务处理中存在的漏洞。所以，最好能在采用分层评价方法的时候，加入前面所介绍的管理整合方法的思想，同时考虑企业日常业务流程，采取基于业务流程的内部控制分层评价。

（三）因地制宜的评价方法

1. 框架图

因地制宜的内部控制评价方法，通俗地讲，就是对症下药、查漏补缺，即针对组织经常发生问题的内部控制环节进行深入的调查和分析，根据问题产生的原因制定相应的对策或对内部控制系统进行调整、修补，甚至是部分或全部重构（见图 6—3）。

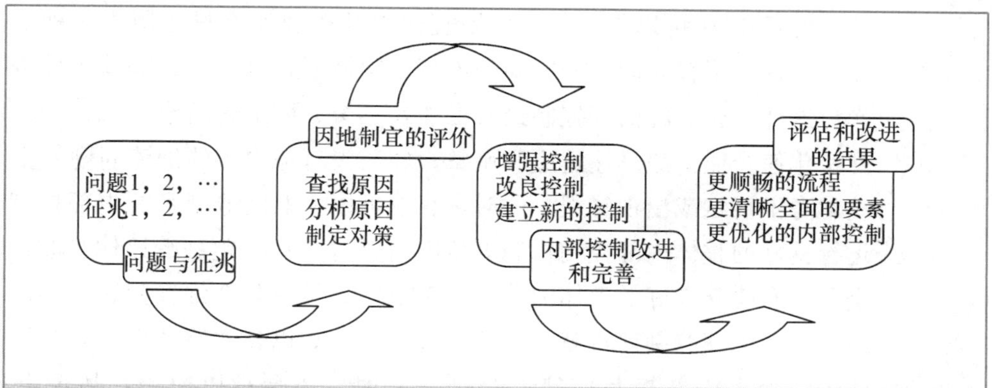

图 6—3　因地制宜的评价方法

2. 适用前提与优缺点

因地制宜的内部控制评价方法主要是结果导向、事后实施的，通常是业务流程出现问题或控制失效，或者发现征兆之后才进行的，以防止同类事项再次发生，即“亡羊补牢”。其实施的步骤可以简要归纳为：

（1）对于已经发生的问题或显现出来的征兆，通过聚焦式的观察发现其原因；

（2）判断此项原因是否由局部或者整体内部控制的失效引起，决定是否需要改进内部控制，在何种程度上进行改进；

（3）通过对内部控制的改进和其他配套措施的实施，预防同类问题再次发生。

因地制宜的评价方法通常是对内部控制单个控制点进行评价和改进。在整个内部控制评价过程中，这种针对单个控制点的评价是最基本的环节。单个控制点的评价综合起来，才构成对业务流程、内部控制要素及整个内部控制体系的评价。这类评价有利于在对各个控制点进行具体评价的基础上，为控制的改进提供详细的依据和指导。其特点和优缺点如表 6—1 所示。

表 6—1　　因地制宜的评价方法的特点与优缺点

特点	优点	缺点
往往在出现问题或者发现征兆后才进行	目标明确，针对性强，便于深入和细化，执行和改进较容易，成效明显而迅速	只能是事后或者事中评价，无法事前预防
关注单个或若干个问题及征兆		可能造成“只见树木，不见森林”；过于细化，增加成本
能提出明确的改进措施		可能与已有的其他控制相矛盾，难以协调和配合
可以在小范围内高频度进行		无法统揽全局，可能和整体脱节

由表6—1可以看出，因地制宜的内部控制评价只适用于一种情况，即企业已经建立了较为健全和完善的内部控制体系，且在日常经营中较为有效地运作。这样，企业的内部控制最有可能在三个方面出现问题：（1）外部环境的剧烈变化使企业无法迅速适应和调整；（2）没有考虑到的细节问题发生；（3）系统本身不稳定或出现错误。此时，企业可以采取因地制宜的内部控制评价，在运行良好的整体内部控制机制的范围内，对个别问题进行评估和改进。但如果企业没有建立良好的整体内部控制系统，只是在各个细节问题上不断深入，因地制宜的内部控制评价就会顾此失彼，不仅难以建立整体框架，当逐步评价和改进的众多内部控制措施汇总到一起时，还会难以协调，甚至出现矛盾和冲突。

从这个意义上讲，因地制宜的内部控制评价只适用于已经建立了内部控制系统并运行良好的大型企业和组织，而不适用于尚无或正在建立内部控制的小型企业。

第三节　注册会计师对内部控制的评价

一、注册会计师了解内部控制

根据我国《独立审计具体准则第9号——内部控制与审计风险》的有关规定，审计人员在确定了解内部控制所应实施审计程序的性质、时间和范围时，应当考虑的因素主要包括：

（1）被审计单位的经营规模及业务复杂程度；

（2）被审计单位数据处理系统的类型及复杂程度；

（3）审计的重要性（需要运用专业判断）；

（4）相关内部控制类型；

（5）相关内部控制的记录方式；

（6）固有风险的评估结果等。

内部控制对企业的影响程度，可以分为对企业整体有普遍影响的内部控制以及只对个别认定、交易或披露有影响的内部控制两大类，对内部控制的了解也应分别在企业整体层面和个别认定、交易或披露层面展开。审计人员常用以下方法了解内部控制：

（1）询问被审计单位有关人员，并查阅相关内部控制文件，将两者进行核对，以检查文件规定与有关人员的理解是否一致。

（2）检查内部控制生成的文件和记录，如组织结构图、职务说明书、工薪记录表、内部审计报告及以前年度的审计工作底稿等，以增强对被审计单位内部控制的感性认识与直观印象。

（3）观察被审计单位的业务活动和内部控制的运行情况，以便了解业务授权、文件记录等内部控制的执行是否与制度规定相吻合。

（4）选择若干具有代表性的交易和事项进行穿行测试。穿行测试也称全程测试、了解性测试，是指在每一类交易循环中选择一笔或若干笔业务进行测试，以验证内部控制的实际运行是否与审计工作底稿上所描述的内部控制相一致。若发现实际执行情况与审计工作底稿中的有关描述不一致，审计人员应当对审计工作底稿加以修正。

二、从企业整体层面了解内部控制

企业整体层面的内部控制会影响财务报告整体出现重大错报的可能性，因此在对内部控制进行评价之前，首先要从企业整体层面了解内部控制。

（一）了解控制环境

控制环境包括治理职能和管理职能，以及治理层和管理层对内部控制及其重要性的态度、认识和措施。控制环境设定了被审计单位内部控制的基调，会影响员工对内部控制的认识和态度。良好的控制环境是有效内部控制的基础，防止、发现并纠正舞弊和错误是被审计单位治理层和管理层的责任。在评价控制环境的设计和实施情况时，注册会计师应当了解管理层在治理层的监督下，是否营造并保持了诚实守信和合乎道德的文化，是否建立了防止或发现并纠正舞弊和错误的恰当控制。实际上，在审计业务承接阶段，注册会计师就需要初步了解和评价控制环境。影响控制环境的因素较多，主要包括：

（1）经营管理的观念、方式和风格。管理当局的理念和行为影响着财务报告及会计记录的可靠性，也影响内部控制各项规章的遵循、职责的分工、预算的控制、经营业绩的信息披露等，从而对控制环境产生深远的影响。

（2）组织结构和权利职责的划分方法。通过组织结构的设置、权利职责的划分，使一个组织各个部分及其成员知晓自己在组织中的位置，了解所拥有的权力、担负的职责、可接受的业务活动、利益冲突及行为规则等。审计人员也可借此评价控制环境，了解被审计单位与内部控制有关的方针、政策、程序等。

（3）控制系统。管理当局制定和实施内部审计职能、人事聘用政策与程序、职务分工等控制系统，对控制环境也产生一定的影响。审计人员必须对此有所了解，以评价被审计单位的控制环境。

在确定构成控制环境的要素是否得到执行时，审计人员应当考虑将询问与其他风险评估程序相结合以获取审计证据。通过询问管理层和员工，审计人员可以了解管理层如何就业务规程和道德价值观念与员工进行沟通。通过观察和检查，审计人员可以了解管理层是否建立了正式的行为守则，在日常工作中行为守则是否得到遵守，以及管理层如何处理违反行为守则的情形。

控制环境对重大错报风险的评估具有广泛影响，审计人员应当考虑控制环境的总体优势是否为内部控制的其他要素提供了适当的基础，并且被控制环境中存在的缺陷所削弱。

（二）了解信息系统与沟通

与财务报告相关的信息系统，包括用以生成、记录、处理和报告交易、事项和情况，对相关资产、负债和所有者权益履行经营管理责任的程序和记录。

与财务报告相关的信息系统所生成信息的质量，对管理层能否做出恰当的经营管理决策以及编制可靠的财务报表具有重大影响。与财务报告相关的信息系统通常包括以下职能：

（1）识别、记录所有有效的交易；

（2）及时、详细地描述交易，以便在财务报告中对交易做出恰当分类；

（3）恰当计量交易，以便在财务报告中对交易的金额作出准确记录；

（4）恰当确定交易生成的会计期间；

（5）在财务报表中恰当列报交易。

审计人员应当从下列方面了解与财务报告相关的信息系统：

（1）在被审计单位经营过程中，对财务报表具有重大影响的各类交易；

（2）在信息技术和人工系统中，交易生成、记录、处理和报告的程序；

（3）与交易生成、记录、处理和报告有关的会计记录，支持性信息和财务报表中的特定项目；

（4）信息系统如何获取除各类交易之外的对财务报表具有重大影响的事项和情况；

（5）被审计单位编制财务报告的过程，包括做出的重大会计估计和披露。

与财务报告相关的沟通包括使员工了解各自在与财务报告有关的内部控制方面的角色和职责，员工之间的工作联系，以及向适当级别的管理层报告例外事项的方式。因此，审计人员不仅应当了解被审计单位内部如何就财务报告岗位的职责，以及与财务报告相关的重大事项进行沟通，而且应当了解管理层与治理层之间的沟通，以及被审计单位与外部的沟通。

（三）了解被审计单位的风险评估过程

风险评估过程的作用是识别、评估和管理影响被审计单位实现经营目标能力的各种风险。而针对财务报告目标的风险评估过程则包括识别与财务报告相关的经营风险，评估风险的重大性和发生的可能性，以及采取措施管理这些风险。

注册会计师在对被审计单位整体层面的风险进行了解和评估时，考虑的主要因素包括：

（1）企业是否已建立整体目标，并辅以具体策略和业务流程层面的计划。

（2）企业是否已建立风险评估过程，包括识别风险，估计风险的重大性，评估风险发生的可能性以及确定需要采取的应对措施。

（3）被审计单位是否已建立某种机制，识别和应对可能对被审计单位产生重大且普遍影响的变化。例如，在金融机构中建立资产负债管理委员会，在制造型企业中建立期货交易风险管理部。

（4）会计部门是否建立了某种流程，以识别会计准则的重大变化。

（5）当企业业务操作发生变化并影响记录交易的流程时，是否有沟通渠道通知会计部门。

（6）风险管理部门是否建立了某种流程，以识别经营环境包括监管环境发生的重大变化。

（四）了解控制活动

控制活动是指有助于确保管理层的指令得以执行的政策和程序，包括授权、业绩评价、信息处理、实物控制和职责分离等相关活动。

（1）授权。授权的目的在于保证交易在管理层授权范围内进行，授权包括一般授权和特别授权。一般授权是指管理层制定的要求组织内部遵守的普遍适用于某类交易或活动的政策；特别授权是指管理层针对特定类别的交易或活动逐一设置的授权。

（2）业绩评价。与业绩评价有关的控制活动包括被审计单位分析评价实际业绩与预算（或预测、前期业绩）的差异，综合分析财务数据与经营数据的内在关系，将内部数据与外部信息来源相比较，评价职能部门、分支机构或项目活动的业绩，对发现的异常差异或关系采取必要的调查与纠正措施。

（3）信息处理。与信息处理有关的控制活动包括信息技术一般控制和应用控制。信息技术一般控制是指与多个应用系统有关的政策和程序，有助于保证信息系统持续、恰当地运行（包括信息的完整性和数据的安全性），支持应用控制有效发挥作用，通常包括数据中心和网络运行控制，系统软件的购置、修改及维护控制，接触或访问权限控制，以及应用系统的购置、开发及维护控制。信息技术应用控制是指主要在业务流程层面运行的人工或自动化程序，与用于生成、记录、处理、报告交易或其他财务数据的程序相关，通常包括检查数据计算的准确性，审核账户和试算平衡表，设置对输入数据和数字序号的自动检查，以及对例外报告进行人工干预。

（4）实物控制。主要包括对资产和记录采取恰当的安全保护措施，对访问计算机程序和数据文件设置授权，以及定期盘点并将盘点记录与会计记录核对。实物控制的效果影响资产的安全，从而对财务报表的可靠性及审计产生影响。

（5）职责分离。主要包括了解被审计单位如何将交易授权、交易记录以及资产保管等职责分配给不同员工，以防范同一员工在履行多项职责时可能发生的舞弊或错误。

需要指出，在了解控制活动时，审计人员应当重点考虑一项控制活动单独或连同其他控制活动，是否能够以及如何防止或发现并纠正各类交易、账户余额、列报存在的重大错报。如果多项控制活动能够实现同一目标，则不必了解与该目标相关的每项控制活动。当然，在了解其他内部控制要素时，如果获取了控制活动是否存在的信息，审计人员应当确定是否有必要进一步了解这些控制活动。

（五）了解对内部控制的监督

对内部控制的监督是被审计单位评价内部控制在一段时间内运行有效性的过程，该过程包括及时评价控制的设计和运行，以及根据情况的变化采取必要的纠正措施。

审计人员应当了解被审计单位对控制的持续监督活动和专门的评价活动。持续的监督活动通常贯穿于被审计单位的日常经营活动与常规管理工作中，被审计单位可能使用内部审计人员或具有类似职能的人员对内部控制的设计和执行进行专门的评价，也可能利用与外部有关各方沟通或交流所获得的信息监督相关的控制活动。

审计人员应当了解与被审计单位监督活动相关的信息来源，以及管理层认为信息具有可靠性的依据。如果利用被审计单位监督活动使用的信息，审计人员应当考虑该信息是否具有可靠的基础，是否足以实现审计目标。

注册会计师在对被审计单位整体层面的监督进行了解和评估时，考虑的主要因素包括：

（1）被审计单位是否定期评价内部控制；

（2）被审计单位人员在履行正常职责时，能够在多大程度上获得内部控制是否有效运行的证据；

（3）与外部的沟通能够在多大程度上证实内部产生的信息或者指出存在的问题；

（4）管理层是否采纳内部审计人员和注册会计师有关内部控制的建议；

（5）管理层是否及时纠正内部控制运行中的偏差；

（6）管理层是否根据监管机构的报告和建议及时采取纠正措施。

三、从业务流程层面了解内部控制

个别认定层面的内部控制较多地受相关交易循环的影响，如应收账款余额认定较多地受销售与收款循环的影响，因此财务报告相关余额的准确程度不可避免受到相应流程的影响。因此，在从企业整体层面了解内部控制的基础上，需进一步从业务流程层面了解和评价内部控制。

注册会计师在重要业务流程层面了解内部控制通常包括如下步骤。

1. 确定重要业务流程和重要交易类别

在实务中，将整个经营活动划分为几个重要的业务循环，有助于注册会计师更有效地了解和评估主要业务流程及相关控制。通常，制造业企业的经营活动可以划分为销售与收款循环、采购与付款循环、存货与生产循环、筹资与投资循环等。

2. 了解并记录重要交易流程

在确定重要的业务流程和交易类别后，注册会计师便可着手了解每一类别重要交易在信息技术或人工系统中生成、记录、处理及在财务报表中报告的程序，即重要交易流程。交易流程通常包括一系列工作：输入数据的核准，数据的分类与合并、计算，更新账簿资料和客户信息记录，生成新的交易，归集数据，列报数据。与注册会计师了解重要交易相关的流程通常包括生成、记录、处理和报告交易等活动。

注册会计师可以通过以下方法了解重要交易流程：

（1）检查手册和其他书面指引；

（2）询问适当人员；

（3）观察所运用的处理方法和程序；

（4）穿行测试。

在执行上述步骤之前，注册会计师需要考虑以下事项：

（1）该类交易影响的重大账户及其认定，这决定了注册会计师了解的重点；

（2）注册会计师已经识别的有关这些重大账户及其认定的经营风险和财务报表重大错报风险；

（3）重要交易类别生成、记录、处理和报告所涉及的业务流程以及相关的信息技术处理系统，这可以帮助注册会计师确定询问对象，包括流程管理人员和信息技术人员。

由于该阶段的根本目的是帮助注册会计师确定哪个环节可能发生错报，因此注册会计师要注意记录以下信息：

（1）主要的输入信息的来源；

（2）所使用的重要档案，如客户清单及价格信息记录；

（3）重要的处理程序，包括在线输入和更新处理；

（4）重要的输出文件、报告和记录；

（5）基本的职责划分，即列示各部门所负责的处理程序。

3. 确定可能发生错报的环节

注册会计师需要了解和确认企业应在哪些环节控制，以防止或发现并纠正各重要业务流程可能发生的错报。注册会计师所关注的控制是那些通过防止错报的发生，或者通过发现和纠正已有错报，从而确保每个业务活动具体流程（从交易发生到记账）能够顺利运转的控制程序。

不同企业为确保会计信息的可靠性而对业务流程设计和实施不同的内部控制，目的是实现某些控制目标，这些控制目标与财务报表中账户的相关认定有联系（见表 6—2）。

表 6—2　　控制目标示例

控制目标	解释
1. 完整性：所有的有效交易都已记录	必须有程序确保没有漏掉实际发生的交易
2. 存在和发生：每项已记录的交易均真实	必须有程序确保会计记录中没有虚构或重复入账的项目
3. 适当计量交易	必须有程序确保交易以适当的金额入账
4. 恰当确定交易生成的会计期间	必须有程序确保交易在恰当的会计期间内入账
5. 恰当分类	必须有程序确保将交易计入正确的总分类账
6. 正确汇总和过账	必须有程序确保所有作为账簿记录中的借贷方余额都正确地归集，确保加总后的余额正确过入总账，必要时，过入明细账

对于每个重要的交易流程，注册会计师都会考虑这些控制目标。评价目标是否实现的标志为，是否存在控制来防止错报的发生，或发现并纠正错报，然后重新提交到业务流程处理程序中进行处理。

4. 识别和了解相关控制

通过对被审计单位的了解，包括在被审计单位整体层面对内部控制各要素的了解，以及在上述程序中对重要业务流程的了解，注册会计师可以确定是否有必要进一步了解业务流程层面的控制。在某些情况下，注册会计师之前的了解可能表明被审计单位在业务层面针对某些重要交易流程的控制是无效的，或者注册会计师并不打算依赖控制，这时注册会计师没有必要进一步了解业务流程层面的控制。

如果注册会计师计划对业务流程层面的有关控制进行进一步的了解和评价，那么针对业务流程中容易发生错报的环节，注册会计师应当确定：

（1）被审计单位是否建立了有效的内部控制，以防止或发现并纠正这些错报；

（2）被审计单位是否遗漏了必要的内部控制；

（3）是否识别出可以最有效测试的内部控制。

通常将业务流程中的控制划分为预防性控制和检查性控制，其中预防性控制通常用于正常业务流程的每项交易，以防止错报的发生。在流程中防止错报是信息系统的重要目标。缺少有效的预防性控制增加了数据发生错报的可能性，在相关账户及其认定存在较高重大错报风险时更是如此。进行检查性控制的目的是发现业务流程中可能发生的错报（尽管有预防性控制还是会发生的错报）。被审计单位通过检查性控制监督其业务流程和相应的预防性控制能否有效地发挥作用。

四、内部控制测试

（一）内部控制测试的目标

1. 测试内部控制设计的健全性

评价内部控制制度的健全性，包括评价企业每一项内部控制制度是否健全，手续是否严密、环环紧扣，设计的措施和方法能否真正起到控制的作用。一般来讲，健全的内部控制制度能预防错误与舞弊的发生，即使发生也容易及时发现和纠正。

内部控制制度是否健全的标志是，各项内部控制制度是否符合内部控制的基本原则，在关键控制点是否进行了控制，所有的控制目标是否已实现。

2. 测试内部控制运行的有效性

实施健全性测试与评价虽然有助于判断内部控制系统中的控制点是否齐全，内部控制设计是否健全完善，但这只是规章制度或业务处理方面作出的规定，并不等于在实际业务活动中一定能达到预期的控制目标。如果有员工不遵守规定或遵守不严，或者根本不执行，就不可能取得好的内部控制效果。有效性评价是针对在健全性评价中被认为健全的或基本健全的内部控制，在实际工作中是否得到执行以及贯彻执行的程度所进行的测试和评价。有效性评价可以通过控制测试进行。

（二）内部控制测试的方法

符合性测试的方法主要包括证据检查、重复核查和观察三种。

1. 证据检查

证据检查主要是指检验记录、凭证、调节表等文件，以获得运用具体控制方法的证据，即明确应有的内部控制措施是否存在，是否发挥作用。

2. 重复核查

重复核查是指注册会计师根据相关资料和业务处理程序，部分或全部重复由审计客户的员工所完成的业务，并比较处理结果，进而判断内部控制是否有效。

3. 观察

观察是指注册会计师到现场查看某些业务的处理是否与内部控制制度的要求相符，从而判断内部控制制度是否有效。观察法的效果有限，因为看到的有可能是表面现象。

不同符合性测试的方法应根据不同控制类型加以运用（见表6—3)。

表6—3　　符合性测试的控制类型和控制方法

控制类型	测试方法		
	证据检查	重复核查	观察
实物控制	S	N/A	P
批准与授权	P	S	N/A
稽核	P	S	N/A
职务分离	S	N/A	P

注：P为提供审计证据的主要方法；S为提供审计证据的次要方法；N/A为不适用。

从表6—3可以看出，实物控制的符合性测试主要通过实地观察的方式进行，也可能会涉及有关的证据检查（即审查控制实物进出的批准文件等证据），而重复核查的方法不适用。关于批准与授权的符合性测试的主要方法是重复核查，也会用到证据检查的方法，实地观察在这里不适用。有关稽核的符合性测试的主要方法是对相关证据进行检查，次要方法是对相关业务程序进行重复核查，实地观察仍然不适用。有关职务分离的符合性测试主要采用现场观察或审查证据的方法，检查文件或原始记录情况和签字情况等。

五、 评价内部控制风险

对内部控制制度最终的评价结果，根据可信赖程度的高低可以分为：

1. 高信赖程度

控制风险评价为低水平，控制风险小于10%。审计人员只有在确认以下事项时，才能将控制风险评价为低水平：

（1）控制政策和程序与认定有关；

（2）通过符合性测试获得证据证明控制有效。

此时，审计人员可以较多地信赖、利用被审计单位的内部控制制度，在实施审计时可相应减少实质性测试的样本数量和范围。控制风险越低，审计人员就可以执行越有限的实质性测试。

2. 中信赖程度

控制风险评价为中等水平，控制风险在10%～40%之间。在中信赖程度下，被审计单位的内部控制制度良好，但不太健全、科学，存在一定的缺陷或薄弱环节；或内部控制制度较健全、科学，但实际执行不力，有可能影响会计报表的真实性和可靠性。这时，审计人员应降低信赖、利用内部控制制度的程度，扩大实质性测试的深度和广度，增加实质性测试的样本数量和范围。

3. 低信赖程度

控制风险评价为高水平，控制风险大于40%。审计人员只有在确认以下事项时，才能将控制风险评价为高水平：

（1）控制政策和程序与认定不相关；

（2）控制政策和程序无效；

（3）获取证据来评价控制政策和程序显得不经济。

在这种情况下，审计人员应扩大实质性测试的样本数量和范围，以获取充分适当的审计证据。当被审计单位内部控制制度的可信赖程度很低，使审计人员根本无法降低审计风险时，审计人员可以提出中止审计；必要时可考虑撤销审计约定书，拒绝接受被审计单位的审计任务。

对控制风险的评价，主要是为了确定完成审计工作所必须执行的实质性测试的性质、时间和范围。审计人员必须以通过控制测试所获得的证据为依据，充分运用专业判断，同时注意内部控制要素对某项特定会计报表认定的影响，做出合理和恰当的评价。评价控制风险适当与否，不仅直接影响到实质性测试的适当性，也会影响审计的效果或效率。

复习思考题

1. 公司内部控制报告一般包括哪些内容？
2. 什么是内部控制自我评价？目标是什么？
3. 选择关键控制点时必须考虑哪些因素？
4. 管理者实施内部控制评价的方法有哪些？各有什么特点？
5. 内部控制测试的方法有哪些？举例说明适用的情况。
6. 如何根据内部控制风险评价确定实质性测试？

2

中篇

风险管理

第七章

风险管理概述

第一节　风险的相关概念

一、风险的概念

1. 不确定性

企业在做经营决策时经常需要对未来事件进行判断，然而未来事件通常是未知的，我们称未来事件的这种特点为不确定性。就单一事件来说，事件未知，事件的发生与否不确定，发生的时间不确定；就事件组合来说，引发事件的条件不确定，事件引起的后果不确定。以上五种情况穷尽了不确定性的所有形式。

2. 风险的概念

风险和不确定性在一些领域是等同的，很多情形下可以互换，但就本领域而言，我们倾向于狭义的风险定义。不确定性不完全等同于风险，我们通常将结果低于预期甚至使个体遭受损失的不确定性称为风险。也就是说，风险与不确定性的关键差别在于是否有结果低于预期的可能，纯获益的不确定性不是风险。另外，本书涉及的风险概念主要指企业承受的风险。

为了满足风险测定的需要，我们将风险（不确定性）的不确定程度如图 7—1 所示分为三级，不确定性逐级增大。

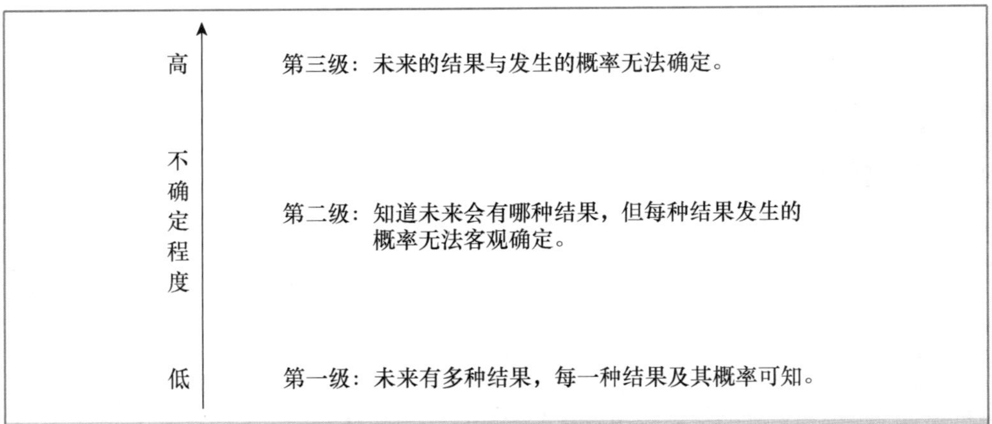

图 7—1　风险的层级

具体而言，一项活动虽然有多种可能的结果，但可以知道每一种结果出现的概率，例如博彩行为，则为第一级风险；如果人们无法确定事件发生的概率，例如行业发展情况，则为第二级风险；如果事件全集（未来所有的可能结果）不可知，例如影响政策的提案，则为第三级风险。

二、风险的特点

1. 客观性

风险是独立于个体意志的客观存在，虽然可以采取措施防止或降低风险发生所导致的损失，但是不可能完全消除风险。

2. 偶然性

风险概念依托于不确定性，不确定性决定了风险的偶然性，风险的原因、产生、后果都具有偶然性。

3. 普遍性

个体面临各式各样的风险。社会发展、新事物产生增加了可能事件的种类，给预测带来更大挑战，风险的结果甚至难以想象。

4. 可测性

虽然单个风险的发生是偶然的，但是大量同质个体在某一时期发生某种风险有其规律性。就大量风险单位而言，风险的发生可以用概率加以测度。

5. 可变性

风险的可变性是指在一定条件下风险具有可以转化的特性。风险之间可以转化（风险水平不同的投资项目的转变），风险和确定性之间也可以相互转化（购买保险以实现风险向确定性的转化，将固定收益证券投资转向风险投资）。

三、风险的分类

利用不同的标准可以将风险进行分类。

（一）按照风险造成的结果划分

1. 纯粹风险

纯粹风险是只有损失机会而没有获利可能的风险。这种风险可能造成的结果只有两个：一是没有损失；二是造成损失，没有获利的可能性。火灾、疾病、死亡都是纯粹风险。

2. 投机风险

投机风险是指既可能产生收益也可能造成损失的不确定性。这类风险的结果有三种可能：盈亏平衡、损失和盈利。比如股票投资，投资者购买某种股票后，可能会由于股票价格上升而获得收益，也可能由于股票价格下降而蒙受损失，但股票的价格到底是上升还是下降，幅度有多大，这些都是不确定的，因而这类风险就属于投机风险。

（二）按照产生风险的环境划分

1. 静态风险

静态风险是指在社会政治经济环境正常的情况下，由于自然力量的非常变动或人类行为的错误导致损失发生的风险。例如水灾、旱灾、地震、瘟疫、雷电等由于自然原因导致的风险；火灾、爆炸、员工伤害、破产等由于某些人疏忽大意或故意行为导致的风险；放火、破坏、欺诈等由于某些人不道德或违法违纪行为导致的风险。

2. 动态风险

动态风险指社会、经济、科技或政治变动所产生的风险。动态风险的发生频率、影响范围和可控制程度都远大于静态风险，因此静态风险是导致企业成败安危的主要风险，风险管理的重心是对静态风险的管理。

（三）按照风险发生的原因划分

1. 自然风险

自然风险是指因自然力的不规则变化所产生的现象危害经济活动、物质生产或生命安全的风险。地震、水灾、火灾、风灾、雹灾、冻灾、旱灾、虫灾以及各种瘟疫等自然现象在现实生活中大量发生。

2. 社会风险

社会风险是指因个人或单位的行为，包括过失行为、不当行为及故意行为对社会生产及人们生活造成损失的风险。

3. 经济风险

经济风险是指在经济活动过程中，因市场因素影响或者管理经营不善导致经济损失的风险。

（四）按照风险致损的对象划分

1. 财产风险

财产风险是指各种财产损毁、灭失或者贬值的风险。

2. 人身风险

人身风险是指个人的疾病、意外伤害等造成残疾、死亡的风险。

3. 责任风险

责任风险是指法律或者有关合同规定，因行为人的作为或不作为导致他人财产损失或人身伤亡，行为人承担经济赔偿责任的风险。

注意，企业为个人上缴各类社会保险实际上是企业分担了个人的风险，并通过支付价款的方式将这部分风险转移到社会的其他部门。

（五）按企业活动的性质划分

1. 金融风险

金融风险是与金融市场有关的风险。例如：信用风险，即交易对手（相对方）未能履行契约中的义务而造成经济损失的风险；流动性风险，即处置资产时出售价格低于资产潜在公允价值的风险；市场风险，即资产（商品、股票和货币）的市场价格和汇率的不确定性。

2. 非金融风险

非金融风险是与金融市场无关的风险，具体包括来源于企业运营和外部环境的风险。例如：操作风险，即人工失误或错误导致企业运营过程中产生损失的风险；清偿力风险，即企业现金不足导致无法继续经营的风险；监管风险，即监管环境发生变化导致企业负担额外成本或企业活动受限的风险；政府或政策风险（包括税的风险），即政策发生变化（例如税率变动）导致企业负担额外成本的风险；法律风险，即未来法律活动产生后果的不确定性；模型风险，即企业估值时不正确地利用分析模型导致决策失败的风险；尾部风险，即极端事件发生概率高于企业分析的结果（尤其是错误地假定事件发生概率呈正态分布）所产生的风险；会计风险，即企业会计政策和估计的判断不正确所产生的风险。

除了以上的划分方式，风险的划分还有多种标准，目的是更好地识别风险、应对风险，对风险形成更透彻的认识和理解。因此，相对于给每种企业所面临的风险一个名称，对风险经济实质和经济后果的理解显得更加重要。

一个企业所面临的各种风险并不是相互独立的，相反它们是相互作用的。假定某公司通过购买期权合约来规避市场风险，如果市场价格剧烈下跌，则该公司能从期权合约中获得补偿。然而，市场价格剧烈下跌之时，期权合约的相对方违约的可能性也会提高，这样企业就将面临更大的信用风险。如果相对方利用期权合约的漏洞避免支付而被提起法律诉讼，企业就将面临法律风险。信用风险和法律风险可能引起更大的流动性风险。以上这些因素可能使企业的现金流出现问题，从而导致清偿力风险。

风险的相互作用数量大且频繁，在分析风险时，必须予以考虑。尤其在企业面临财务困境时，多种风险的相互作用可能带来意想不到的结果，作为企业管理人员，必须对各种风险的发生进行分析和全面把握。

四、风险成本

风险成本是指由于风险存在而导致企业价值减少。风险成本由期望损失成本、损失控制成本、损失融资成本、内部风险抑制成本和残余不确定性成本构成。

期望损失成本包括直接损失期望成本和间接损失期望成本。直接损失成本主要包括对损毁资产进行修理或重置的成本，对遭受伤害的员工提出的赔偿、诉讼的支付成本，以及对其他法律诉讼进行辩护和赔偿的成本；间接损失成本包括所有因发生直接损失而导致的净利润的减少。损失控制成本是指公司为降低损失频率和损失程度，采取一定手段来提高预防损失的能力、减少风险行为所发生的成本。损失融资成本包括自保成本、保险费中的附加保费，以及拟定、协商和实施套期合约和其他合约化风险转移合同过程中的交易成本。其中自保成本包括为支付损失而必须持有自保资金的成本。内部风险抑制成本包括与实现分散经营相关的成本以及与管理这些分散行为相关的成本，也包括对数据以及其他类型的信息进行收集、分析以进行更精确的损失预测所产生的成本。残余不确定性成本指通过损失控制、保险、套期、其他合约化风险转移合同以及内部风险抑制措施完全消除损失的不确定性。公司选择并实施损失控制、损失融资以及内部风险抑制措施后残余的那部分不确定性成本称为残余不确定性成本。

第二节　风险管理的相关概念

一、风险管理的目标和过程

（一）风险管理的目标

风险管理是战略管理的重要组成部分，因此风险管理的目标应当和企业的目标高度一致。事实上，企业价值是企业管理的核心问题，当今财务理论的基本理念就是“价值最大化”，那么，风险管理的目标就是使企业价值最大化。对于企业来说，风险会减少公司价值（风险成本），不考虑其他因素，风险成本最小化和企业价值最大化是等价的。如果我们把实现风险成本最小化的手段称为风险管理，那么，风险成本最小化就是企业风险管理的总体目标。

然而，决策或行为对企业价值的影响经常是难以估测的，或者不进行估测，于是我们不得不设定一些原则来保证企业风险管理能够在不进行价值评估的前提下及时运作，这些原则就是风险管理目标的细分。

以损失发生为临界点，我们将风险管理目标分为损失发生前的风险管理目标和损失发生后的风险管理目标。损失发生前的风险目标是避免或减少风险事故的发生，包括节约经营成本、减少忧虑；损失发生后的风险目标是努力使损失的标的恢复到损失前的状态，包括维持企业的生存、生产和服务的持续、稳定的收入、承担社会责任。二者有效结合，构成完整的风险管理目标体系。

（二）风险管理的程序

企业的风险管理是这样一个过程：确定企业对风险的容忍程度；识别并衡量企业所面临的风险；监控并减少这些风险。

风险管理并不是为了最小化或消除企业所面临的所有风险。企业应当扩大其能够管控的风险敞口（指企业未经管控的风险），通过购买保险或者进行对冲交易等手段来缩小其不太能够或不能管控的风险敞口。实现有的放矢，合理安排企业面对不同风险时所利用的资源，在总的层面上将风险控制在可容忍的程度。

我们对风险管理程序的具体说明将在下一节展开，但为了更有逻辑地给出风险管理的概念，有必要提前了解一下。

二、风险管理的定义

从狭义上说，风险管理的概念和风险管理程序的概念是吻合的。如前所述，企业通过风险管理实现风险最小化，在这里正式给出风险管理的定义。风险管理是一项通过管理风险和机会从而影响企业价值创造的企业活动。具体地说，风险管理是从战略制定到日常经营过程中对待风险的一系列信念与态度，确定可能影响企业的潜在事项并进行管理，使风险最小化，为实现企业的目标提供合理保证。整体来说，风险管理是一个持续进行并贯穿整个企业的过程；受到企业各个层次人员的影响；在战略制定时得到应用；适用于各个级别和单位的企业；能够识别影响企业的潜在事项；能够为企业的管理层和董事会提供合理保证；致力于实现一个或多个单独但是类别相互重叠的目标。

三、风险管理的框架

风险管理以实现企业价值最大化为首要目标。在风险管理过程中，管理层可获取有助于有效评估总体资本需求和提高资本配置的重要风险信息。这些企业风险管理中固有的能力可以帮助管理层实现业绩和盈利目标，并防止资源流失。管理层制定平衡增长和收益及风险的战略和目标，并有效地配置资源，以实现企业的目标，规避障碍和意外，在此过程中实现企业价值最大化。因此，企业风险管理是包罗万象的，能应对企业融资、投资和商业计划的所有方面，比如策略计划、营销计划、运营计划、研发计划、管理及组织计划、预测和财务数据、融资、风险管理程序及业务控制，等等。

为应对诸多繁杂的业务和事项，风险管理应当有一个相对标准的流程以防止面临风险时手足无措，为此我们提出风险管理框架的概念。

一个完整的风险管理框架（或内容）包含以下活动：

（1）为风险管理确立过程和政策，这是风险管理正式化的起点。

（2）确定企业的风险容忍度。高收益对应高风险，企业决策不仅考虑收益同时考虑风险。管理层首先应考虑企业的风险偏好，然后为风险设定上下限（风险容忍度）。

（3）识别并衡量企业所面临的风险。

（4）管理并减少风险从而获得最优风险组合。

（5）随时监控风险敞口。实施风险管理后，企业识别潜在风险事件、评估风险及作出反应的能力得到提高，可以减少意外及附带成本或损失的情况。

（6）在企业中进行沟通。一方面，在程序和思维上培养企业所有人员，使得人人具有风险意识。另一方面，使涉及该项风险的人员参与风险管理，为风险的识别、评估和管理提供最全面的信息，避免决策失误。

（7）进行策略风险分析。

企业风险管理不仅是一种防御机制，还是一种使商机最大化的工具。风险管理还与企业的增长、风险及回报挂钩。企业接受风险是创造和保存财富的需要，可以预期获得与风险相当的回报。风险管理能提高企业识别和评估风险、确定与潜在增长及目标实现有关的可接受风险水平的能力。关于风险敞口的高质量信息能使管理层更加有效地了解自身总体需求，并改善资本分配。此外，用于识别风险的适当程序能激励相关人员深入思考，管理层通过全面考虑各种可能的事件识别和把握各种机遇。

第三节　风险管理的程序

上一节已经给出了风险管理的概念，它是这样一个过程：确定企业对风险的容忍程度；识别并衡量企业所面临的风险；监控并减少这些风险。具体而言，风险管理程序主要有以下几个步骤：确定风险容忍度、风险识别、风险评估、风险应对和风险监控。风险管理计划的主要目标是确定风险容忍度，同时确定关于风险管理的责任分担，完成风险管理的准备工作。制定风险管理计划主要包括：第一，明确风险管理的目标。风险管理成功与否在很大程度上取决于是否有一个明确的目标（风险容忍度）。因此，组织在一开始就要权衡风险与收益，表明对风险的态度——要寻求何种收益，能承担何种风险。第二，确定风险管理人员的责任以及与其他部门的合作关系。在实践中，风险管理计划常通过风险管理策略书来表达。如果不将风险管理计划纳入到风险管理程序的范畴内，我们只能得到风险管理程序的狭义概念（也就是说，之前给出的概念是广义的）。我们从风险识别、风险评估、风险应对和风险监控四个环节展开，更清楚地阐释这些概念，给出这些环节的基本方法。

一、风险识别

企业通过风险识别方法来识别业务各个方面存在的潜在风险，以及可能在合理的时间段内影响每项业务的较为重大的风险。

管理层需要充分了解企业所面临的风险。企业需要知道损失来自何处并能够找出出现损失的领域，应通过正式的检查程序来全面分析风险和损失。换句话说，企业应当通过风险识别方法来识别那些重要的、可能对运营产生影响的并且企业能应对的风险。风险识别程序要求在合理的时间段内发现风险，衡量发生风险的可能性大小，以便设计适当的损失控制和预防计划，来减少高风险的活动和高成本的损失事件。

风险识别方法的运用是风险识别的关键。风险识别方法有很多，针对不同类型的风险可以逐一排查，也可以枚举。风险识别的基本方法是风险清单，这是所有风险识别方法的前提。

风险识别的一般过程是：找出列明属于企业层面的重要设施及经营单位的高层级的组织结构图，在整个企业范围内实施风险识别程序以识别各独立领域的所有风险。企业内处于不同级别的成员将从不同的角度考虑某些相同的风险。高管层一般会注意与经营相关的一组风险，这些风险的水平不尽相同。所有这些风险至少应被识别出来，分别从经营单位及整个企业层面予以考虑。

这一过程的重点包括：

(1) 对公司人员和资产的构成和分布进行全面总结和分类。

(2) 对人和物所面临的风险进行识别和判断（核心步骤）。

(3) 分析损失的原因。

(4) 对后果与损失形态进行归类分析。

得出“可能面临风险”这一结论并不意味着风险识别工作就完成了，接下来还要分析风险的影响，是人员损失、财务损失、营业费用损失还是责任损失。将风险识别的一般过程和具体方法结合起来，能够较好地完成风险识别的任务。

二、风险评估

识别出对企业的各个层级有影响的重大风险后，下一步是对风险发生的可能性及重大程度进行评估。风险评估是指在风险事件发生之前或者之后（但还没有结束），对该事件造成的后果及其可能性进行的评估。风险评估程序不仅进行量化评估，也进行定性评估，因此风险评估方法既包括定量方法，也包括定性方法。

用以评估风险影响的常见的定性方法是制作风险评估系图。风险评估系图用于识别某一风险是否会对企业产生重大影响，并将此结论与风险发生的可能性联系起来。这种方法能够为确定业务风险的优先次序提供框架。如图 7—2 所示，与影响较小且发生可能性较低的风险（图中的点 2）相比，具有重大影响且发生可能性较高的风险（图中的点 1）更加值得关注。每种风险的重大程度及影响会因企业结构的不同而有差别。

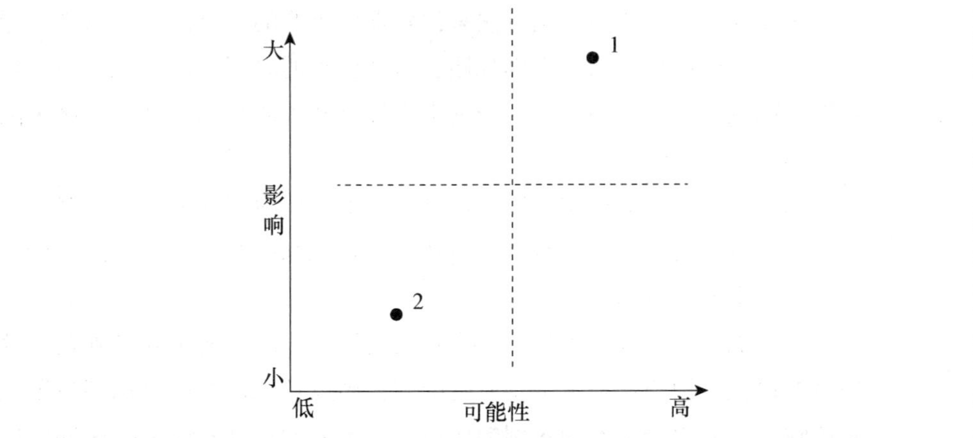

图 7—2　风险评估系图

情景设计也是一种定性评估方法，是指借助企业内部的讨论形成关于未来情况的各种看法。

定量方法或量性结合的方法主要包括敏感性分析、决策树、计算机模拟等。一般利用的数据来源于现有数据和计算机模拟数据。敏感性分析从改变可能影响分析结果的不同因素的数值入手，估计结果对这些数值变动的敏感程度。决策树常用于目标管理，以证实每个阶段存在的不确定性，根据每种结果出现的可能性及包含的现金流量，评估项目的期望值。计算机模拟利用概率分布和重复运行，为项目识别各种可能的情景和结果。

在评估风险时，应该留意风险的概率性质，了解独立事件的特点，在设定风险概率分布时考虑周全。

三、风险应对

风险应对包括两个方面：风险评级和应对策略。风险评级是指为评估后的风险划分等级。应对策略是指企业应对风险的态度和方式。将风险评级工作划分到风险评估中是合理的，因为风险评级是风险评估的结果；划分到风险应对中也是合理的，因为应对策略要配合风险评级，而风险评级更多涉及企业对风险的主观看法，与风险评估不同。两种观点都无可厚非，这里我们采用第二种观点，将风险评级划分到风险应对程序中。

（一）风险评级

企业的典型做法是检查风险评级，并得出一份列明潜在风险的清单。系统化的程序有助于识别风险以及对风险评级，这是非常关键的一步。有效的风险管理策略一般取决于量化的风险，而这常常通过概率模型分析得到。花费一定的时间和资源，利用工具和专门技术正确地量化公司的主要风险，对于后期的风险管理程序是有帮助的。此外，在识别、量化和缓解风险时，需要注意的一个关键要素是风险之间的相互影响和相互关系。例如，信贷风险的敞口可能影响市场价格风险；而运营风险，比如舞弊可能造成法律及名誉风险。应认识到不同公司活动的风险相互影响，这是目前大企业广泛采用的风险管理方法的基础。

下一步是按照已确定的重大程度和可能性估值计算风险评分，并识别最为重大的风险。根据影响及可能性，对风险进行优先次序的排列。评分较高的风险将被记入如图 7—2 所示的右上角的象限中，这被称作风险推动因素或主要风险。企业应将注意力放在这些主要风险上。

进行优先次序排列时，不应仅考虑财务方面的影响，更重要的是考虑对实现企业目标的潜在影响。并非所有风险经过识别后都是重大风险。非重大的风险应定期复核，特别是在外部事项发生变化时，应检查这些风险是否仍为非重大风险。

然后，风险评估小组要监察每一项被识别的风险，估计承担风险的成本。之后用成本乘以风险因素的概率，得出风险的期望值。风险评估小组应与企业内的其他专业人员合作计算风险估值。计算期望值时，无须对成本进行详细的研究，也不需要使用大量的历史趋势和估计。已识别风险的估值可作为持续的风险矫正决策的基础。

（二）应对策略

管理层可针对已评估的关键风险做出回应。可选的应对风险策略有风险降低、风险消除、风险转移和风险保留。管理层可以选择一个或多个策略。

1. 风险降低

风险降低，亦称风险缓解，是指将风险造成的损失降到可接受的水平。不同的实际情况适用不同的风险降低方法。常用的形式是风险分散，即通过分散的方法来降低风险，比如在多种股票而非单一股票上投资。不愿“将所有的鸡蛋放在一个篮子里”的企业采用的是风险分散策略。

另一种常见手段是套期。套期是减少金融风险的重要方式，是指交易商为预防不利的价格变动而采取抵消性金融操作。这种策略在很大程度上取决于套期成本、企业承受风险及潜在损失的能力。为进行套期开展的交易活动，不应被误解为投机行为而放弃。不同的套期工具对于各个公司来说，成本效益可能不同，是否适合需具体分析。企业还可以采用其他方法降低风险敞口，包括市场研究、地区及产品线的多样化、筛选和监控客户、外包等。

2. 风险消除

风险消除是指消除风险的发生，从源头上拒绝损失。采用风险消除的目的是预期出现不利后果时，一并化解风险。通常采用风险避免的方式消除风险，其他方法包括风险化解、风险终止等。

风险避免即放弃或不进行可能带来损失的活动或工作。例如，为了避免洪水风险，可以把工厂建在地势较高、排水方便的地方；为避免飞机失事的风险，不乘坐飞机。任何经济单位首先考虑的是避免风险，尤其是对静态风险尽可能予以避免。当风险所造成的损失不能由该项目可能获得的利润抵消时，风险避免是最可行的简单方法。

3. 风险转移

风险转移是指将风险转移给另一家企业、公司或机构。合同及财务协议是转移风险的主要方式。转移风险并不会降低风险的严重程度，只是从一方转移给另一方。

转移风险时，管理层应考虑各方的目标、转移的能力、存在风险的情形以及成本效益。其中一种转移风险的方式是购买保险，购买保险就是企业通过向非关联的第三方付款，让其代为承担风险。接受被转移风险的一方通常要收取保费。问题是，所支付的保费是否低于风险发生时的可能成本。即使企业相信其转移了风险，通常也不能完全不受影响。比如，将某一工程项目的风险转移给承包人，而承包人未能管理风险，导致项目推迟交付，即使承包人可能因推迟交付而面临处罚，但项目推迟已是在所难免。

4. 风险保留

风险保留指接受风险，是一种被动的应对策略。风险保留包括风险接受、风险吸收和风险容忍。采取风险保留的策略，或者是因为这是比较经济的策略，或者是因为没有其他备选方法（比如降低、消除或转移）。采用风险保留时，管理层需考虑所有的方案，即如果没有其他备选方案，管理层需确定已对所有可能的消除、降低或转移风险的方法进行了分析。此外，商业环境从来不是一成不变的，因此，企业在短期内可能面临新的备选方法，比如保险合同、外包或开发其他市场。要确保不会与备选措施失之交臂，并进行积极的风险管理。如果特意做出了保留风险的决策，那么管理层应清楚方案实施的影响及风险发生的可能性。

总之，风险策略是风险管理程序至关重要的一部分，应参照以前的活动制定风险对策。由于情况是不断发生变化的，必须紧跟风险识别和评估，立即实施应对策略。应仔细分析四种风险应对策略，即风险降低、风险消除、风险转移和风险保留，一旦为一种特殊风险确定了风险应对类型，就必须制定具体措施落实这一应对策略。

四、风险监控

对主要风险的识别不是单一的过程。经正规的集体讨论或其他程序识别的一系列风险所在的环境，将随着这些已识别风险性质的改变而迅速出现变化。某些环境条件改变后，可能使风险变成更严重的威胁。企业需要设立一项机制，对已识别的风险进行监控。风险监控是一个时时监测风险状况和变动、监控风险管理目标实现过程的程序，贯穿风险管理的全部过程。

风险监控可由程序的执行者或独立审查人员执行，如企业风险管理部门或内部审计师。

企业风险管理小组的成员能不断提供最佳的风险状况信息。企业根据正确的信息进行分析和预测，并持续对这些风险进行调研，提供对已识别风险的可能性的最新评估。企业应利用信息加强跟踪反馈，以便进行风险管理，精确调整损失控制程序，并采取新的行动进一步减少损失。如果企业能够识别可能导致重大损失、名誉损害或经营中断的主要缺陷，并且可以有效减少这些风险，避免产生重大影响，它们将实现风险评估和改进流程的最终目标。

内部审计师也常常能提供可靠且完善的信息，来监控已识别风险的当前状态。内部审计师可通过调查或面谈来收集此类信息。

准确的监控程序是风险管理中至关重要的一部分。企业可能执行了为识别较重大风险而精心设立的程序，但是仍然必须定期对风险的当前状况进行监控，必要时作出调整。

第四节　风险管理组织

风险管理是一个具体、经严密计划且正式的过程。进行风险管理，必须有规范的组织，风险管理组织或有形或无形地承担着风险管理的职能。不同的公司中，负责风险管理的部门以及人员的责任可能是不同的，这取决于高层管理者对风险管理的认识及需求。图 7—3 反映了一个典型的风险管理部与其他部门之间的关系。

在图 7—3 的结构中，风险管理部受风险管理委员会领导。风险管理委员会通常由 3～5 名董事组成，其工作主要包括三个方面：一是确保公司有完善的内部控制、规范的业务程序和适当的经营政策，使各种业务都受到有效的控制，并定期对内控情况和风险管理基础设施进行评估；二是清楚反映公司所面临的风险；三是批准所能承受的风险大小，并为承担风险损失提供所需的风险资本。

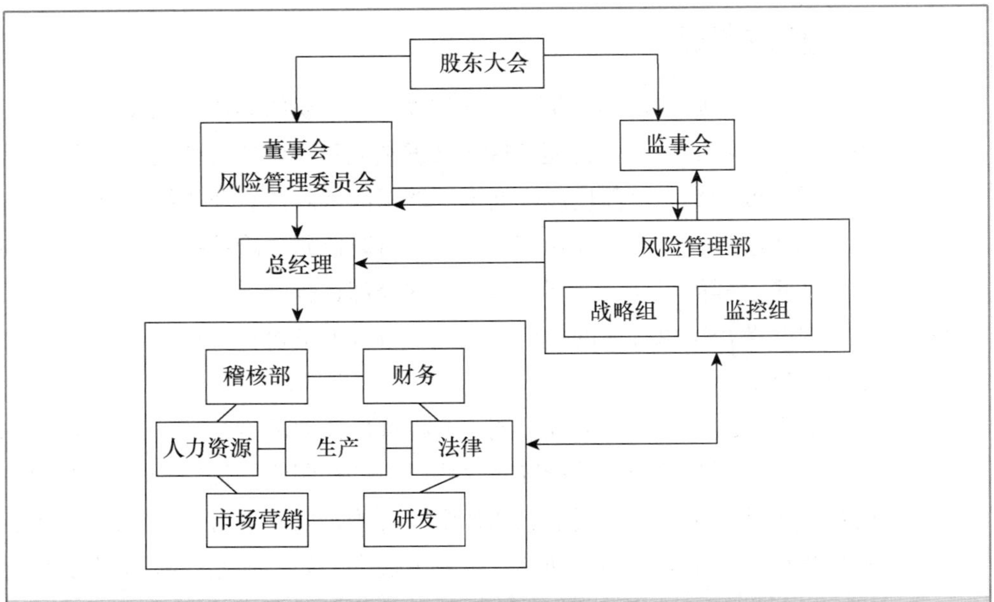

图 7—3　风险管理组织

风险管理部通常设有战略组和监控组。战略组的职责是制定公司的风险管理政策、风险管理制度、风险度量模型和标准等，及时修订有关办法或调整风险管理策略，并且指导业务人员的日常风险管理工作。

监控组的职能是贯彻风险管理战略，具体包括三个方面：第一，根据战略组制定的风险度量模型进行风险衡量、评估，持续监测风险的动态变化，并及时、全面地向战略组汇报风险状况；第二，监督业务部门的操作流程，促使各部门严格遵循风险管理程序；第三，审核和评价各业务部门采取的风险管理措施，评估各业务部门的风险管理业绩。

虽然风险管理主要是由风险管理部来完成的，但由于产生损失的原因多种多样，所以从理论上说，风险管理的整个过程不可能由风险管理部独立完成，而是由风险管理部和公司的其他主要部门一起完成，包括人力资源部、生产部、市场营销部以及财务部等。风险经理很可能介入一个公司很多方面的活动，例如，为雇员建立养老基金和医疗保险，调查影响并购和公司收益的风险因素，购买保险以转移风险。

复习思考题

1. 什么是风险？如何理解风险和不确定性之间的关系？
2. 风险应对策略有哪些？

第八章

风险识别

第一节　风险识别的方法

一、风险识别的基本方法：风险清单

风险清单是指由专业人员设计的标准表格和问卷，其中全面列出了一个企业可能面临的风险。一般来说，风险清单都很长，因为它们试图将所有可能的损失全部囊括在内，清单中的项目包括修理或重置资产的成本，伴随资产损毁的收入损失以及承担法律责任的可能性等。使用者对照清单上的每一项都要回答："我们公司会面临这样的风险吗？"在回答这些问题的过程中，管理者逐渐构建出本公司的风险框架。

风险清单通常表现为标准表格，其优点是经济方便，适合新公司、初次进行风险管理的公司或缺乏专业风险管理人员的公司使用。这些表格可以帮助企业系统地识别出最基本的风险，并降低忽略重要风险源的可能性。

但是，标准表格有两个较大的局限性。首先，由于这些清单都是标准化的，适合所有企业，所以针对性较差，一家特殊企业面临的特殊风险就可能没有包含进去。其次，这些清单都是在传统风险管理阶段设计出来的，传统的风险管理只考虑纯粹风险，不涉及投机风险，所以风险清单中没有关于投机风险的项目。风险经理在使用这些表格时，要认识到这些局限性，使用一些辅助手段来配合风险清单的使用，弥补风险清单的不足。风险分析调查表和资产暴露分析表是常见的辅助手段。

（一）风险分析调查表

风险分析调查表是由保险公司的专业人员及有关组织就企业可能遭受的风险进行详尽的调查与分析后做成的报告书，它包含所有的纯粹风险（不会带来收益的风险）。表 8—1 和表 8—2 是美国管理学会编制的风险分析调查表样表的表头和其中的财物内容表示例。

表 8—1　　风险分析调查表

公司名称	
部门	
通讯地址	电话
所收到的信息来自	
信息接收者	
会见日期	报告日期
基本情况描述	忠诚度表

建筑物与位置表	犯罪部分
财物内容表	公司运营中断表
火灾与保险表	公司运营中断损失
工厂玻璃	确定所需额外保险花费指南
电梯	运输表
锅炉与机器	船只和飞行器暴露表
	索赔与损失表
	关键人员福利

表 8—2　　风险分析调查表之财物内容表

1. 机器、设备、工具	
(a) 重置成本	
(b) 实际现金价值	
(c) 抵押情形：名称： 地址：	
2. 家具、器具、用品	
(a) 重置成本	
(b) 实际现金价值	
(c) 抵押情形：名称： 地址：	
3. 投资和改良物	
(a) 设置日期	
(b) 原始成本	
(c) 重置成本	
(d) 实际现金价值	
(e) 性质和内容	
(f) 评价基础	
4. 存货	
(a) 最高存量——成本	售价
(b) 最低存量——成本	售价
(c) 平均存量——成本	售价
(d) 现行存量——成本	售价
5. 有无上述财物之保管责任契约?	
6. 员工用品	
7. 有价值的文件和图表	
(a) 价值	再制成本

(b) 存放何处	
(c) 性质内容	
8. 电子资料处理设备	
(a) 假如自己所有，价值多少？	
(b) 假如承租而来，租赁契约副本	
(c) 假如承租而来，由谁负责毁损的责任？	
(d) 受损资料的重置费用	
(e) 卡带有保存副本吗？	存放在何处
有潜在的营业中断情况吗？	
他人使用情况	使用人资格
有关契约责任的副本	

(二) 资产暴露分析表

美国管理学会设计的资产暴露分析表供企业界使用，如表8—3所示。该表的内容分为两大类：一类是资产，包括实物资产和无形资产；另一类是损失暴露，包括直接损失暴露、间接损失暴露和第三方责任损失暴露。通过对资产和相应损失的记载，识别发生在这些资产上的风险。

表8—3　　资产暴露分析表

资产
A. 实物资产
1. 不动产
2. 动产
3. 其他资产
B. 无形资产
1. 外部资产
2. 内部资产
损失暴露
A. 直接损失暴露
1. 不可控制和不可预测的一般损失暴露
2. 可控制或可预测的一般损失暴露
3. 一般财务风险
B. 间接损失暴露
1. 所有直接损失暴露的影响
2. 额外费用——租金、通信、产品
3. 资产集中
4. 风格、形式的变化

5. 破产——雇员、管理人员、供应商、消费者、顾问
6. 教育系统的破坏——民族的、政治的、经济的
7. 经济波动——通货膨胀、萧条、衰退
8. 流行病、疾病、瘟疫
9. 替代成本上升、折旧
10. 版权或专利权遭到侵犯
11. 成套、成双、成组部件的遗失
12. 管理上的失误
13. 废品
C. 第三方责任损失暴露
1. 广告商和出版商的责任
2. 机动车责任
3. 合同责任
4. 董事长和高级员工的责任
5. 玩忽职守责任
6. 非所有权责任
7. 产品责任
8. 铁路责任
9. 水上交通责任
10. 土地权
11. 业主责任

二、风险识别的辅助方法

在运用风险清单的过程中，还需要配合其他辅助方法作为补充，才能识别出风险清单中没有包括的特殊风险。风险识别的辅助方法有很多，常用的有头脑风暴法、财务报表分析法、流程图法、事故树分析法、现场检查法等。

（一）头脑风暴法

应用在风险管理中的头脑风暴法是指动员知悉情况的人迅速给予答复，把他们第一个想到的事情说出来。之后由风险管理小组对集体讨论后识别的所有风险进行复核，并认定核心风险。优点是相对快捷，缺点是与风险清单之间可能的脱节会导致识别不充分。

（二）财务报表分析法

财务报表分析法是由克里德尔（A. H. Criddle）于 1962 年提出的。首先，因为任何企业的经营活动最终涉及的不是现金就是财产，所以对这些项目进行研究非常可靠和客观。其次，财务报表很容易得到，不需要花费大量的时间实地采集资料和绘制特别的图表。再次，应用财务报表法进行风险识别的结果也是用财务术语的形式表达的，企业中其他管理人员和银行家等外部人员易于接受。最后，虽然财务报表法在初期只是用来识别纯粹风险，但实际上因为财务报表中也包含投机风险的信息，所以这种方法也可以用来识别企业的投机风险。

企业重要的财务报表有资产负债表、利润表、现金流量表等。资产负债表提供损失暴露的信息，利润表体现公司业务盈亏风险的来源，现金流量表则反映现金流的风险。

（三）流程图法

流程图法是根据生产过程或管理流程来识别风险的方法。应用这种方法时，首先要将企业的生产运营过程按照各阶段的顺序绘制成图。流程图的类型有很多，按流程的内容划分，可分为内部流程图和外部流程图；按流程的表现形式划分，可分为实物流程图和价值流程图。

1. 内部流程图和外部流程图

只包含生产制造过程的流程图叫做内部流程图，包含供货和销售的流程图称为外部流程图。图 8—1 和图 8—2 是某制衣公司的内部流程图与外部流程图示例。

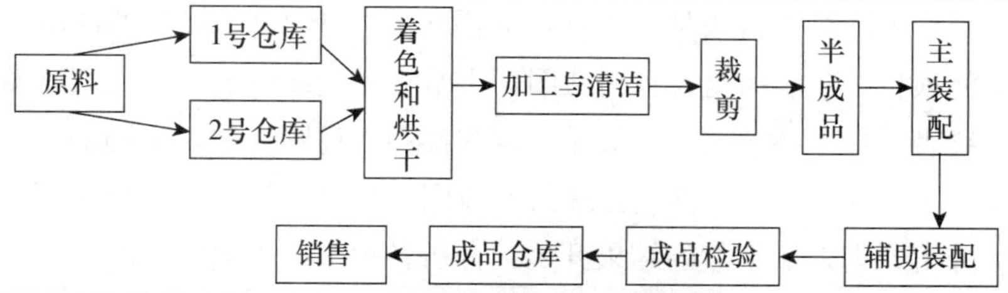

图 8—1 某制衣公司的内部流程图

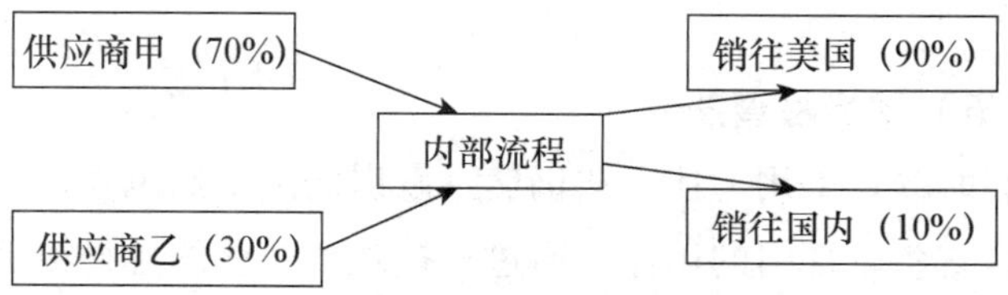

图 8—2 某制衣公司的外部流程图

由图 8—1 可以看出，布匹原料进入 1 号仓库和 2 号仓库后，开始着色、处理和烘干，2 号仓库中的辅料直接进入加工与清洁程序，然后送至半成品库，主料裁剪后也进入半成品库。接下来的流程都是单线的，即成衣经主装配和辅助装配后，进行成品检验，合格品放入成品仓库，开始销售。

外部流程图突出了外部流程。从图 8—2 可以看出该制衣公司有甲、乙两个供应商，其供应原料的比例分别为 70%和 30%。公司产品大部分销往国外，只有 10%的产品在国内市场上销售。单从外部流程来看，国外市场行情、政策信息对于该公司的风险识别都至关重要。

2. 实物流程图与价值流程图

实物流程图反映的是某种产品从原材料供应到成品完成的生产全过程，除了像上述流程图那样将各个生产环节按照顺序用带箭头的线连接起来，每个环节（如车间 A、仓库 B）还标出产品名称，连线上则标出流动产品的数量。从实物流程图中可以明显看出各个生产环节之间的依赖关系。例如，车间 A 的产品供应给车间 C 和 D，车间 C 生产出的材料又供应给车间 E 等。由于连线上标出了产品流动的数量，如果某个生产环节出现问题，其他环节所受的影响就很容易推断出来。

价值流程图和实物流程图非常相似，所不同的是，在实物流程图中，各环节以及环节之间的连线上标出的是物品的名称和数量，而价值流程图标出的是物品的价值。流程图的优点在于清晰、形象，基本能够揭示出生产经营环节中的风险。但流程图只强调事故的结果，并不关注损失的原因。

（四）事故树分析法

事故树分析法是美国贝尔电话实验室于 1962 年首先提出的，最早应用于空间项目。事故树是一种树状图，由节点和连线组成，节点表示某一具体环节，连线表示这些环节之间的关系。这些都和流程图相似，不同的是，流程图关注的是结果，而事故树关注的是事故的原因。它是一种逻辑分析过程，遵循逻辑演绎的分析原则，从事故的结果开始，分析各种引起事故的原因。

事故树法既可以进行定性分析，也可以进行定量分析，既可识别系统的风险因素，也可以求出事故发生的概率。事故树分析法简单、形象，逻辑性强，应用较广泛。

（五）现场检查法

有时候，采用上述方法仍然难以识别出全部风险，需要风险管理人员到现场实际检查各个部门的运作，通过直接观察企业的各种设施及各项操作，深入了解企业的活动和行为方式，以确定存在的风险。

在进行现场检查前要做好充足的准备，对所要调查的部门及其风险暴露做一个大致的了解，准备好现场调查表，对所调查的每个项目进行填写。

现场检查的优点非常明显，风险管理人员可以借此获得第一手资料。同时，在实践中，虽然这是风险管理人员最直接发现风险的方法，但他们不可能时刻在生产经营的第一线，最了解企业运作的是一线人员，而他们又不一定都有非常敏锐的风险意识，但风险管理人员可以从他们的介绍中觉察到风险。这样，在现场检查之余，和其他部门的交流就显得极为重要，而与各部门管理人员建立和维持良好的关系也有助于管理水平的促进。这种交流既可以是口头的经常性报告，也可以是书面的定期报告。一套完善的交流制度是现场调查的有效补充，风险管理人员通过这种交流不仅可以认识到现场调查时没有发觉的风险隐患，还能随时掌握在两次现场调查之间出现的新风险。现场检查方法的最大缺点是需要花费大量的时间，成本较高。

第二节 企业面临的一般风险

对企业面临的风险形成清晰的认识是风险识别的前提和基础，也是风险管理的起点。

一、政治风险

政治风险是指完全或部分由政府官员行使权力或因政府组织的行为而产生的不确定性。政治风险更多地与海外市场（尤其是发展中国家）风险有关。

1. 征收风险

指东道国政府对外资企业进行征用、没收或国有化的风险。东道国中央、地方政府不公开宣布直接征用企业的有形财产，而是以种种措施阻碍外国投资者有效控制、使用和处置本企业的财产，使得外国投资者的股东权利受到限制等而构成事实上的征用行为。

2. 汇兑限制风险

也称转移风险，指由于东道国国际收支困难而实行外汇管制，禁止或限制外商、外国投资者将本金、利润和其他合法收入转移到东道国境外。

3. 战争和内乱风险

这类风险指东道国发生革命、战争和内乱，致使外商及其财产蒙受重大损失，无法继续经营。

4. 政府违约风险

指东道国政府非法解除与投资项目相关的协议或者违反或不履行与投资方签订的合同。

5. 延迟支付风险

它是由于东道国政府停止支付或延期支付，致使外商无法按时足额收回到期债券本息和投资利润所带来的风险。

6. 进口配额和关税

进口配额和关税用于限制在东道国的子公司从其控股公司购买投放到国内市场上销售的产品数量。有时候东道国会要求征收额外税收，目的是为本地企业提供竞争优势。

政治风险具有难以预测的特点。可以通过咨询了解该国政治环境的专家、研究决策前发生在该国的案例、分析类似环境下政治风险可能的类型来识别政治风险。应当具有远见，瞻前顾后，触类旁通，减少识别不足引起的慌乱。

二、法律风险

法律风险是指基于法律规定或合同约定，由于企业外部法律环境发生变化或法律主体的作为及不作为，而使企业承担负面法律责任或后果的可能性。

首先，风险存在的前提条件是法律对其有相关的规定或者合同对其有相关的约定；其次，引发风险的直接原因包括企业外部法律环境发生变化，即企业自身或其他当事人（法律主体）做出某种行为或没做出某种行为（作为或不作为）；最后，风险发生会导致企业承担负面的法律责任或后果。一个风险只要同时具备这三个要素，就可以被认定为企业法律风险。

（一）企业外部存在的法律风险因素

1. 法律法规不断出台和修订

由于我国实行市场经济时间不长，各种法律法规不尽完善，随着经济社会的不断发展，规范经济活动的法律法规处于经常变化和不断完善当中。企业的经济活动总是按照一定的惯性进行，有可能导致企业违反法律法规的规定，从而带来法律风险。

2. 市场竞争对手的行为

在市场经济条件下。企业之间进行着激烈的竞争。每个企业为了自己的生存与发展，在激烈的竞争中处于有利地位，总是千方百计地采取各种手段，包括利用竞争对手对法律法规的无知或法律意识的淡薄来打压竞争对手。比如，有些企业的商标保护意识比较淡薄，没有及时注册商标而被对手抢注，使自己遭受不该有的利益损失。目前，许多企业置身于国际竞争之中，竞争对手更强大，竞争手段更加难以防范。经济活动所涉及的法律越来越复杂，企业面临的法律风险越来越大。

3. 其他非企业方面的因素

导致企业承担法律责任的其他非企业方面的因素主要包括意外事件、不可抗力、外部侵权等。尽管企业尽力去规避法律风险，但仍有许多法律风险无法规避，如具有不可抗力的自然灾害，行政部门、其他单位主体及企业外部人员对企业合法权益的侵害等，都可能使企业面临法律风险。

（二）企业内部存在的法律风险因素

1. 企业员工违反法律法规或合同的约定

企业的经济活动是靠员工来进行的。由于一些员工不懂法或法律意识淡薄，甚至有的员工为了个人的私利不惜牺牲企业的利益，在经济活动中违反法律法规或合同的约定，导致企业面临法律风险。尤其是有些企业管理者习惯“家长式”管理，不懂法或法律意识淡薄，一旦决策失误，违反了法律法规，就会使企业面临更大的法律风险。

2. 企业管理制度不完善或执行不到位

企业的经济活动需要管理制度加以规范。而管理制度是由人制定的，由于人的认识能力是有限的，所以，管理制度不可能完美无缺，或多或少存在缺陷和漏洞，使企业面临法律风险。尽管企业制定了管理制度，用以指引、规范、约束各部门和员工的行为，但是有些部门或员工违反管理制度的规定或者执行管理制度不到位，也会导致企业面临法律风险。

三、操作风险

操作风险是指企业在进行基本操作时面临的风险。换句话说，操作风险是指因不充分的或失灵的内部程序、人员和系统或者外部事件而产生损失的风险。操作风险是大多数企业面临的最大风险之一，与企业的运作紧密关联。具体来说，员工职位空缺、内部流程失效和舞弊是主要的操作风险。

建立标准化数量指标是识别操作风险的有效手段。(1) 员工方面，空缺职位的数量、有职位空缺的期间和加班情况等都可以作为衡量操作风险是否存在的标准，一旦有偏离可接受范围的情况，企业就需要小心。(2) 运作方面，相关指标包括已利用和未利用容量百分比、控制界限、系统失效频率、系统结束时未处理的项目数量、交易量、平均和最长处理时间、生产力水平等。(3) 舞弊方面，相关指标包括舞弊或舞弊未遂事例的数量和价值、破坏安全系统未遂的次数等。

另一种识别操作风险的手段是风险自我评估表。管理层对企业内不同层级采用不同的调查问卷，要求每个人回答一系列的综合问题，以对其负责的领域进行自我评估。企业根据收集的评估结果识别操作风险。

四、项目风险

项目风险是指可能导致项目发生损失的不确定性。风险的来源是项目本身。不同类型的项目有不同的风险，相同类型的项目由于所处的环境、时间、客户及项目团队，采用的技术、工具及方法不同，项目风险也多种多样。为了有针对性地对项目进行管理，有必要在对项目风险进行分类的基础上，针对不同类别的风险采取不同的管理策略。根据产生的原因，可将项目风险划分为以下类别。

1. 技术风险

项目采用的技术与工具是项目风险的重要来源之一。一般来说，项目中采用新技术或技术创新是提高项目绩效的重要手段，然而，新的技术如果未经证实或未被充分掌握，反而会影响项目的成功。技术水平的发展状况、技术支持、技术特有要求、技术是否成熟和具有适应性以及产品的可靠性、可维修性等均可能导致产生技术风险。

2. 管理风险

管理风险涉及项目管理的整个过程，如项目决策、授权分配、进度管理、资源分配（包括人、财、物）、项目质量管理以及分包商管理等。

3. 组织风险

产生组织风险的一个重要原因是项目决策时所确定的项目范围、时间及费用之间的矛盾。项目范围、时间和费用是项目的三个要素，它们之间相互制约。不合理的匹配必然导致项目执行困难，从而产生风险。项目资源不足或资源冲突可能会导致风险。组织中的工作氛围同样会导致一些风险产生，如团队合作和人员激励不当导致人员离职等。

4. 经济风险

项目进行过程中常常会遇到未预料的事件，导致成本超支的风险。

5. 法律风险

项目执行要求与各方签订合同，如招投标合同、承包合同、劳动合同、采购合同等。若管理不善，很容易产生法律风险。

6. 外部风险

项目外部风险主要指项目的政治环境、经济环境、自然环境等因素的变化，与项目相关的法规和标准的变化，组织雇佣关系的变化，如公司并购等。

在项目生命周期中，从概念阶段到收尾阶段，项目的信息越来越多。如设计框架从开始的不确定，到简单的框架，到详细方案、执行、结项，有关设计的信息由少到多，由不明确到明确。风险识别在项目开始初期由于信息等条件限制得到的结果是初步的，随着项目的进行，风险识别越来越深入，结果越来越可信。所以，风险识别贯穿项目的全过程。风险识别的任务是确定项目风险来源、项目风险事件和项目风险表现。项目风险中有些风险属于常规风险，利用统计资料和相关风险资料就可以发现，而那些隐蔽的风险必须靠管理者的智慧和经验去整理、归纳和分析才能发现。项目风险识别的主要环节及过程如图

8—3 所示。

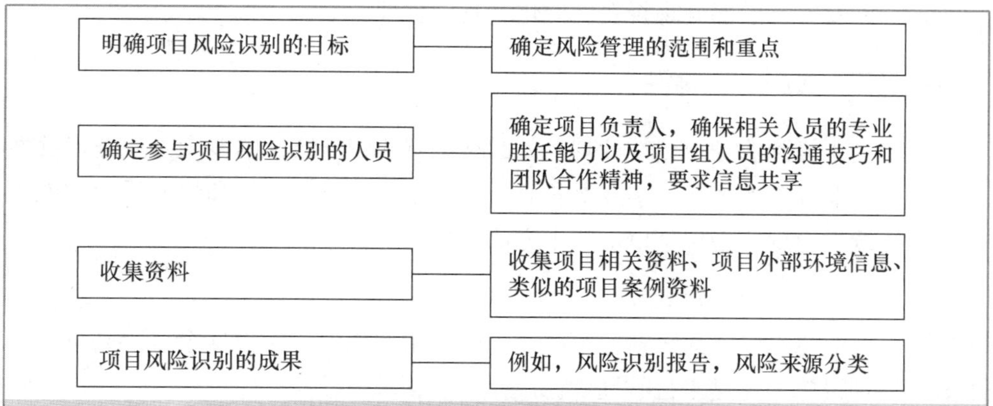

图 8—3　项目风险识别的环节及过程

应当尽可能地识别所有风险，并将它们进行分类，对各种风险事件的可能后果、预计发生时间、发生频率、风险事件的特征进行说明。

第三节　业务连续性计划

一、业务连续性计划的定义

参照英国标准 BS 31100:2008 的定义，业务连续性计划是一个能够明确企业所面临的潜在威胁及业务运营的影响因素的整体管理流程。这些潜在威胁一旦发生，可能带来致命的影响。该管理流程能够为企业修复能力的建立提供框架，使得企业具备快速反应的能力，确保投资者的利益不受影响，保证企业声誉、品牌价值及高附加值活动的效度不受威胁。

业务连续性计划是风险管理不可分割的组成部分之一。由于信息网络的建立，一些极端情况（例如极端天气、恐怖袭击、瘟疫和政治事件等）所产生的不稳定因素可能引起恐慌情绪。除了这些来源于企业外部的威胁，企业内部的一些因素也有可能对企业的持续经营产生重大影响。业务连续性计划就是在对企业存亡产生影响的事件发生时起作用的风险管理。

从定义来看，业务连续性计划是一个管理流程，这是因为它是风险管理的一部分，会在适用的情况下起作用，给投资者带来安全感。实际上这个应急计划是企业给自己上的最后一道保险。

制定企业业务连续性计划之后，要确保该计划切实可行，把它变成活动的文档。如果企业的经营和流程发生变化，那么业务连续性计划也应当相应变化以保证时效性。业务连续性计划是一个全方位的计划，从企业的高层、中层到基层都应该有适合自己的业务连续性计划。每个员工都应该定期考察业务连续性计划中涉及自己的部分是否发生变化、是否合理。

二、业务连续性

说到业务连续性计划，就必须了解业务连续性的概念。业务连续性是指为保证业务连续运转，企业所具有的应对风险、自动调整和快速反应的能力。业务连续性至少应当包括以下三个方面的内容。

1. 高可用性

指在发生故障情况下继续访问应用的能力，无论这个故障来自业务流程、物理设施，还是来自软硬件。

2. 连续操作

指当所有设备无故障时保持业务连续运行的能力。用户不应仅仅因为正常的备份或维护而停止应用。

3. 灾难恢复

指当灾难破坏生产中心时，在不同的地点恢复数据的能力。

三、业务连续性计划的基本程序

（一）危险评估

风险管理的风险识别和风险评估过程在业务连续性计划中同样适用。危险评估是指认识并分析各种潜在危险的结果，尽管在此处名称不同，但它完成的就是风险管理中的风险识别和风险评估工作，目的和手段是一致的。

危险评估的最后应该有一份关于危险效益分析的详细的报告，描述有哪些危险，需要采取哪些保障业务连续性和减少危险的措施，同时要有收益分析，还应该描述清楚任何现有的前提或者限制因素。

（二）业务影响分析

业务影响分析类似于风险评估程序，只不过我们主要关注业务方面的影响。业务影响分析实质上就是对关键的企业功能以及当这些功能失去作用时可能造成的损失和影响的分析。通过业务影响分析，可以了解恢复业务的方式，称为业务恢复需求分析。业务影响分析的目的是衡量影响业务连续性的危险，换言之，衡量企业各种功能的特征。一般来说，我们将企业的各种功能分为关键功能、基础功能、必要功能和有利功能，不同功能受到损害，遭受的损失是不同的。业务影响分析划分出企业的功能，同时指出风险的性质。

如果关键功能中断或失效，就会彻底危及企业的业务并造成严重损失；基础功能一旦失效，将会严重影响企业长期运营的能力；必要功能受损，企业可以继续运营，但效率会在很大程度上受到限制；有利功能的缺失不会影响企业的运营能力。

根据各种功能的恢复需求，企业可为上述各类功能制定标准的恢复时间框架和恢复顺序。按受损后对企业正常运营的影响顺序，从关键功能到有利功能要求的恢复时间逐渐变长，恢复顺序逐渐靠后。

（三）策略

业务连续性计划的策略实质上是风险应对程序中的应对策略。具体来说，包括：

1. 预防

预防的目的在于减少灾难发生的可能性。有关预防的策略应该包括制止控制和预防控制。制止控制可以减少危险发生的可能性。预防控制则是保护企业的薄弱区域，以防范危险的发生并降低其影响。

2. 响应

响应就是当危险发生时的反应。它必须能够阻止危险进一步扩大，评估危险的程度，通过与外部世界的正常联络挽回企业的声誉，并启动必要的恢复时间表。

对业务中断的第一反应应该是告知所有相关人员。必须事先制定好告知程序，还得有逐步扩大的机制。完成告知后，进行风险评估，设定风险应对策略，及时控制风险，防止进一步蔓延。

3. 业务恢复

业务恢复是启动时间敏感度稍低的业务流程。业务恢复的开始时间取决于接续那些时间敏感的业务流程需要的时间。

4. 复原

复原是修复并恢复主要的经营场所。最终要在原有的场所或者一个全新的场所完全恢复所有的业务流程。

复习思考题

1. 什么是风险清单？风险清单的作用是什么？
2. 阐述财务报表分析法在企业风险识别中的作用和特点。
3. 企业存在哪些法律风险？如何防范？
4. 什么是企业业务连续性计划？其风险应对策略有哪些？

第九章

财务风险管理

第一节　财务风险及衡量

一、财务风险及分类

广义的财务风险（financial risk）是指企业因未来财务状况不确定而导致实际财务结果与预期财务结果发生偏离，从而蒙受损失的可能性。按照不同的分类方法，财务风险分为不同的类型。按财务活动的主要环节，可分为流动性风险、信用风险、筹资风险、投资风险等；按可控程度，可分为可控风险与不可控风险；按能否通过多元化投资方式分散风险，可分为不可分散风险和可分散风险；按风险可能产生的结果，可分为静态风险和动态风险；按风险涉及的层次和范围，可分为微观风险和宏观风险；根据财务风险是否与现金有关，可分为现金风险和非现金风险；按照财务风险产生的原因不同，可分为制度性财务风险、固有财务风险和操作性财务风险等。

二、财务风险衡量

衡量财务风险有定性方法和定量方法。定性方法主要包括专家意见法、情景分析法等；定量方法主要运用财务报表的数据进行计算分析。图 9—1 列示了财务风险识别和评估的方法。

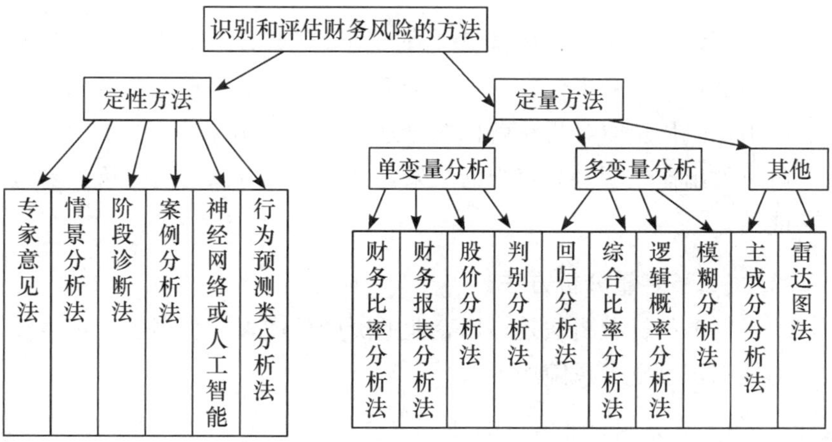

图 9—1　识别和评估财务风险的方法

（一）定性分析方法

1. 专家意见法

专家意见法以专家作为索取信息的对象，各领域的专家利用专业理论与丰富的实践经验，找出各种潜在的风险并对其后果作出分析和估计。专家意见法可以进一步分为专家个人意见法、德尔菲法、头脑风暴法。

以德尔菲法为例，它是在决策过程中集中众人智慧进行科学预测的风险分析方法。在识别财务风险时，先要组成专家小组，一般由具有风险管理经验的专家组成，可采用信函的形式向专家提出要解决的问题，并提供所需要的资料专家依据这些资料提出自己的意见，将回答的各种意见汇总，列成图表，归纳分析，并匿名再次反馈给有关专家，据以征求其意见，然后再次综合反馈，如此反复多次，直至得到比较一致的意见为止。收集意见和信息反馈一般要经过若干轮次。德尔菲法的优点是简便易行，具有一定的科学性和实用性，可以避免传统会议讨论时产生的随声附和或固执己见等弊病，同时也可使大家发表的意见较快地集中起来，参与者也容易接受最后的结论。结论具有一定的综合性，得出的意见比较客观。

2. 情景分析法

这是财务风险分析的一种常用方法。它通过有关的数据、曲线、图表等对组织的未来状况进行描述，找出引起有关风险的关键因素，然后进行试验，即变换这些因素，分析出现的风险及其后果，每次变换即产生一个情景。通过对多个情景的分析，可以发现各种情况或事态发生变化时整体的发展趋势，进而识别风险。

情景分析法的关键就在于将问题分解成若干个情景进行分析。企业财务活动的不确定因素众多，如果一个个考虑，工作量非常大，效果不一定好。在这种情况下，采用情景分析法就比较合适，只需模拟未来状况的若干情景并加以分析，就可得出比较明确和直观的结果，这种方法可以帮助分析人员考虑各种问题的可能性。

（二）定量分析方法

财务指标分析法是指以企业的资产负债表、利润表和现金流量表等财务报表为依据识别财务风险的方法。

1. 单项财务指标分析法

即分别采用单一的财务指标识别和评估企业财务风险。在识别和评估财务风险时，通常需要对企业的偿债能力、盈利能力、营运能力等进行衡量。

（1）偿债能力指标。偿债能力指标分为衡量短期偿债能力和长期偿债能力的指标。其中，衡量短期偿债能力通常有以下指标：

1）流动比率（即流动资产/流动负债）和速动比率（即速动资产/流动负债）。不同行业企业的流动比率和速动比率通常有明显差别。生命周期越短的行业，合理的流动比率通常应当越低。

2）现金比率（即(货币资金＋交易性金融资产)/流动负债）。该比率假设现金资产是可偿债资产，表明1元流动负债有多少现金资产作为偿还保障。

3）现金流量比率（即经营现金流量/流动负债）。该指标说明企业通过经营活动所获得的现金净流量可以用来偿还现时债务的能力。比率越大，说明企业流动性越大，短期偿债能力越强。

衡量长期偿债能力通常运用以下指标：

1）资产负债率（即负债/资产）。该指标可以衡量企业在清算时保护债权人利益的程度。资产负债率越低，企业偿债能力越有保证。它的另外两种表现形式是产权比率（即负债总额/股东权益）和权益乘数（即总资产/股东权益）。它们是常用的财务杠杆指标，反映特定情况下资产利润率和权益利润率之间的倍数关系。

2）长期资本负债率（即非流动负债/(非流动负债＋股东权益)）。该比率反映企业长期资本结构。

3）利息保障倍数（即息税前利润/利息费用）。利息保障倍数越大，企业拥有可用于偿还利息的资金越多。如果利息保障倍数小于1，表明企业自身产生的经营收益不能支持现有的债务规模。企业还可计算现金流量利息保障倍数（即经营现金流量/利息费用），它比收益基础的利息保障倍数更可靠，因为实际用以支付利息的是现金，而不是收益。

4）现金流量债务比（即经营现金流量/债务总额）。表明企业用经营现金流量偿付全部债务的能力。比率越高，偿付债务能力越强。

（2）盈利能力指标。衡量盈利能力通常有以下指标：

1）销售利润率（即净利润/销售收入）。该比率越高，说明企业的盈利能力越强。

2）资产利润率（即净利润/总资产）。虽然股东的报酬由资产利润率和财务杠杆共同决定，但财务杠杆的提高会同时增加企业风险，且有诸多限制，因而资产利润率是衡量企业盈利能力的关键指标。

3）权益净利率（即净利润/股东权益）。它反映企业权益资金的投资收益水平。一般情况下，该比率越高，表明权益资金获取收益的能力越强，对企业投资者、债权人的保障程度越高。

4）总资产报酬率（即(利润总额＋利息支出)/平均资产总额）。它反映企业资产综合利用效果。该指标越高，表明企业的资产利用效益越好，企业整体盈利能力越强。

（3）营运能力指标。衡量营运能力通常有以下指标：

1）总资产周转率（即主营业务收入净额/平均资产总额）。该指标是综合评价全部资产的经营质量和利用效率的重要指标。该指标越高，表明以相同的总资产完成的周转额越多，总资产的利用效果越好。该指标的另外两种表现形式是总资产周转天数（即365/(销售收入/总资产)）或总资产与收入比（即总资产/销售收入）。

2）流动资产周转率（即销售收入/流动资产）。该指标反映了企业流动资产的周转速度。该指标的另外两种表现形式是流动资产周转天数（即365/(销售收入/流动资产)）或流动资产与收入比（即流动资产/销售收入）。进一步的分析还可计算应收账款周转率（即应收账款周转天数）、存货周转率（即存货周转天数）等。

3）非流动资产周转率（即销售收入/非流动资产）。该指标反映了企业非流动资产的周转速度。

在使用单项财务指标识别财务风险之前，一般需要为有关指标设定一个临界值，或拟定一条风险警戒线。临界值的确定可以采用惯例，也可以采用同类企业的标准，或用经验判断法等加以确定。

单项指标分析法虽然比较简单，但是不同财务指标的预测方向与能力经常有相当大的差距，有时会产生对于同一套财务数据使用不同财务指标得出不同结论，甚至互相矛盾的情况。因而，在实务中更多采用多项财务指标分析法。

2. 多项财务指标分析法

多项财务指标分析法针对单项财务指标分析法的弊端而设计，将不同财务指标纳入到一个综合的模型当中，得出一个具有内在一致性的评估结果。由于综合考虑了反映企业财务状况多个方面的因素，多项指标比单项指标更能全面准确反映企业财务风险。用于多项财务指标分析的具体方法主要有以下几种：

（1）Z 分数模型。该模型最早由美国的爱德华·阿尔特曼（Edward Altman）于1968年提出。Z 分数模型采用多元线性函数的形式，最初采用5种财务比率进行加权汇总产生总判别值，以对企业的财务状况进行预测。Z 分数模型的原始判别函数为：

$$Z=1.2X_1+1.4X_2+3.3X_3+0.6X_4+1.0X_5$$

X_1=(期末流动负债－期末流动资产)/期末总资产

X_2=期末留存收益/期末总资产

X_3=息税前利润/期末总资产

X_4=期末股东权益的市场价值/期末总负债

X_5=本期销售收入/总资产

该模型的判断标准为：$Z>2.675$ 表示财务状况良好，发生破产的概率很小；$1.81<Z<2.675$ 表示财务状况不稳定，为灰色地带；$Z<1.81$ 表示财务失败的可能性极大。

（2）杜邦财务分析法。它是财务分析的传统方法之一，是根据财务指标的内在联系建立财务分析指标体系，以综合分析企业财务状况。以净资产收益率作为分析起点，按照贡献因素分为总资产周转率、销售净利率和权益乘数，分别反映企业的资产管理状况、盈利能力和负债经营状况。层层分解的结果是把净资产收益率指标具体化，定量反映企业财务风险，从而得到比单项指标更有价值的信息。

（3）相对流动性指标（DRL）模型。DRL 模型通过预计潜在现金与预计正常现金支出的比例来评估企业财务风险。

$$DRL=\frac{TCP}{E}=\frac{WC+OT+SVI}{NSV-(NI+NON)-WCC}$$

式中，TCP＝总潜在现金；E＝正常经营的现金支出；WC＝期初营运现金；OT＝销售收入/[应收账款＋库存产成品×(销售收入/销售成本)]；SVI＝库存产成品×(销售收入/销售成本)；NSV＝销售收入；NI＝净利润；NON＝非付现费用（主要指折旧和摊销等）；WCC＝期末营运现金－期初营运现金。

如果 $DRL>1$，表明企业财务状况良好，有足够的现金偿付流动负债，短期不会发生财务危机；如果 $DRL<1$，表明企业财务状况不稳定，DRL 值越小，财务状况越差，如无法取得外部资金，企业前景堪忧。

（三）非财务指标与财务指标的结合

传统的财务风险模型在选择自变量时采用可量化的财务指标，在评价方法上采用数学统计方法，使财务风险信息显示为一些客观和精确的数据。然而，事实上，财务风险是一个复杂的概念，企业管理者的风险意识高低、财务人员的认识深浅、企业的生存环境是否发生变化等非量化或主观的因素也在很大程度上影响着企业财务风险的高低。因此，在进行定量分析的同时，也需要考虑到重要的非财务指标对企业财务风险的影响，从而更加全面地判断企业面临的财务风险。

20 世纪 80 年代以来，越来越多的国内外学者开始意识到上述问题，认为单纯以财务指标来预警财务危机难以让人信服。为此，一些学者在引入非财务指标方面做了大量工作，引入一些值得考虑的非财务指标（见表 9—1）。例如，包括公司治理在内的管理因素，宏观经济和经济周期方面的考虑，企业研发、创新能力、市场定位以及外部环境等方面的因素，从而形成诸多有意义的评价指标体系。

表 9—1　　非财务指标与财务指标的结合

财务状况	财务指标	非财务指标
偿债能力	流动比率、速动比率、经营活动现金流量、负债等	资产的可变现能力
		负债的偿还期限
		及时获取外部融资的能力
盈利能力	净资产收益率、总资产报酬率等	宏观经济环境
		市场定位
		潜在盈利能力
		研发及创新能力
		核心竞争力
		市场占有率
营运能力	各种资产周转率	内部控制有效性：治理结构、股权结构、内审独立性
		企业文化
		经营发展战略
		顾客满意度

第二节　流动性风险控制

企业在资金运作中可能出现资金流动性不足的问题。流动性风险和流动性密切相关。流动性是指企业获取现金的能力和随时满足现金支付要求的能力。资产转化为现金的速度和成本体现了企业获取现金的能力，能偿还债务标志着企业的支付能力。流动性风险指企业资金的流动性出了问题，无法满足日常生产经营、投资活动的需要，或者无法及时偿还到期债务。流动性风险轻则给企业带来信用危机，重则使企业面临财务危机。即使一个盈利的企业也可能因为流动性不足而在短时间内破产。

为了保障经营活动的正常运转及持续发展，企业必须保持足够的资金流动性，这就要求对营业现金流和其他形态的货币资金的流入、流出进行有效管理。

一、流动性风险及其产生原因

流动性风险的产生可分为外生性和内生性两个方面。

（一）外生流动性风险

外生流动性风险是指企业因外部环境的变化而可能出现的流动性问题。例如，利率、汇率和证券价格等发生非预期变化，变动的结果使企业蒙受经济损失，即实际收益少于预期收益或实际成本超过预期成本。

企业外生流动性风险主要受两个因素影响：

1. 外部环境变动的不确定性

企业生产经营所面临的外部环境十分复杂。宏观经济政策、国际国内政治时局变化、自然灾害和其他一些偶发事件等都会对企业的经营造成影响，进而影响企业资金的流动性。例如，资金回收的安全性，与国家宏观经济政策尤其是财政金融政策紧密相关。在资金紧缩时期，资本市场疲软，企业产品销售困难，三角债务链规模大，造成资金回收困难。

2. 不同资产具有不同特征和属性，流动性差异较大

当受到外部冲击时，资产流动性受到的影响是不一样的。资产流动性与收益性是反向变动的，高流动性资产往往只有较低收益率，低流动性资产往往有较高收益率。例如，现金流动性最高，但其收益率最低；非现金资产流动性与现金相比较低，但其收益率要高得多。因此，企业资产结构的配置若不能保持流动性—收益性—风险性的均衡，就可能难以防范和规避因外部冲击造成的流动性风险。例如，如果流动资产中有大量不适销对路的存货和债务人信用状况不佳的应收账款，资产变现能力就会很差。

（二）内生流动性风险

企业内生流动性风险有以下原因：

1. 营运资金不足

企业资金来源的根本保障在于其主营业务活动的现金流量。如果企业不能产生足够的营业现金流量，其结果是直接侵蚀资产，丧失偿付股利和债务的基础。例如，存货增加、收款延迟、付款提前等原因造成现金周转速度减缓。此时，若企业没有足够的现金储备或借款额度，就需要补充投入增量资金。

2. 激进的财务政策

激进的财务政策可能表现在诸多方面。例如，企业长期占用短期资金，过度运用财务杠杆，大量借入银行短期借款，增加流动负债用于购置长期资产，这些政策虽能在一定程度上满足购置长期资产的资金需求，但造成企业偿债能力下降，容易引发流动性风险。一旦现金流量不足或融资市场利率变动，企业就会面临偿付困难甚至破产。

3. 过量交易

企业扩张过快，以超过其财务资源允许的业务量经营，就会产生过量交易。过量交易的企业通常是资金不足的企业。过量交易一般表现为：销售额迅速增长，流动资产数目增加，固定资产也有可能增加，股本资金增长有限（或

许只是通过留存利润增加）。资产增加的大部分是通过举债或减少现金的方式实现的。

二、流动性风险分析

可以根据现金流入流出情况分析现金流的风险状况。现金流可分为经营现金流、投资现金流和筹资现金流。

1．分析经营现金流

经营现金流等于息前、税前、折旧和摊销前的营业收益（利润），通常也称为 EBITDA，它是企业保持流动性的根本保障。经营产生的现金流与企业主要从事的领域相关。对于主要从事制造、商业、房地产开发、建造等行业的企业而言，其经营活动是指除投资活动和筹资活动以外的所有交易和事项，包括销售商品或提供劳务、经营性租赁、购买商品或接受劳务、制造产品、广告宣传、推销产品、税款的缴纳或返还等。对于专门从事投资业务的企业而言，投资活动产生的现金流为其经营现金流。

当经营产生的现金流入大于经营产生的现金流出，即经营现金净流量值为正时，说明流动性良好。在经营现金净流量正值较高的情况下，企业需积极寻找投资机会。当经营产生的现金流入小于经营产生的现金流出，即经营现金净流量为负时，说明企业的经营活动不能产生足够的现金流入。一般地，企业在创业初期短期内现金净流量为负是可以接受的，但时间如果过长，企业流动性风险将加大。如果长期不能改变状况，企业将面临破产风险。

2．分析投资现金流

投资是指非流动资产的购建和不包括在现金等价物范围内的流动资产的投资及其处置。分析投资现金流，不能简单地以现金净流量为正值还是负值来评判。当企业扩大规模或开发新的利润增长点时，需要大量的现金投入，这时，投资活动产生的现金流入可能补偿不了现金流出，产生负的现金流；如果投资能在未来产生足够的现金净流入，则不会带来流动性风险。

3．分析筹资现金流

筹资使企业资本及债务规模和结构发生变化，其活动包括借款、吸收资本投资、分配利润、支付利息等。分析筹资现金流，一方面要考虑筹资净现金是正值还是负值，另一方面还要考虑筹资的资本结构。

对筹资净现金流的分析要考虑具体情况。当筹资净现金流为正值时，说明企业扩大生产规模，同时也面临偿债的压力。当筹资净现金流为负值时，说明可能有大量到期债务需要用现金偿还，短期内会对企业的财务造成一定的压力。在此情况下，如果经营能提供稳定的现金净流量，则不会对流动性产生较大影响。一旦经营现金流出现问题，同时投资现金流也不理想，企业会面临巨大的流动性风险。

在考虑资本结构时，若其中吸收权益性资本收到的现金占筹资活动收到的现金的比重较大，意味着企业资金实力的增强。

三、流动性风险管理

应对流动性风险，通常需考虑以下措施。

（一）管理现金流

管理现金流是指对企业现金流实施内部控制，主要办法包括企业现金流的集中控制、收付款的控制等。现金流的集中控制有利于企业资金管理者了解企业资金的整体情况，在更广的范围内迅速有效地控制现金流，从而使这些现金的保存和运用达到最佳状态。

企业在设计现金流的内部控制时，应按收入、支出的路径确定相应的业务流程，配备相应的管理及控制岗位，设计有效的会计系统，实行严格完整的凭证制度、账簿报表制度、会计控制制度、标准成本和预算制度、资产盘点制度等。在控制程序上，办理任何一项现金支付业务都必须严格履行申请、审批、记录、支付、检查等必要手续，不能由个人包办或某个部门单独处理。办理现金收入业务时，应当及时入账，完善相关的收入手续，以确保在现金运作过程中少出差错、杜绝舞弊。

（二）增加现金流入

增加企业现金流入是确保资金流动性的根本措施。

1. 提高销售收现能力

尽可能以现销方式实现商品或劳务的销售，尽快取得现金是应对流动性风险的最有效办法。这一方面要求产品适合市场的需求，另一方面要求销售价格适当。

2. 确保金融资产的变现能力

确保金融资产在短期内安全地以高于成本的价格转化为现金。

3. 确保筹资能力

企业需要保持良好的经营状况、财务状况、信用等级，才能与金融机构形成战略合作关系，以满足企业的资金需要。

（三）管理现金周期

一般来讲，一家企业现金循环周期与其销售商品和劳务的经营周期不一致。经营周期与现金周期的关系如图 9—2 所示。

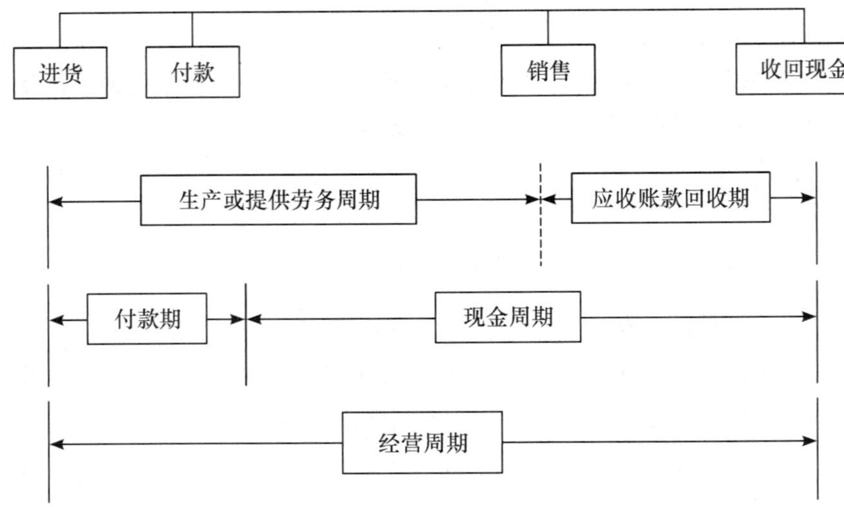

图 9—2 经营周期与现金周期的关系

经营周期=生产或提供劳务周期+应收账款回收期

现金周期=经营周期−应收账款回收期

现金周期=生产或提供劳务周期+应收账款回收期−付款期

如生产或提供劳务周期是 40 天，应收账款回收期为 60 天，而应付账款的付款期为 50 天，则企业现金垫付期为 50 天。这意味着这 50 天的资金需要自有资金垫付，否则难以保证企业的正常生产经营活动。如果现金垫付期为负数，则企业可将这部分资金挪作他用，或存入银行获取利息。同时，由上述分析可知，为了缩短现金周期，在生产或提供劳务周期确定的情况下，企业可从以下方面加强管理：

（1）采取措施加速现金回收并提高应收账款的可收回性。可采取缩短现金赊销期限、增加信用审查、尽快处理大额款项等方法。

（2）延期支付应付账款。应付账款的金额大小及时间长短，与获得商品或接受劳务的价格直接相关。一般来讲，延期支付款项的时间越长，相应的价格可能越高；购买商品或接受劳务的金额越大，相应的价格可能越低。延期支付款项的方法主要有以汇票代替支票、合理利用款项在途期间等。

（四）现金预算

现金预算是控制流动性风险的一个有效办法。企业可结合以往的经验，确立一个合理的现金预算额度和最佳现金持有量。为此，需要在预测现金收入和现金支出的基础上，预测合理的现金存量，有针对性地制定筹资或投资策略。现金流预测可以根据时间长短分为短期、中期和长期预测。通常期限越长，预测的准确性越差。现金流的预测要考虑企业的整体发展战略和实际要求。

第三节 信用风险控制

一、信用风险及其产生的原因

(一) 信用风险及其特征

信用风险是指企业的债权因为债务人违约而不能收回或者不能及时收回而给企业带来损失的可能性，也可称为应收账款风险、坏账风险或客户风险。信用风险过高，可能会给企业带来财务危机。信用风险具有以下三个基本特征。

(1) 非对称性。即当债权人面临一定的信用风险时，它的预期收益和预期损失是不对称的。

(2) 累加性。即信用风险具有不断积累、恶性循环、连锁反应的特点，在一定的临界点会突然爆发而引起财务危机。

(3) 内源性和行为因素。即信用风险含有主观的、无法用客观数据和事实证明的人为因素。

(二) 信用风险的来源

债务人不能偿还到期债务是信用风险产生的主要原因。不能偿还债务，既可能是债务人本身的原因，也可能由于债务人经营管理陷入困境，或者是外部的政治、经济等因素造成的。例如，企业在一个不稳定的国家或地区从事经营活动，则其销售存在较多不确定性，应收账款回收的风险较大。

从债权人来看，信用管理不善是信用风险产生的重要原因。通常，业务经营部门希望通过宽松的信用政策获得更好的经营业绩。而伴随信用政策的放宽，信用风险也随之上升。

为了扩大市场份额，企业会为了吸引客户给予更长的收账期及其他优惠政策，由此增加了信用风险。信用风险主要包括两种情形：一是突发性坏账风险，由于客观情况发生不可预见的变化，造成应收账款无法收回，形成坏账；二是过于宽松的赊销政策降低了应收账款的可回收性。

二、信用风险的识别和评估

信用风险可以从量和质两方面来考虑。所谓信用风险的量，就是交易双方的交易额。信用风险的质则由违约行为发生的概率和能够减少违约损失的担保决定。违约发生时未偿付的账款，根据违约情况可能导致损失总量的变化而有所不同，这种变化是因为这些欠款在进入催讨程序后，能够得到部分清偿。清收取决于信用风险消减能力，如与担保方（间接担保或者第三方担保）协商的能力,以及其他借贷方作出偿付后取得的偿付资金。

因此，信用风险由三个主要部分组成：违约概率、敞口风险和清收风险。违约风险是指由于签约方违约或者信用下降所导致的企业经济损失，也就是信用违约事件的结果。违约概率是指违约情况发生的可能性，敞口风险为未来将偿付的金额，清收风险是指对于敞口金额无法完全清收而导致的风险。综合上述三个因素，一项交易的信用风险表示为：

信用风险＝违约概率×敞口风险×清收风险

对违约概率的评估，可从债务人和债权人两方面综合考虑。从债务人方面，可根据不同项目分别考察各债务人的资信状况，然后进行综合评价（见表9—2）。

表9—2　　　　债务人资信状况表

项目	权重	估值	评分
一、债务人信息			
经营状况			
发展前景			
主要经营领域			
组织管理状况			
二、市场交易情况			
交易条件			
付款担保			
客户地位			
占交易额比例			
三、财务信用			
财务报告评估			
付款记录			
偿债能力评估			
资本实力综合评估			

从债权人即企业方面，识别和评估信用风险通常需要对债权的账龄进行分析，并设计信用风险评价指标（见表9—3）。

表9—3　　　　信用风险评价指标

评估指标	权重	行业标准	企业目标	运行状况	风险等级				
赊销比率									
应收账款周转率									
坏账损失率									
⋮									
综合评估结果									

三、信用风险的应对

可以通过风险回避、风险承担、风险转移、风险降低等方式应对信用风险。

(1) 风险回避。例如，对经审核确定处于信用标准级别以下的客户不予赊销。

(2) 风险承担。例如，对经审核确定信用处于较高级别的客户予以赊销，将未来可能发生坏账的风险承担下来。

(3) 风险转移。例如，对经审核确定信用等级在企业标准级别附近的客户，为保持客户关系又不使企业资产面临过高风险，以适当抵押、担保的形式实施赊销。

(4) 风险降低。例如，对所选择的客户进行赊销时，签订销售合同，确定信用额度、付款方式、信用期限、折扣与折让方式。

此外，为了有效地运用各种信用风险应对策略，企业需要建立系统的防范信用风险机制，主要有以下措施：

(1) 建立专门的信用管理机构对赊销进行管理。企业信用风险管理是一项专业性、技术性和综合性较强的工作。在可能的情况下，企业应当设立专门的部门或组织来完成此项工作。

(2) 建立客户动态管理系统。可将客户分为核心客户、重点客户、普通客户和潜在客户等类别分别管理。对不同类别的客户，设置不同的评价指标，有针对性地收集和及时更新资料，例如，以往付款记录、银行记录、财务数据评估、客户的影响力等。对不同的评价指标确定其权重，对客户的信用状况进行评级、打分，作为对其收款政策的依据。

(3) 建立信用风险的监控体系。信用风险的监控体系应包括赊销的发生、收账、逾期风险预警等各个环节。

第四节　筹资风险控制

一、筹资风险及其产生原因

筹资风险是指筹资活动中由于资金供需、宏观经济等方面的变化或筹资结构、币种结构、期限结构等因素而给企业财务成果带来的不确定性。一些企业在筹资过程中，由于筹资规模不当、筹资费用过多、利率过高、债务期限结构或资本结构不合理而面临财务危机。

1. 筹资规模风险

合理确定企业的筹资规模是筹资风险管理的重要组成部分，筹资规模大小受企业经营目标、市场份额等因素的制约。如果对筹资规模没有充分的考虑，容易导致盲目借款。

2. 资本结构风险

资本结构风险主要表现为负债规模过大。负债规模是指企业负债总额的大小或负债在资金总额中所占的比重。企业负债规模越大，利息费用支出也就越高，收益降低导致企业丧失偿付能力或破产的可能性相应增大。负债比重越高，企业的财务杠杆作用越强，股东收益变化的幅度也随之增加。所以，负债规模越大，财务风险也越大。

3. 筹资成本过高

在负债规模相同的条件下，负债的利息率越高，企业所负担的利息费用就越多，企业破产的可能性也随之增大。同时，利息率对股东收益的变动幅度也大有影响，因为在息税前利润一定的条件下，负债的利息率越高，财务杠杆的作用越强，股东收益受影响的程度也越大。

4. 筹资期限结构风险

如果企业的筹资期限结构不当，即应筹集长期资金却采用了短期借款方式，或者用长期借款形式解决短期资金的需求，都会增加企业的筹资风险。这是因为如果企业采用长期借款方式解决短期资金需求，会造成资金闲置，加大企业的利息负担；而如果大量举借短期借款用于非流动资产投资，则当短期借款到期时，可能会出现难以筹措到足够的资金用于偿还短期借款，此时，如果债权人不同意延长还款期限，企业有可能被迫进行破产清算。

二、资本结构风险与财务杠杆

资本结构是指企业长期债务资本与权益资本的比例，有时以借入资本除以权益资本来计算资本结构，通常用财务杠杆系数来衡量。财务杠杆是指企业在筹资活动中对固定的债权资本的利用。企业的全部长期资本由股权资本和债权资本构成。企业的息税前利润首先要扣除利息等债权资本成本，然后才归属于股权资本。因此，企业利用财务杠杆会对股权资本的收益产生一定的影响，可能带来额外的收益，也可能造成一定的损失。

1. 财务杠杆利益（损失）

财务杠杆利益（损失）（benefit/loss on financial leverage）是指负债经营对所有者收益的影响。负债经营时，企业所能获得的利润为：

$$\begin{aligned}\text{资本收益}&=\text{企业投资收益率}\times\text{总资本}-\text{负债利息率}\times\text{债务资本}\\&=\text{企业投资收益率}\times(\text{权益资本}+\text{债务资本})\\&\quad-\text{负债利息率}\times\text{债务资本}\end{aligned}$$

=企业投资收益率×权益资本+(企业投资收益率
－负债利息率)×债务资本

式中，企业投资收益率=息税前利润/资本总额，即息税前利润率。

可见，企业投资收益率大于负债利率时，财务杠杆作用使得资本收益由于负债经营而增加，从而使得权益资本收益率大于企业投资收益率，且产权比率越高，财务杠杆利益越大，所以财务杠杆利益的实质是由于企业投资收益率大于负债率，将负债所取得的一部分利润转化为权益资本收益，从而使得权益资本收益率上升。如果企业投资收益率等于或小于负债利率，那么负债所产生的利润只能或者不足以弥补负债所需的利息，甚至利用权益资本所取得的利润都不足以弥补利息，而不得不通过减少权益资本来偿债，企业将承担财务杠杆损失。

2. 财务杠杆系数

财务杠杆系数（degree of financial leverage，DFL）是指普通股每股收益变动率相对于息税前利润变动率的倍数，其计算公式为：

$$DFL=\frac{\Delta EPS\div EPS}{\Delta EBIT\div EBIT}=\frac{EBIT}{EBIT-I}$$

式中，DFL 表示财务杠杆系数；ΔEPS 表示普通股每股税后利润变动额；EPS 表示普通股每股税后利润；$\Delta EBIT$ 表示息税前利润变动额；$EBIT$ 表示变动前的息税前利润；I 表示债务利息。

根据以上公式计算的财务杠杆系数揭示了负债比率、息税前利润以及负债利息率之间的关系。企业利用债务资金能提高权益资金的收益率，这是财务杠杆产生的利益。

3. 资本结构风险与财务杠杆的关系

企业资本结构风险的大小与财务杠杆系数的高低密切相关。一般情况下，财务杠杆系数越大，权益资本收益率相对于息税前利润率的弹性就越大。如果息税前利润率上升，则权益资本收益率会以更快的速度上升；如果息税前利润率下降，那么权益资本收益率会以更快的速度下降，从而风险也越大。反之，资本结构风险就越小。资本结构风险的实质是由于负债经营使得负债所负担的那一部分经营风险转嫁给了权益资本。

由于资本结构风险随着财务杠杆系数的增大而增大，所以影响财务杠杆作用大小的因素也必然影响财务杠杆利益（损失）和筹资风险。影响两者的主要因素有：

（1）息税前利润。由计算财务杠杆系数的公式可知，在其他因素不变的情况下，息税前利润越高，财务杠杆系数越小；反之，财务杠杆系数越大。因而息税前利润率与财务杠杆系数呈相反方向变化。由计算权益资本收益率的公式可知，在其他因素不变的情况下，息税前利润率与权益资本收益率呈同方向变化。

（2）负债的利息率。在息税前利润率和负债比率一定的情况下，负债的利息率越高，财务杠杆系数越大；反之，财务杠杆系数越小。负债的利息率与财务杠杆系数总是呈相同方向变化，而与权益资本收益率呈相反方向变化，即负债的利息率越低，权益资本收益率会相应提高，而当负债的利息率提高时，权益资本收益率会相应降低。

三、筹资风险的衡量

识别和评估筹资风险通常可以采用以下财务指标：

1. 资本结构

资本结构可以用财务杠杆系数来表示，财务杠杆系数越低，企业偿还债务的能力越强，筹资风险越小。由于不同行业的资本结构相对稳定的程度不同，适当的资本结构应该考虑企业经营的特点、资本成本、税负收益、增长能力和破产成本等。

2. 长期负债比率

长期负债除以总资产这一比率反映企业资金来源对债务的依赖程度。

3. 利息保障倍数

用息税前利润除以利息费用，可以衡量企业是否能在经营活动中产生足够的盈利，保证定期支付利息。

4. 资金成本

资金成本反映企业筹资的总成本，是以各种融资数量为权重乘以对应融资成本的加权平均数，即

$$\begin{aligned}\text{加权平均资金成本}=&\text{债务额占总资金的比重}\times\text{债务资金成本}\times(1-\text{所得税税率})\\&+\text{权益额占总资本的比重}\times\text{权益资本成本}\end{aligned}$$

四、筹资风险的应对

企业应对筹资风险时采取的措施有：

1. 合理确定企业在一定时期内所需资金的总额

在满足经营业务需要的同时，不造成资金闲置。合理的筹资量应与企业的经营周期、财务状况以及未来现金流相匹配。

2. 筹资期限组合优化

按资金运用期限的长短合理安排和筹集相应期限的债务，是应对筹资风险的

有效方法。企业的资金需求可分为短期资金需求和长期资金需求，企业的资金来源也可分为短期资金来源和长期资金来源。不同偿债期限的资金来源的不同组合，构成企业不同的筹资期限结构。一般来说，短期筹资成本较低，风险较大，长期筹资则相反。企业可以安排相应的筹资期限结构，使资金的偿付日期与资产的变现日期相匹配。例如，企业流动资金中的短期变动部分与季节变动部分用短期负债来筹措，非流动性资金则通过非流动负债、股东权益等长期资金予以解决。

3. 确定合理的资本结构，从总体上减少收支风险

从理论上讲，能使企业一定时期内的加权平均资金成本最低、企业价值最大的资本结构为最佳资本结构。实际中，企业应力求按最佳资本结构筹集资金。

4. 利用衍生金融工具

例如，利用利率期货、期权或外汇期货、期权进行套期保值，把利率或汇率确定在企业可以接受的水平，避免利率、汇率变动给企业造成不利影响。

第五节　投资风险控制

一、投资与投资风险

投资可分为实物投资和金融资产投资。实物投资在企业内部为扩大再生产奠定基础，即支付资金购建固定资产、无形资产或其他非流动资产，通过生产经营获得一定利润。金融资产投资是指对外股权、债权投资，间接参与企业的利润分配。投资风险是指在上述投资活动中，各种难以预计或难以控制的因素影响给企业的财务成果带来不确定性，致使投资收益率达不到预期目标。

企业投资风险主要表现在：一是投资项目不能按期投产，或虽已投产，但出现亏损，导致企业盈利能力和偿债能力降低；二是投资项目的盈利水平低于预期。

没有投资就没有发展，投资贯穿于企业经营始终，包括新建项目的投资、扩建项目的投资、技术改造的投资、参股控股的投资等。导致投资风险的不确定因素有很多，主要有以下几个方面。

（一）外部因素

企业所处的外部环境，包括国家政治、经济、市场环境等对企业投资有重要影响。

1. 产业政策

国家产业政策、支持政策、优惠政策直接影响企业投资的成败。如果盲目追求政策机会，则有可能导致投资失败。较多依赖于政策支持的投资项目，在遭遇政策调整的时候，如果不能考虑好撤退、转向或是减少对政策的依赖，将面临困难的处境。除了行业审批限制、政策的变化（包括城市规划调整）给投资者带来的风险以外，政策执行的时间差、空间差以及执行力度的差别都会导致投资风险。要规避此类风险，重要的是不过分依赖政策，保证及时获得更准确的政策信息，并根据自己的实力进行投资。

2. 财政、信贷投资政策

若国家放权让利，放松银根，降低利率，鼓励投资，则投资处于有利地位，风险相对较小；反之，国家紧缩财政，收紧银根，控制拨贷款，抑制投资规模，限定某方面投资，就会使某些方面的投资处于不利地位，投资风险加大。

3. 市场竞争

市场竞争态势和激烈程度是企业投资前需要考虑的重要因素。如果一个行业的进入门槛较低，市场竞争激烈，企业的投资可能会受到严峻的考验；而进入一个垄断性的行业，则需要考虑进入及退出成本的高低。在进入一个不熟悉的市场前，更需要充分考虑市场环境的影响。

4. 市场需求

技术进步和消费观念的变化，不断地改变着市场占有率、产品结构、产品种类和供给、需求数量，如果不能对市场需求及其变化作充分的预测，会导致投资失败。

（二）内部因素

企业管理能力、经营能力、拥有的技术及人力资源状况等是造成投资风险的内部因素。

在做投资决策之前，企业应成立专门的研究小组对投资时机、投资对象、投资规模、投资合作伙伴、投资市场需求、投资的资金供应能力等进行充分的市场调研，对其风险和收益进行合理的评价与预测，充分进行定性和定量的可行性分析，并聘请独立专家进行评估，据此作出投资决策，降低投资风险。而在投资之后，对投资项目的管理、后续监控也是投资管理必不可少的关键环节。

二、投资风险分析

（一）财务指标分析法

识别和评估投资风险的主要财务指标有：

1. 资产结构

资产结构包括非流动资产与流动资产的比率、非流动资产内部结构、流动资产内部结构。按其比例构成有稳健型资产结构策略、适度型资产结构策略和激进型资产结构策略。通常认为，融资能力强、技术先进、盈利能力强的企业，非流动资产的比例可保持较高水平；相反则应降低该比例，否则，投资风险可能较高。

2. 现金盈利值（CEV）和现金增加值（CAV）

$$\text{现金盈利值}=\frac{\text{经营活动}}{\text{现金净流量}}+\frac{\text{分配股利或}}{\text{利润收现}}+\frac{\text{债券利息}}{\text{收现}}+\frac{\text{处置非流动}}{\text{资产收现}}-\frac{\text{利息及}}{\text{筹资}}$$

$$\text{现金增加值}=\text{现金盈利值}-\text{分配股利付现}$$

这两项指标衡量企业投资增加的现金盈利和现金流量。

3. 投资回收期

$$\text{投资回收期}=\frac{\text{现金流出量}}{\text{净现金流量}}$$

投资回收期越短，表示投资回收越迅速，风险越低。

4. 净现值

净现值（NPV）法将投资的现金流出和流入按一定的折现率折算为同一时点的现值，净现值越高，投资风险越低。

5. 资本回报率

$$\text{资本回报率}=\frac{\text{息税前利润}}{\text{投入资金}}$$

该指标说明每投入一元资金（含固定资金和流动资金）所取得的利润（含所得税和利息），结果应为正值，值越高效果越好；正值的高低需参照所处的行业和企业基准回报率来评判。若为负值，则意味着亏损。

6. 资产周转率

$$\text{资产周转率}=\frac{\text{销售收入}}{\text{投入资金}}$$

该指标说明投入一元资金（含固定资金和流动资金）所能创造的收入。结果应为正值，值越高效果越好。

7. 投资内含报酬率

投资内含报酬率也称投资收益率、内部收益率等，是指在项目寿命周期内可望达到的收益率，它是使投资净现值等于零的折现率。内含报酬率越高，投资风险越低。

8. 经营利润率

$$经营利润率=\frac{营业利润}{营业收入}$$

该指标说明每一元营业收入可获得的营业利润。营业利润也称毛利，是营业收入减去营业成本后的余额。经营利润率越高，投资风险越低。

9. 每股收益

$$基本每股收益=\frac{归属于普通股股东的当期净利润}{当期实际发行在外普通股的加权平均数}$$

该指标说明全部自有资本每股取得的净利润。每股收益越高，投资风险越低。

运用上述财务指标评估投资风险的基本办法是将预测值与原来确定的基准值及风险容忍度进行比较。如果达到预警值，应予以重视，并采取应对措施。

（二）盈亏平衡分析法

利用盈亏平衡分析法衡量投资风险时，先计算盈亏平衡点。

$$盈亏平衡点(销售量)=\frac{固定成本}{单位产品边际贡献}$$

$$安全边际=实际(或预计)销售量-盈亏平衡点销售量$$

其中，固定成本是指在一定产量范围内，不随产量增加而增加的成本费用，如管理人员的工资、房屋的租金、设备的折旧费等；变动成本是指随着产销量增加而成正比例增加的成本，如单位产品耗用的原材料、计件工资等；单位产品边际贡献等于单位产品价格减去变动成本。

安全边际是指正常销售量或者现有销售量超过盈亏平衡点销售量的差额。将计算出的盈亏平衡点与拟投资设备的生产能力或未来预计的销售量进行比较，后者超出前者越多，投资风险越小。

第六节　汇率风险

一、汇率风险及其分类

（一）汇率风险的定义

汇率风险是指汇率变动对企业价值的影响，即未进行套期的敞口导致企业现金流量、资产和负债、净利润等产生的直接损失或间接损失。为了管理跨国企业经营活动中固有的汇率风险，企业需确定当前风险敞口的具体类型、套期策略以及可利用的工具，以应对汇率风险。

（二）汇率风险的类型

汇率风险可能由交易、外币折现和经济风险引起，也可能由以商品为基础的商品价格或由外币计量的交易引起。

1. 交易风险

交易风险会影响一个企业的盈利能力。它来自企业的日常交易，包括用外币向供应商采购，以及将产品销售给客户。以外币购买或出售产品和服务的组织面临交易风险，交易风险管理在全球经济中是企业竞争力的一个重要决定因素。大多数企业的业务都会直接或间接地受交易风险的影响。

2. 外币折算风险

外币折算风险是指对财务报表，尤其是资产负债表的资产和负债进行会计折算时产生的波动。当资产、负债或利润由交易货币折算成报告货币（如母公司的报告货币）时，就会出现外币折算风险。从另一角度看，折算风险会通过影响资产负债表项目的价值来影响企业，如应付账款和应收账款、外币现金和存款以及外币债务。与国外业务相关的长期资产和负债很可能会受到特殊的影响，外币债务可视为折算风险的一个来源。如果一个企业用外币借款，但没有抵销货币资产或现金流量，外币升值则意味着外币负债的折算市场价值增加。

3. 经济风险

主要竞争对手的地理位置和活动是外汇风险的重要决定因素。经济风险在汇率变化时会影响一个企业的竞争地位。经济风险（如国际客户的销售减少）不会反映在资产负债表上，但会影响利润表。

（三）影响汇率的因素

1. 外币供给

货币的现货与远期合约主要取决于外汇市场的供给和需求。外币的供应和需求受到以下因素的影响：与其他国家相比的本国通货膨胀率；与其他国家相比的本国利率；国际收支；外汇市场参与者对经济前景的信心；投机行为；政府干预汇率的政策。

其他因素通过与以上所列项目的关系对汇率产生影响。例如，国内经济的总收入和总支出决定产品的需求，包括进口货物、国内生产的商品（如果国内需求小于产量，则将其出口）。国内经济的输出能力和就业水平可能会影响国际收支，因为如果国内实现充分就业，则出口量将无法增加。货币供应量的增长将影响国内利率和通货膨胀。

2. 利率平价

利率平价是一种预测外汇汇率的方法。假设同一时期两国之间的利率差异可以抵消即期与远期汇率之间的差异。根据利率平价，即期和远期汇率之间的差异反映了利率差。如果不是这样，那么较低利率的货币投资者会转换成其他较高利率的货币，通过事先锁定远期汇率来确保在换回原来的货币时不会遭受损失。如果有足够多的投资者这样做，供给和需求的力量将改变远期利率，以防止此类零风险赚取利润行为的发生。

3. 购买力平价

购买力平价理论指出，当每个国家的货币购买力相同时，两种货币的汇率将保持平衡。但不应将利率平价与购买力平价相混淆。购买力平价理论预测，外汇汇率取决于每种货币的相对购买力，汇率和利率会随着相对价格的变化而变化。

4. 费雪效应

费雪效应有时用于寻找利率与预期通货膨胀率之间的关系。根据国际费雪效应，国家间的利率差异为即期汇率的未来变化提供了一个无偏预测。拥有较高利率国家的货币将相对具有较低利率国家的货币贬值，因为较高利率是为了弥补预期的货币贬值。鉴于国际资本的自由流动，这一观点表明，不同国家的实际收益率会由于即期汇率的调整而最终相等。

5. 预期理论

作为平价理论的替代，预期理论认为，目前的远期与即期利率的百分比差异是即期汇率的预期变化。这是基于对汇率、利率及其他有关因素的预期。

二、汇率风险管理组织

汇率风险管理是每家企业确定外币敞口时不可或缺的一项工作。在很多情况下，货币风险套期策略将消除或降低这种风险。由于精确计量当前的风险敞口和决定适当的风险敞口水平存在复杂性，选择适当的套期策略常常是一项困难的工作。对于非金融企业来说，汇率风险管理独立于它们的核心业务，通常由企业财务部负责。多数跨国公司设有风险委员会，负责监察财务部管理汇率风险（及利率风险）的工作，这表明企业对风险管理问题及技术的重视程度。相反，国际投资者一般以独立于其资产或负债的方式管理汇率风险。由于货币敞口与以外币表示的资产及负债的折算风险有关，因此，倾向于将货币视为一种独立的资产类别，需要采用货币管理外包方法。

就汇率风险管理决策来说，汇率敞口巨大的企业常常需要建立最佳实务的操作框架。这些实务或原则包括：

（1）确定企业面临的汇率风险类型以及相关风险敞口的计量。包括确定交易风险、外币折算风险及经济风险，特别参考与各类汇率风险相关的货币。利用多种模型计量这些汇率风险，是识别套期头寸的关键。

（2）制定汇率风险管理策略。在识别汇率风险类型并计量企业的风险敞口后，需就如何应对这些风险制定货币策略。该策略应明确企业的货币套期目标，企业是否以及为何对其货币敞口进行套期。应确立详尽的货币套期方法。企业在经营层面详细说明整体货币风险管理策略是必要的，包括货币套期的执行过程、要使用的套期工具及货币套期的监控程序。

（3）企业财务部设立一个权力集中的机构，来应对汇率套期执行中的实际问题。该机构的工作涉及汇率预测、套期方法、关于汇率风险的会计程序、货币套期成本及为计量货币套期的绩效制定基准。这些工作可由一个专门小组完成，并由一名资金管理人员或首席交易员领导。

（4）制定一套控制措施，以监控企业汇率风险，确保适当的持仓量。这包括为每一套期工具设定头寸限制，每日（或当天）通过调整所有货币头寸市值监控头寸，为定期（通常每月）监控套期绩效设立货币套期基准。

（5）设立风险监督委员会。该委员会将审核持仓量的限制，检验套期工具及相关套期头寸的恰当性，并定期审核风险管理政策。由于发生了大量不寻常的货币危机，对汇率风险敞口的管理在过去十年间日益受到重视。按照企业管理人员的看法，汇率风险管理日益被视为一种降低汇率大幅变动对企业影响的方法。

三、汇率风险管理方法

（一）套期策略

1. 用于交易风险

确认汇率风险类型和计量相关风险敞口后，企业需确定是否要对这些风险进行套期。实际操作中可以根据特定风险的大小及企业的规模采用多种货币风险管理策略。

简单地说，企业常常根据所涉及货币的未来变动，对交易风险进行战术性或战略性套期，以保持现金流和收益。大多数企业采用战术性套期，对短期应收款和应付款的交易货币风险进行套期，而战略性套期用于长期交易。

2. 用于外币折算风险

对外币折算风险或资产负债表风险进行套期，是非常罕见的、非系统化的，其目的是避免突然发生的货币变动对净资产的影响。这种风险主要来自长期外汇敞口，如企业对子公司的估值、企业的债务结构以及国际投资。但是，由于这些长期外汇项目具有长期性，货币折算只影响企业的资产负债表而不会影响利润表，对折算风险的套期并未成为管理层眼中需要优先处理的问题。就子公司价值的货币折算风险来说，标准的做法是，对资产负债表敞口，即可能受到不利汇率变动影响的子公司的净资产（总资产减负债）进行套期。

对企业债务结构进行套期具有重要的意义。货币和企业债务的到期情况决定了企业净权益和收益对于汇率变动的敏感性，为了减少汇率对收益波动的影响，企业可利用优化模型设计一套最优的套期策略，以管理其货币风险。债务结构优化之后对剩余货币敞口进行套期，是一项艰巨的任务。企业可在优化模型之外采用战术性套期，以降低剩余货币风险。如果汇率未按预期变动，折算风险套期可能导致现金流或收益发生波动。因此，对折算风险进行套期，常常要求对套期成本和不进行套期的潜在成本进行仔细权衡。

3. 用于经济风险

经济风险常常作为残余风险进行套期。经济风险反映了汇率变动对未来现金流现值的潜在影响，因此很难量化。这就需要度量汇率偏离用于预测企业在给定期间内的收入和成本的基准利率时所带来的潜在影响。然而，如果汇率变动是通货膨胀的差异造成的，而且企业的一家子公司面临大于一般通货膨胀率的成本膨胀，企业会发现汇率调整致使其竞争力下降和企业价值降低。在上述情况下，企业可用使子公司面临高成本膨胀的货币（即使企业价值易受影响的货币）来表示应付款。但是，经验丰富的企业通常会想办法扩大套期策略的效率边界，并采用整合的方式对货币风险进行套期，而非通过普通套期来覆盖特定的外汇敞口。企业可以利用效率边界对套期成本与被套期风险的水平进行度量。而效率边界可确定最为有效的套期策略，即对多数风险进行套期时总成本最低的一个。就给定的货币预测及敞口来说，套期优化模型通常利用普通远期和期权策略来比较完全的未套期策略与完全的套期策略，以找出最优的一个。对于给定的风险情况，尽管这种管理风险的方法提供了成本最低的套期结构，但是它严重依赖于财务人员对汇率的预测。

（二）套期基准及绩效

套期的绩效可以根据其与给定的基准汇率的差距计量。套期中嵌入的风险通常用 VaR（Value at Risk，称为风险价值模型）值表示，并且该数值与绩效的计量结果相一致。套期优化模型是对货币计价现金流的套期策略进行优化的方法，有助于为各个货币敞口找出最有效的套期，但大多数只能为单一货币而不能为多币种套期提供套期程序。因此，绩效和 VaR 的计量结果均为有效套期汇率，需为所用的每一套期工具和风险置信区间进行此类计算，然后通过明确企业能够承受的风险，选择单一的最优套期策略。

（三）套期及预算汇率

预算汇率为企业提供了可供参考的汇率水平。预算汇率的设定常常与企业的敏感性及基准优先事项有关。预算汇率确定后，企业财务部需确定一个适当的套期汇率，并且确保与该套期汇率的偏离最小。这个程序将决定频率及套期所用的工具。需进一步指出的是，与功能货币有关的持续变动应在预算汇率中反映出来。企业设定预算汇率的做法各不相同，跨国企业偏向于按照其销售工作计划及套期策略设定预算汇率。例如，如果一家企业设有季度销售计划表，那么，它可能决定对下一年度的季度外币现金流进行套期，并且这些现金流与上一年度同季度的现金流之间的差额不超过一定百分比。这种做法要求每年进行四次套期，且每个套期将在一年内到期，并且套期的开始时间为期末，将期末汇率作为预算汇率。另一种方法是，企业将上一年度的每日平均汇率设定为预算汇率。在这种情况下，企业需要从头到尾使用一种套期，很可能是基于平均数的工具，比如期权或综合远期外汇。这种套期方法通常会在上一年度的最后一天实施，并以新年度的首日为开始日。企业还可使用被动货币套期，比如，与上期相比较，通过市场中可获得的期权结构，对特定时段内的外币现金流的平均价值进行套期。这种套期策略相当简单，并且易于监控。

（四）套期工具

根据货币风险管理策略的框架，应制定用于管理货币风险的套期工具。当前可利用的套期工具种类繁多且复杂，这是现代企业对套期的特殊需求增加的结果。这些工具包括场外交易（over the counter，OTC）产品和证券交易所交易产品。

1. 场外交易产品

货币远期合同和货币互换是最常见的场外交易货币套期工具。货币远期合同是指双方签订合同，约定在未来按照现在所确定的价格交付货币。常用的两种远期合同为直接远期合同（包括货币的实物交付）和无须交付的远期合同（按净现金结算）。利用远期合同，企业能够完全实现套期保值。远期合同的缺点是成本高，汇率反向变动。

最常用的两种交叉货币互换是交叉货币息票互换和交叉货币基差互换。交叉货币息票互换是指购买货币互换，并在支付固定利息的同时收取浮动利息。它的优势是，企业能够管理汇率及利率风险，但是容易受到货币和利率变动的影响。交叉货币基差互换是指购买货币互换，并在以一种货币支付浮动利息的同时，以另一种货币收取浮动利息。这种工具假设与标准货币互换的货币风险相同，好处是企业能够获得现行的利率差别，缺点是企业的主要风险是利率风险而非货币风险。

2. 证券交易所交易产品

就证券交易所交易的货币套期工具而言，主要类型是货币期权和货币期货。

货币期权的发展非常迅速，这归因于其灵活的性质。最常见的货币期权是普通买入期权，按汇率买入，但无行权义务。它的好处是简单直接，成本低于期货，可预测最大的损失。

货币期货是一种在最终交易日按照当时的汇率将一种货币兑换成另外一种货币的期货合约。它与远期合同的类似之处在于，允许企业把将要在未来某个时点以给定货币支付的价格固定下来。它与货币远期合同在可利用的交易货币及典型的结算日期方面存在差异。然而，货币期货的价格常常和给定货币及结算日期的货币远期合同相似。

3. 远期市场与期货市场的比较

比较货币远期合同与货币期货市场会发现，在远期市场上，合同大小与交付日根据个人需要确定，而货币期货合同是标准化的，并由同一家证券公司担保。远期市场不存在独立的结算行，而期货市场上的所有结算都由证券交易所处理，每日按市值结算。就清算而言，大多数远期合同在实际交付时结算，仅有一些合同按成本抵销结算；相反，大多数期货合同按抵销结算，仅有极少数是交付结算。

期货合同的价格随时间改变，以反映市场对未来即期汇率的预期。如果企业拥有货币期货合同，并在结算日前决定不再保有该头寸，那么它可以销售相同的期货合同以抛售头寸。但是，对于远期合同不能这么做。

（五）其他汇率风险管理方法

由于货币套期成本较高，企业可考虑以下管理汇率风险的方法。

1. 计价货币

可以采用计价货币避免汇率风险，即对于出口商而言，出售货物以本国货币计价；对于进口商而言，与供应商以本国货币计价。即使出口商或进口商均希望采用这种方法来避免风险，也只有一方可以这样做，另一方必须接受货币风险。这是因为在签订合同与为货物支付之间有一段时间，除非在下订单时就进行支付。谁承担风险取决于议价能力。

2. 匹配收入和支出

企业可以通过匹配收入和支出来减少或消除外汇交易风险。只要有可能，以同一外币进行支付和收款的公司应该以该货币进行支付以抵销收款，在银行拥有外汇账户将使匹配的过程更加简单方便。

与安排某一远期合约购买货币和另一远期合约出售货币相比，抵销更加廉价，前提是收款发生在付款之前，并且以该货币实现的收入和支出之间的时间间隔不是很长。以某种货币计价的应收款项和应付款项之间的差异能够被买入/卖出这个差额的远期合约所冲抵。

3. 提前和滞后付款

为了充分利用外国汇率变动，若预期该国货币将会转强，企业应该尝试提前付款，即在到期日之前提前支付。这时应该考虑融资成本，即用来支付的资金产生的利息成本，但提前结算可能会获得折扣；相反，若预期该国货币将会转弱，企业可以考虑滞后付款。

4. 净额结算

净额法是指在结算之前将公司内部余额相抵，从而减少交易成本。如果设在不同国家的关联企业相互贸易，就有可能利用不同的货币实现企业内部的债务优惠。

净额结算可分为双边净额结算和多边净额结算。双边净额结算是指两家公司参与其中，用一家公司较高的应付余额扣除另一家公司的较低余额，其差值就是要支付的数量。

多边净额结算是一个更为复杂的程序，两个以上集团企业的债务要进行相互扣除。进行多边净额结算有多种不同的方式。结算安排由企业资金集中管理部门或者公司内部银行负责。

第七节　利率风险

一、利率风险及影响

利率风险是指利率变动引起企业收益或资本波动的风险。利率风险的产生主要有以下几种情况：由利率变动的时机与现金流出的时机之间的差异产生（重新定价风险）；由不同的金融市场或不同的金融工具间的利率关系发生改变而产生（基准风险）；由到期日前变化的利率关系产生（收益曲线风险）；由金融产品中嵌入的利率相关期权产生（期权风险）。

利率变动将改变企业净利息收入，从而对企业的报告收益和账面资本产生影响；利率的变动还会影响企业的实际经济价值。企业资产、负债及与利率相关的资产负债表表外合同的价值都会受到利率变动的影响，这是因为未来现金流量的现值以及在某些情况下的现金流本身被改变了。

企业完成的每一笔财务交易都可能影响其利率风险。但是，企业愿意承受的利率风险程度存在差异。某些企业努力使其利率风险敞口最小化。此类企业一般不会故意为了从利率的特殊变动中获利而持有头寸。相反，它们努力使其资产和负债的到期日和重新定价日相匹配。其他企业如果愿意承担更高水平的利率风险，则可能选择持有利率头寸。此外，不同企业在头寸组合或建头寸的活动上存在差异。一些企业试图把对利率的管理集中起来，并将建头寸限制在特定金融市场和投资组合上。这些企业常常将利率风险管理与持仓隔离。其他企业采用更为分散的方法，允许各利润中心或单位独立管理并在明确的限制条件内建头寸。

企业可通过改变投资、出借、融资和定价策略以及管理这些组合的到期日并对其重新定价，改变利率风险，从而达到期望的风险状况。许多企业还用资产负债表表外衍生工具，如利率互换来调整其利率风险。在使用这些衍生工具前，管理层应了解将使用的工具的现金流特征，并设立充分的系统来计量和监控其在管理企业风险上的表现。

从收益方面来说，企业应考虑利率风险对净收入及净利息收入的影响，以充分评估利息收入和经营费用对产生企业利率风险敞口的作用。特别是具有较高手续费收入的企业，应评估手续费收入对利率变动的敏感程度。

从资本角度看，企业应考虑中长期头寸可能对企业未来财务业绩产生何种影响。由于在中长期内到期的金融工具的价值可能对利率变动特别敏感，因此，企业监控这些敞口的水平是非常重要的。企业还应考虑利率风险如何与企业面临的其他风险共同作用。利率增加时，具有大量利率可调整的贷款的企业面临信用风险。对于融资方式主要为短期债务的企业来说，利率增加可能在降低净利息收入（或增加净利息支出）的同时，使信贷质量问题增加。

二、识别利率风险

企业用以识别和计量风险的系统和程序，取决于企业的经营性质和复杂性。在企业识别和控制利率风险敞口时，这种系统必须能够提供充分、及时且精确的信息。

产生利率风险的来源很多，计量系统在掌握各类利率风险敞口的实际水平上也存在差异。为了找出最适宜的计量系统，企业管理层应首先考虑其产品和活动的性质与组合。在识别企业利率风险敞口的主要源头及每一源头对形成企业整体利率风险状况的相对作用之前，管理层应了解企业的业务组合及这些业务的风险特征，然后对不同的风险计量系统进行评估，方法是观察这些系统能否恰当地识别和量化企业风险敞口的主要源头。

企业的利率风险敞口可分为四大类：

（一）重新定价风险

重新定价风险是由于利率变动的时机和因企业资产、负债和资产负债表表外工具的定价和到期而产生现金流的时机存在差异造成的。重新定价风险是企业利率风险最主要的来源，可通过对企业在给定时间段内到期或重新定价的资产数量与负债数量进行比较的方式予以计量。一些企业故意在资产负债表结构中承担重新定价风险，其目的是提高收益。

由于收益曲线一般是向上倾斜的（长期收益大于短期收益），利用短期负债为长期资产融资，企业常常可以赚取利息差。但是，这类企业的收益容易受到利率提高的影响，即利率提高会导致其融资成本上升。被重新定价的资产期限长于被重新定价的负债期限的企业，被认为是对负债敏感的企业，原因是它们的负债会更快地被重新定价。利率下降时，对负债敏感的企业收益会增加，在利率提高时，收益会减少。相反，对资产敏感的企业（资产重新定价的期间比负债重新定价的期间短）一般会从利率升高中获益，在利率降低时发生损失。仅把重点放在短期重新定价的不平衡问题上的企业，可能会主动承担增加的利率风险，将期限展期以提高收益。因此，在评估重新定价风险时，企业不仅应考虑短期的不平衡，还应考虑长期的不平衡。如果不能计量和管理重大的、长期的、重新定价的不平衡，可能导致企业未来收益受到利率变动的重大影响。

（二）基准风险

产生基准风险的原因是，当不同的金融市场或不同的金融工具间的利率关系发生改变。当不同金融工具的市场利率，或为资产和负债定价所用的指数在不同的时间发生变化，或变动金额不同时，会出现基准风险。例如，当 3 个月的美国国库券与 3 个月的伦敦银行间拆借利率之间的差额改变时，会产生基准风险。这种变化通过改变已赚取或已支付的被重新定价工具间的差额，对企业当前的净息差产生影响。它还影响这些工具的预期未来现金流量，从而影响企业的实际经济价值净额。基准风险还包括受管理的利率或企业确定的利率与外部利率间关系的变动。例如，基准利率可能因最优惠银行利率与企业为不同负债提供的利率之间的差额变动而产生。

由于存款利率会落后于市场利率的提高，许多企业可能发现，当利率升高时，其净息差开始变动。但是，利率稳定后，这种变动就被重新定价的不平衡和其他主要市场利率间的差额所抵消，而且存款利率逐渐赶上市场利率。某些定价指数具有“滞后”的特点，因此，这些指数对于市场利率变动的反应更为迟缓，这种滞后情况会强化或缓和企业短期利率敞口。

一些企业将资产负债表表外衍生工具作为其他投资的备用方法，另一些企业利用它们管理其收益或资本敞口。利用资产负债表表外衍生工具，企业可达到以下目标：限定下行的收益敞口；保持收益潜力上行；增加产量，使收入或资本波动降至最低。尽管衍生工具可用来对利率风险进行套期，但它们使得企业面临基准风险，原因是现金与衍生工具之间的差额可能发生改变。例如，利用利率互换对其中期国库券组合进行套期保值的企业可能面临基准风险，原因是，互换利率与国库券之间的差额可能改变。利用资产负债表表外工具，如期货、互换和期权进行套期或改变资产负债表头寸的企业，需要考虑资产负债表表外合同的现金流量如何随利率变动及被套期或被改变的头寸而变化。衍生工具策略旨在进行套期或抵消资产负债表头寸的风险，一般使用衍生工具合同，企业需要考虑不同合同的相对流动性和成本，选择能够提供相关性、流动性和相对成本较低的最佳组合的产品。即使衍生工具合同与被套期头寸之间是高度相关的，企业也可能面临基准风险，原因是现金和衍生工具价格并非总是协同变化的。拥有大规模衍生工具组合或积极进行衍生工具合同交易的企业，应确定潜在敞口是否代表企业收益或资本的重大风险。

（三）收益曲线风险

收益曲线风险是由与期限范围相关的利率变动的差异产生的，包括具有不同期限的同一指数或市场利率之间的关系变动。给定市场的收益曲线在利率周期内变平、变陡或向下倾斜时，这种关系会发生变化。收益曲线的差异性会放大重新定价的影响，加大企业头寸的风险。特定类型的结构性票据尤其容易受到收益曲线形状变化的影响。属于结构性票据产品的双重指数票据，其收益和收益曲线直接相关。

（四）期权风险

企业或企业的交易对手有权改变一项资产、负债或资产负债表表外金融工具现金流的水平和时机时会产生期权风险。期权赋予持有者在指定期间内按照指定的价格购买（看涨期权）或销售（看跌期权）金融工具的权利。对于期权的销售者，如果期权持有人行使了期权，他也应承担履约义务。

期权的持有者行使期权的能力会导致期权出现不对称的业绩。一般来说，期权的持有者仅在能够获益的情况下才会行使权利。因此，期权的持有者面临有限的下行风险以及无限的上行回报。期权卖方面临无限的下行风险（期权持有者通常在不利于期权卖方的时间行使期权）以及有限的上行回报（如果持有者不行使期权，则卖方可保留期权金）。

期权常常导致企业风险或回报出现不对称。如果企业已经从交易对手那里买入期权，那么，企业因有利的利率变动而取得的收益或资本价值金额，可能大于企业在利率发生不利变动时可能损失的金额。因此，企业的上行敞口可能大于下行回报。同样，对于许多企业来说，无论利率是升还是降，卖出期权头寸都使它们面临损失的风险。

三、利率风险的管理方法

降低利率风险的常见方法包括：

（一）远期利率协议

远期利率协议一般是企业与银行间就未来的借款或银行存款的利率达成的协

议。企业可能与银行签订在未来某一时间按固定利率借款的远期利率协议。如果实际利率被证实高于双方商定的利率，那么银行将向公司支付差额；如果实际利率低于商定利率，那么企业将向银行支付差额。

远期利率协议的缺点是通常只面向大额贷款，而且一年以上的远期利率协议很难达成。远期利率协议的优点是，至少在远期利率协议存续的期间内，能够保护借款人免受利率不利变动的影响，原因是双方已根据协议商定利率。而正常的可变利率贷款（例如，与银行的基准利率或伦敦同业拆借利率挂钩）使借款人面临市场发生不利变动的风险。另一方面，远期利率协议使借款人不能从有利的市场利率变动中获益。

银行为远期利率协议设定的利率反映它们当前对利率变动的预期。如果预期利率将要在签订远期利率协议的谈判期间上涨，那么，银行很可能会将利率定为高于远期利率协议谈判期间的现行可变利率的固定利率。

（二）子公司现金余额的集中

现金余额的集中有利于避免为借款支付高额利息，还有助于管理利率风险。如果一家机构，如集团公司，在一家银行开设了不同的银行账户，那么，它可以要求银行在考虑其利息及透支限额时将其子公司的账户余额集中起来。

现金余额的集中有诸多好处：

（1）盈余与赤字相抵。母公司将现金余额集中起来后，盈余可以抵销赤字，从而降低应付利息的金额。

（2）加强控制。余额的集中意味着核心财务部门更容易实施对资金的控制，并利用其专长确保风险得到管理。

（3）增加投资机会。资金被集中后，企业有可能争取到更有利的利率，而掌握这些资金的核心财务部门可以进入本地经营单位无法进入的离岸市场等。

但是，将子公司的现金余额集中起来也有缺点：

（1）对资金的需求。作为营运资金的一部分，子公司的运营要求将资金余额用于付款。如果所需的付款额高于预期，子公司可能出现现金不足的问题。

（2）本地决策。如果资金投资的责任不再由本地管理人员承担，他们可能丧失动力。

（3）交易费用。向母公司转移现金盈余后，在需要时再返还给子公司，这样可能产生不必要的交易费用，且这些费用可能高于节省的利息，特别是在利率较低时。

（4）匹配。出色的汇率风险管理，应通过将以相同货币计价的收支、资产与负债的风险相匹配，努力使风险降至最低。但是，现金余额的集中可能与此项原则相冲突。

（三）利率期货

大多数期货合同包含利率，而且这些合同会提出对利率变动风险进行套期保值的方法，此类合同实际上是在打赌利率会上升还是下降。

除条款、金额和期间是标准化的，利率期货实际上与远期利率协议类似。例如，一家公司签订合同以在 6 个月内按照商定价格购买或销售名义金额为 1 万美元、期限为 20 年的国库券（息票率为 8%）。这项决策背后的基本原理是：

（1）期货价格可能随着利率的变动而变动，可以利率期货对不利的利率变动进行套期保值。

（2）购买期货的费用远低于购买该金融工具的费用，因此，一家企业用相对较少的现金即可对较大的现金敞口进行套期。

（四）利率期权

利用利率期权，机构可以对不利的利率变动敞口进行限制，同时还可以利用有利的利率变动。借款人可以通过购买看涨期权，设定其必须支付的利息最大值。出借人可以通过购买看跌期权，设定其将收取的利息最小值。

利率期权赋予买方在未来到期日按照商定利率（执行价）交易的权利，而非义务。在期权期满之日，买方必须决定是否行使这项权利。很明显，如果目前的市场利率低于期权协议中规定的利率，那么，借款期权的买方不希望行使权利；相反，如果在期权期满时市场利率上涨并超出规定的利率，那么行使借出期权是不划算的。

利率期权可以分为以下几类：

1. 利率保证

利率保证是对一年以内的单个期间进行套期的利率期权。可从大银行购买具有特定价值、到期期限、计价货币和商定利率的场外利率期权。期权的成本称为“期权金”。利率期权比远期利率协议更灵活，但价格更高。

2. 上限、下限和双限

上限是指为利率设定的最高限度，下限是指设定的最低限度。双限是同时设定上限和下限。利率上限是指设定了利率最高限度的期权。利率下限是指设定了利率最低限度的期权。利用双限安排，借款方可以在购买利率上限的同时出售利率下限，而后者能确定公司的成本。

（五）利率互换

在利率互换下，双方同意互相交换利率。利率互换可以从支付一种利息改为支付另一种利息，从而筹集低利率贷款，并保证高利率存款。

利率互换是指两家公司，或者一家公司与一家银行，互相交换利率承诺的协议。在某种意义上，这可以看做一方假装成另一方借款，并产生以下影响：一家有固定利率债务的公司进行利率互换后，最后按照可变利率支付利息；而一家有可变利率债务的公司，最后按照固定利率支付利息。因此，利率互换是利用不同市场上利率不同的特点进行借款的交易，使利率固定或利率浮动的贷款利息费用减少。

复习思考题

1. 什么是财务风险？衡量财务风险的主要方法有哪些？

2. 企业流动性风险产生的原因是什么？如何分析流动性风险？

3. 如何评估企业的信用风险？应对信用风险有哪些措施？

4. 如何衡量企业筹资风险？

5. 如何评估和分析企业投资风险？

6. 什么是汇率风险？影响汇率的因素有哪些？

7. 什么是利率风险？利率风险有哪几种类型？

8. 什么是远期利率协议、利率期货、利率期权和利率互换？作为管理利率风险的工具，各有什么特点？

第十章

信息系统的内部控制和风险管理

第一节　企业的信息战略和内部控制目标

一、企业的信息战略

（一）信息系统战略

信息系统战略确定了一个企业的长期信息要求，并且为可能存在的不同信息技术提供了一把保护伞。信息系统战略应遵循企业的经营战略，必须确保在经营战略（如财务、竞争和人力资源方面的战略）实施过程中，获得、保存、共享和使用恰当的信息。

信息系统包括所有涉及信息收集、存储、产生和分配的系统和程序。信息系统可分为七类：

1. 事务处理系统

事务处理系统执行和处理常规事务。它收集与商业交易相关的源数据，如顾客订单、销售、采购和库存变动等，定期对这些信息进行报告。事务处理报告对控制和审计而言是很重要的，但是只能提供少量的管理决策信息。

2. 管理信息系统

管理信息系统将主要来自内部的数据转化成综合性的信息，如摘要报告和异常报告。这些信息使管理层能对与自己所负责的活动领域有关的计划、指导和控制及时作出有效的决策，从事务处理系统获得数据并生成报告。这些报告往往是标准报告，但是其中的信息通常需要进行其他处理。在将信息从标准报告中摘录出来，并转移到电子表中供管理层进行处理和分析的过程中，信息技术是十分常用的。

3. 企业资源计划系统

企业资源计划系统有助于整合数据流和访问与整个公司范围的活动有关的信息。企业资源计划系统通常记录用于会计处理的事务数据、操作数据和客户及供应商数据，可通过数据仓库获得这些数据，并在此基础上生成自定义的报告。该系统具有财务预测、生产能力调整、资源调度等方面的功能，能配合企业实现存货全面管理、质量管理和生产资源调度管理及辅助决策。企业资源计划系统是企业进行生产管理及决策的平台工具。换言之，企业资源计划系统是以企业整体系统化的管理为依据，为企业合理调配资源，最大化地创造价值，实现企业内部决策和管理的应用信息系统平台。企业资源计划系统中的数据可用于更新平衡计分卡系统中的业绩指标，也可用于作业成本核算、股东价值分析、战略计划、客户关系管理和供应链管理。企业资源计划系统的发展有三个方向：（1）面向供应商，满足供应链的需要；(2) 面向客户，具有客户关系管理功能；(3) 面向管理层，通过战略性企业管理系统来满足管理层的信息需求和决策需要。

4. 战略性企业管理系统

战略性企业管理系统是一种为战略管理过程提供所需支持的信息系统。信息技术以存储在数据仓库中的数据为基础，这些数据同时又能应用于一系列分析工具中，如股东价值管理、作业成本核算和平衡计分卡系统。战略性企业管理系统可成为企业业绩的重要驱动力，使企业各个层次的决策过程更快、更完善。

5. 决策支持系统

决策支持系统包含一些数据分析模式，这些分析模式能使管理层模拟并提出“如果发生了某事，应该怎么办”的问题，从而使管理层在决策过程中能考虑到不同的选项并获得对决策有帮助的信息。决策支持系统可包含在一张电子表或复杂的软件包中。一个较简单的决策支持系统可以是一份包括成本、销量和利润数据的电子表，管理层可以在定价和产品盈利性的决策过程中修改售价以观察其对销量和利润的影响。又例如，一份包含预期现金流并支持资本投资评估的电子表是一个较复杂的决策支持系统。在应用概率分析的基础上可采用现金流折现技术来生成不同资本成本下的现金流预测报告。

6. 经理信息系统

经理信息系统是提供决策支持的系统，它包含对摘要数据（通常是图表格式）的访问，使高层经理能对与企业及其环境有关的信息进行评价。经理信息系统采用“向下钻取”功能，从总计数据下移到更具体详细的层次（如客户、产品、业务单位），通常也可以从外部来源（如公共数据库）获取信息。易于使用是经理信息系统的一个重要特点，可以在无须对基础数据结构有深入了解的情况下进行信息查询。

7. 专家系统

专家系统存储从专家处获得的与专门领域相关的数据，并将其保存在结构化的格式或知识库中，为那些需要酌情判断的问题提供解决方案。用户通过图表式的界面向系统提问，系统会要求提供更多的信息。然后，专家系统采用各种规则作出决策。专家系统的最佳实践是银行信用批准：根据提示，将邮编、电话号码、年龄和工作经历等信息输入系统，系统将这些信息与信用资料机构拥有的机密数据进行比较，对申请者的信用可靠性和信用额度分配自动作出判断。

（二）信息技术战略

信息技术战略定义了满足企业信息需要所必需的特定系统，包括硬件、软件、操作系统等。每个信息技术系统必须能够获取、处理、概括和报告必要信息。企业必须有信息技术战略，其原因如下：

(1) 信息技术一般涉及高成本，而信息技术战略能对预算进行分配和控制；

(2) 信息技术对企业的成功至关重要，所以信息技术系统必须在任何时候都是可靠和可访问的；

(3) 形成和保持竞争优势都离不开信息技术，例如，对目标客户进行营销必须用到客户信息；

(4) 信息技术可降低成本，例如，使用电子邮件可降低邮费和电话费；

(5) 信息技术提供用于计划、决策和控制的信息，有助于企业管理者进行管理。

(三) 信息管理战略

信息管理战略涉及信息的存储及访问方式。它会考虑中间接口文件或关系数据库的使用方式、数据库创建和备份功能等。该战略能确保将信息提供给用户，并且不会生成多余的信息。

总而言之，信息系统战略重点关注各个信息业务单元，使它们能满足内部或外部信息用户的需求。信息技术战略以供应信息为导向，重点关注供应信息活动以及支持这些活动所需的技术；信息管理战略在整个企业层次上以管理为导向。这三个战略会随着企业目标的改变、新信息技术的发展、软硬件的更新以及企业的发展和多样化而变化。

二、信息系统内部控制分类

1. 管理控制

信息系统的管理控制对于实现资产安全、数据完整、系统的有效性和高效性具有重要意义。信息系统的管理控制涉及整个信息系统的决策、开发以及日常的使用和维护。主要包括高层管理控制、系统开发管理控制、程序编码管理控制、数据资源管理控制、安全管理控制和质量保证管理控制。

2. 运行控制

运行控制负责系统硬件和软件的日常运行，保证应用系统能完成工作目标。运行控制主要包括计算机操作控制、通信网络控制、数据准备和输入控制、生产控制、系统数据的管理控制、文档和程序控制、员工培训和技术支持控制、性能监视控制和外部采购控制。

3. 应用控制

应用控制保证各个应用系统达到信息系统控制的目标。应用控制有三个基本特征，首先，应用控制的对象是硬件和软件；其次，应用控制用于数据挖掘和数据处理；最后，应用控制倾向于保护资产的安全和数据的完整。应用控制包括边界控制、输入控制、通信控制、处理控制、数据库控制和输出控制。

三、信息系统内部控制的目标

1. 保障业务系统运行

信息系统内部控制要从组织目标和信息化战略中抽取信息需求和功能需求，形成总体的信息系统内部控制框架，为企业业务系统的运行提供保障。

2. 有效利用信息资源

目前信息化工程超期、IT 外部的需求没有满足、IT 平台不支持业务运行等问题较为突出，通过信息系统内部控制可以对信息资源进行有效管理，保证投资的回收，并支持决策。

3. 风险管理

由于组织越来越依赖于信息技术和网络，新的风险不断涌现。信息系统内部控制强调风险管理，通过制定信息资源的保护级别，强调关键的信息技术资源，有效实施监控和事故处理。信息系统内部控制是使组织适应外部环境变化，实现对业务流程中资源的有效利用，从而改善管理效率和提高管理水平的重要手段。

四、信息系统内部控制的主要内容与要求

1. 规章制度

应根据国家法律法规的要求，遵循安全性、适用性、可操作性原则，建立信息系统的管理制度、操作流程、岗位手册和风险控制制度，加强信息技术人员、设备、软件、数据及机房安全，防范病毒和黑客攻击，加强对技术资料、系统网络等的管理。

2. 系统管理

应设立专门的信息技术部门，统一归口管理信息技术工作，加强对立项、设计、开发、测试、运行与维护等环节的管理，严格划分软件设计、业务操作和技术维护等方面的职责，定期对信息系统的可靠性和安全性进行检查。证券公司与交易结算相关的技术系统应符合中国证监会、证券交易所及登记结算公司相关技术规范的要求。

3. 岗位分离与制约

应强化信息系统的相互牵制制度。信息系统的立项审批与开发、运行与维护、开发测试与日常运转之间应适当分离。信息系统设计、软件开发等技术人员与实际业务操作人员应相互独立，计算机系统的日常维护和管理人员必须独立

于会计、交易等部门，禁止一人同时掌管操作系统口令和数据库管理系统口令。

4. 安全与保密

应实施系统进入控制以及信息系统的权限、密码管理。权限的审批、设置、变动以及密码的使用、修改应有严格的控制措施并保留完备的记录，从而保证信息系统数据的安全、真实和完整，并能及时、准确地传递到会计等各职能部门。用户权限设置应当遵循权限最小化原则。

5. 数据保存与备份

应保证信息系统日志的完备性，确保所有重大修改被完整地记录，并开启审计留痕功能。严格计算机交易数据的授权修改程序，建立电子信息数据的及时保存和备份制度，并坚持电子信息数据的定期查验制度。

6. 病毒防范

公司应建立系统安全和病毒防范制度，实时监控信息系统的安全，严防黑客或病毒入侵系统。电子信息管理部门应指定专人负责计算机病毒防范工作，定期进行病毒检测。

7. 灾难备份与应急处理

应建立可靠完备的灾难备份计划和应急处理机制。数据和重要资料要异地备份，条件允许时应建设异地计算机灾难备份中心。还应制定详细的信息系统安全应急方案，并定期修订、演练。

第二节 信息系统内部控制——COBIT 模型

一、COBIT 介绍

COBIT 即信息系统和技术控制目标，是由美国信息系统审计与控制协会（ISACA）在 1996 年公布的，目前已经更新至第 5.0 版，是国际上公认的最先进、最权威的安全与信息技术管理和控制标准。COBIT 从体系化、标准化的高度，构建关于信息系统投资、建设、评估、风险控制的知识框架，超越了传统的产品与服务的概念，是 IT 行业乃至信息化事业新的发展思路。

二、COBIT 控制原理分析

COBIT 集中反映了 IT 控制的目标和思想。COBIT 模型中关于控制的含义是：控制是一系列策略、程序、实践和组织结构的设计，以便对业务目标提供有效的保证，对意外事件进行防范、监控和纠正。而 IT 控制目标的定义是：通过在特定的IT活动中实施控制程序，以便获得期望的结果和目标。COBIT的控制目标体系从一个简单而实际的假设开始：为了提供政府或企业达到其目标所需要的信息，IT资源需要有一个自然分类的过程管理。COBIT控制目标体系可以看作由IT资源、IT处理过程、业务需求三者关系衍生出的循环，如图10—1所示。

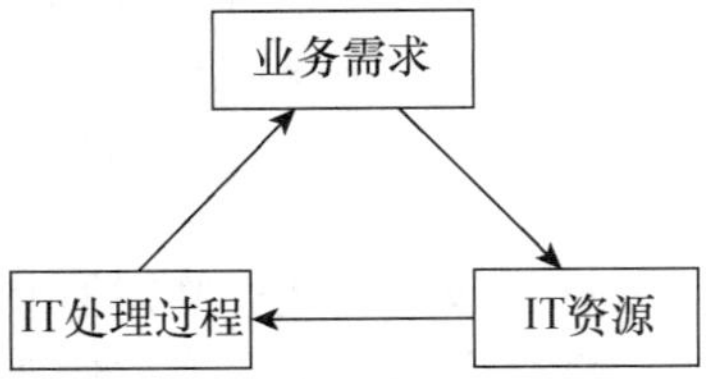

图10—1　IT资源、IT处理过程、业务需求的关系循环

（一）IT资源

在COBIT中，IT资源包括数据、应用系统、技术、设施、人力，这是IT处理过程的主要对象。

（1）数据：泛指外部和内部、结构化和非结构化的文字、图像、影像、声音等。

（2）应用系统：指人工和程序化的过程的总和。

（3）技术：包括硬件、操作系统、数据库管理系统、网络和多媒体等。

（4）设施：指可以支持和保护信息系统的所有相关资源。

（5）人力：指人员在计划、组织、获取、支持和监控信息系统及其服务中的技能、认知和生产力。

（二）业务需求

信息及其相关技术是组织内部最有价值的资产，组织的管理者期望信息系统的服务质量不断提高，功能逐渐强大，并且易于使用，服务效率高，在不断提高服务质量的同时，维持较低的服务成本。为了实现控制目标，信息需要遵循一定的规范，在COBIT中称为信息的业务需求。信息的业务需求分为下面三个部分：

（1）质量需求：包括质量、成本、服务。

（2）信任需求：运行的效果和效率、信息的可靠性、符合法规的要求。

（3）安全需求：保密性、完整性、可用性。

COBIT的目的是满足业务需求，通过参考COSO等其他控制模型，COBIT定义了7个相互独立的信息评价指标来满足信息的质量需求、信任需求和安全需求，即信息的有效性、高效性、保密性、完整性、可用性、兼容性、可靠性。

（三）IT处理过程

COBIT模型的总体结构中包含高级控制目标及其分类。对IT资源的管理从本质上分成三层，从最低层至最顶层分别是活动任务、处理过程和域。活动任务层中的“活动”是生命周期的概念，而“任务”是更加分散的概念。处理过程层高于活动任务层，处理过程定义为一系列关联的能够自然终止的活动和任务。在处理活动的上一层，处理过程被划分成域。

COBIT确定了34个IT处理过程。每个处理过程是一系列关联的IT活动或任务，它们被标识并分成4个域，分别是规划与组织、获取与实施、交付与支持和监控，这4个域共同组成信息系统生命周期。

（1）规划与组织：这个域包括战略和战术，关注以下几个方面：IT如何帮助实现业务目标，战略和战术的实现需要从不同的方面去计划、交流和管理，组织要合理，技术设施要准备妥当。

（2）获取与实施：为实现IT战略，要选择、开发或获取相关的IT解决方案，同时必须与业务处理过程结合起来实施。另外，这个域还覆盖对现有系统的更新和维护，确保系统的生命周期顺利运转。

（3）交付与支持：这个域关注提供所需服务，从安全服务到培训服务，同时还包括应用系统的数据处理，这属于应用控制的范围。

（4）监控：这个域关注是否经常评估所有IT过程的效率，并检查它们是否符合控制需求。

COBIT在规划与组织、获取与实施、交付与支持、监控四个方面确定了具体处理过程及详细控制目标，此外，每个过程还有评审工具。COBIT处理过程如表10—1所示。

表10—1　　　　COBIT的控制域及处理过程

1. 规划与组织	2. 获取与实施	3. 交付与支持	4. 监控
定义IT战略规划	定义IT战略规划，确定自动化的解决方案	定义并管理服务水平	过程监控
定义信息体系结构	获取并维护应用程序软件	管理第三方的服务	评价内部控制的适当性
确定技术方向	获取并维护技术基础设施	管理性能与容量获取	提供独立的审计
定义IT组织与关系	程序开发与维护	确保服务的连续性	
管理IT投资	程序安装与鉴定	确保系统安全	
传达管理目标和方向	确定并分配成本	教育并培训客户	
更新管理		信息技术咨询	

续前表

1. 规划与组织	2. 获取与实施	3. 交付与支持	4. 监控
人力资源管理		配置管理	
确保与外部需求一致		处理问题和突发事件	
风险评估		数据管理	
项目管理		设施管理	
质量管理		运营管理	

三、COBIT 在信息系统中的应用

COBIT 模型是企业战略目标和信息技术目标的桥梁，使得信息技术目标和企业战略目标之间实现互动。

COBIT 考虑了企业自身的战略规划，对业务环境、业务战略进行分析定位，并将战略规划所产生的目标、政策、行动计划作为信息技术的关键环境，由此确定 IT 准则。在 IT 准则的指导下，控制和管理信息资源，同时引入审计指南，从而保证 IT 资源管理的安全性、可靠性和有效性。

目前国内的信息系统内部控制还处于起步阶段，必须有一个好的标准作指导。目前存在的内部控制框架，如美国的 COSO、英国的 Cadbury、加拿大的 Coco、南非的 King 等，都不能为企业提供一个全面的 IT 控制模型，以有效地整合信息系统与业务流程。COBIT 可以为这种整合提供基础，从而在业务需求和 IT 控制之间建立联系。COBIT 的优点如下：

（1）COBIT 是一个非常有用的工具，易于理解和实施，可以帮助在管理层、IT 与审计之间搭建桥梁，提供彼此沟通的语言。几乎每个机构都可以从 COBIT 中获益，来决定基于 IT 过程及它们所支持的业务功能的合理控制。对于信息系统的审计、控制及安全，专业人员应该考虑采用 COBIT 控制模型。

（2）COBIT 提供了一个共同的标准，使得 IT 处理过程实施者更容易与其他组织的 IT 处理过程实施者，以及提供不同 IT 服务的个人或厂商相互沟通。

（3）通过实施 COBIT 增加管理层对控制的感知和支持。COBIT 让管理层了解控制如何影响业务功能。COBIT 提供一种被广泛接受的与信息系统内部控制实践有关的框架来评估现有的或准备建立的 IT 环境，使组织的管理层即使不精通信息系统，也能理解信息系统带来的利益和花费的成本，明白其中存在的风险，然后做出正确的决策。

（4）COBIT 可以简化信息系统内部控制工作，降低复杂信息系统内部控制工作的难度，并且应用在每天都发生的各种新问题中。对于那些不具有广博 IT 知识的人来讲，它是一个应用信息技术的有价值的工具。它也使得信息系统审计师具有专业能力，可以询问与 IT 工程相关的问题。

(5) 为IT处理过程的实施者提供完整的理论指导，使他们可以对IT处理过程中的相关活动实施管理和控制，满足企业对信息系统安全、可靠与有效的需求，为企业达成其目标提供合理保障。

(6) COBIT提供了一个国际通用的信息系统内部控制方案，适用于各种不同的业务项目和审计。它既包括现在的情况，也提供将来可能会使用到的指导方案。

(7) COBIT模型可以帮助决定过程责任，提高信息系统内部控制的水平。采用该模型作为责任矩阵分析的基础，可以实现基于角色的信息系统内部控制，定义过程措施，确保企业利益。

由此可以看出，COBIT模型实现了企业战略与IT战略的互动，并形成持续改进的良性循环机制，为企业提供具有一定参考价值的解决方案。因此，针对我国信息化存在的问题，借鉴COBIT模型的信息系统管理和控制的框架，科学、系统地对信息及相关技术进行管理，逐步实行信息系统内部控制，对推动我国信息技术的发展和应用具有十分重要的现实意义。

应当注意的是，正因为COBIT的通用性，它忽略了个体信息系统的特殊性，因此不能生搬硬套COBIT的整套控制目标体系，而是需要根据实际情况把它具体化。首先，企业在应用COBIT前必须先了解其指导思想。COBIT可以有效地整合组织的业务流程与信息系统，因此必须理解从IT资源的规划、信息的产生到整个业务流程的循环中，需要投入的IT资源，达到的IT目标，以及如何使每个IT处理过程有效运转、相互协调。其次，以COBIT的34个IT处理过程为模板，结合企业的业务流程和信息系统的具体情况，建立满足企业特殊要求的IT处理过程，然后提出每个IT处理过程的控制目标。最后，在应用COBIT的过程中，企业的业务流程、业务需求以及IT技术在不断变化发展，COBIT本身也在不断更新，因此，企业的IT处理过程及其控制目标必须及时更新。

第三节 信息系统的风险管理

一、信息系统风险

如果从风险的角度来考虑信息系统，大致可以把信息系统分为两类：一类是高风险的信息系统，一般指涉及国家机密的信息系统；另一类属中等风险或低风险的信息系统，是我们所要讨论的企业信息系统。金融机构的信息系统较为特殊，既要求对信息严格保密，同时也存在系统的运行风险，因此它既具有高风险的一面，也具有低风险的特质。

企业信息系统与涉密系统的风险程度大为不同，企业信息系统的风险会随着它所处的商业环境和所用软硬件的不同而不同。即使是同一个企业中的不同系统，由于软硬件配置的不同，对相同风险的承受能力也不尽相同。对于以盈利为目的的企业来说，所有对风险管理与控制的讨论都是基于成本的，而涉密系统为了信息的安全、可靠和有效，在资源的投入上往往不惜成本。因此对企业信息系统的风险管理与控制需要进行专门研究，根据其特点制定风险控制和管理的方法。

企业信息系统不仅对数据进行处理，还为组织的高层决策、中层控制和基层运作提供必要的信息、管理决策方法和模型，它服务于不同的管理层次，而不仅仅是某一个层次。因此，企业信息系统不是简单的计算机应用软件的叠加，而是具有集成能力的综合系统。企业信息系统支持业务活动，并为企业经营管理活动提供支持。

企业信息系统的风险来自信息系统的脆弱性，它会使系统面临威胁，从而导致损失。脆弱性的产生是有一定原因的，我们都知道，任何事物都有两面性，信息系统给人们带来便利的时候，系统本身固有的脆弱性也给风险以可乘之机。由于任何系统的控制都不可能是完善的，因此系统本身的脆弱性或多或少存在，这些脆弱性给系统的运行造成了不利影响（见图 10—2）。

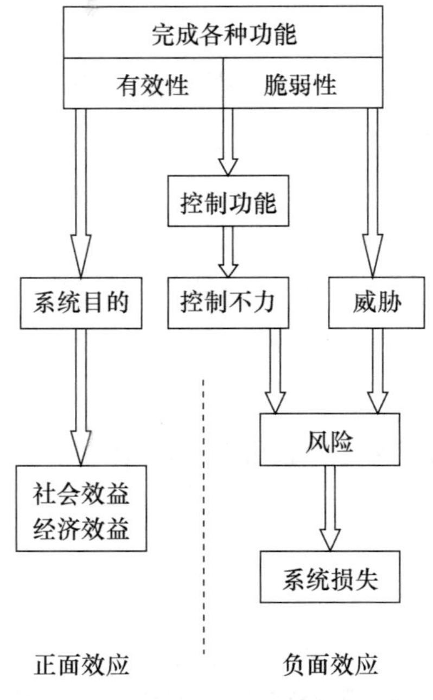

图 10—2 信息系统风险

信息系统的脆弱性是指信息系统固有的弱点。对整个系统而言，其弱点是由系统各个要素的弱点集合起来的，当然这种集合不是纯粹的加总，而是某种程度的集中和再统一。这些弱点或者脆弱性就是信息系统风险的来源。

脆弱性通常从技术和管理两个不同的角度加以区分。

技术方面的脆弱性通常与数据的高速处理、数据的不可见性、信息集中等有关。随着信息技术的发展，现今的信息系统所处理的数据量越来越大，因此系统对数据处理速度的要求也越来越高。在这种情况下，很难对数据处理的正确性逐一确认。与此同时，由于数据量庞大，一旦数据处理出现差错，要在短时间内找到问题需要花费大量的人力与时间。数据的不可见性导致对数据的修改在很多情况下是不可见的。除此之外，大量数据集中在信息中心，若信息中心被破坏，损失将非常大。这些都给信息系统带来巨大的威胁。

从管理方面来看，脆弱性主要表现为内部控制制度不健全，监督功能不完善，从而引发各种威胁。另外，信息系统的实现对外部人员是不可见的，这虽然是信息系统本身的一个优点，但是当信息系统出现问题时，相关人员发现和修正这些问题都相当困难。这也是信息系统脆弱性的一个原因。

二、企业信息系统风险管理的作用

企业信息系统的威胁来自系统内部和外部的方方面面，企业信息系统风险管理人员应当根据风险来源，对信息系统所面临的风险实施有效的控制，从而提高企业信息系统的安全性、可靠性与有效性。所谓内部控制与外部控制，是根据控制点的不同来对企业信息系统控制进行的划分。企业的对策一般是从内部和外部两方面入手，共同降低企业信息系统所面临的各种风险。

外部控制是站在外部的立场上对信息系统进行控制。对于企业的整体信息系统来说，外部控制主要表现为法律规章制度的控制和第三方审计的控制。

目前，通过法律规章制度对信息系统进行控制主要是指信息系统的开发、运行以及维护必须按照一定的标准进行，以确保整个信息系统的安全与质量。政府、金融、保险、国防等领域的信息系统对安全和实时响应的要求很高，同时这些系统关系着国计民生等重大问题，因此对这些系统在法律和制度上的控制比较严格。

对于一些上市公司，为了保护投资者的利益，法律法规方面的外部控制也起着很大的作用。对于企业来说，虽然法律规章制度是其必须遵守的，但这仅仅是最基本的要求，企业可以引进第三方审计来加强对信息系统的控制，以弥补其在内部控制上的不足，这可以说是外部控制的一个重要手段。

信息系统审计是一项独立的验证活动，主要是由独立的具有资格的第三方进行的，对以计算机为核心的信息系统从规划开始，到设计、编程、测试、运行、维护直至淘汰的整个生命周期实施系统审计。系统审计作为信息系统的安全对策，能有效地控制信息资源投入的风险，从而确保信息资源的增值。

三、信息系统审计

为了确保整个企业信息系统风险管理与控制完整、有效，确保针对风险的控制能够按照预定方案进行，起到应有的作用，应当将信息系统审计引入到企业信息系统风险管理与控制的过程中。

信息系统审计是指，审计人员接受委托或授权，收集并评估证据以判断一个计算机系统是否做到保护资产、维护数据完整并最有效率地完成组织目标。它既包括信息系统外部审计的鉴证目标，即对被审计单位的信息系统保护资产安全及数据完整的鉴证，又包含内部审计的管理目标，即信息系统的有效性目标。

信息系统审计的一个主要特点是独立性。所谓独立性是指审计师站在公正、客观的立场上对信息系统进行评价。为了确保系统审计的公正性，审计师应该以第三方的客观立场对信息系统进行综合评价与检查。

信息系统审计是对信息系统风险全面的控制。在整个审计过程中，审计人员应该对控制环境、风险评价、控制活动、信息与沟通以及监督过程进行全面控制。在具体进行信息系统审计的过程中，主要评审以下方面的内容：

（1）信息系统的管理、规划与组织。评价信息系统管理、规划与组织方面的策略、政策、标准、程序和相关实务。

（2）信息系统技术基础设施与操作实务。评价组织在技术与基础设施管理方面的有效性及效率，确保其充分支持组织的商业目标。

（3）资产的保护。对逻辑、环境与信息技术基础设施的安全性进行评价，确保其满足组织保护信息资产的需要，防止信息资产在未经授权的情况下使用、披露、修改、损坏或丢失。

（4）灾难恢复与业务持续计划。这些计划在发生灾难时能够使组织维持业务活动，应对这种计划的建立和维护流程进行评价。

（5）应用系统开发、获得、实施与维护。对应用系统开发、获得、实施与维护方面采用的方法和流程进行评价，确保其支持组织的业务目标。

（6）业务流程评价与风险管理。评估业务系统与处理流程，确保根据组织的业务目标对相应风险实施管理。

复习思考题

1. 企业信息系统内部控制的目标是什么？
2. 什么是 COBIT 模型？COBIT 模型在信息系统内部控制中的应用有什么特点？

3

下篇

案例

案例一

柯达公司

一、公司简介

柯达公司由发明家乔治·伊士曼始创于1880年，总部位于美国纽约州罗切斯特市。柯达是信息影像行业的主要参与者之一，这个行业的市场价值达3 850亿美元，包括设备（如数码相机和掌上电脑）、基础设施（如在线网络和影像冲印系统）以及服务和媒介（如访问、分析和打印影像的软件、胶卷和相纸）。

公司有以下几大业务领域：摄影——为大众消费者、专业摄影师和电影摄影师提供传统和数码产品及服务；医疗影像——为医疗卫生行业提供传统和数字影像获取、存储和输出产品及服务；商业影像——为企业和政府提供影像获取、存储和输出产品及服务；元器件——为原始设备生产商（OEM）提供光学元件和感光芯片；显示器——设计和制造世界领先的有机发光二极管（OLED）显示屏以及其他特殊材料。

柯达利用先进的技术、广阔的市场覆盖面和行业合作伙伴关系来为客户提供不断创新的产品和服务，以满足它们对影像中所蕴涵的丰富信息的需求。2012年1月，具有130多年历史的柯达公司申请破产保护。

二、公司历程

从1888年第一台柯达照相机上市开始，柯达的神话延续了上百年。20世纪90年代末，这家百年老字号走到十字路口：主营的胶卷业务占据了市场半壁江山，但影像数码化的市场趋势越来越明显。如何选择？对处于行业龙头地位的柯达来说，尤为纠结。战略上一再迟疑导致柯达错失数码转型的恰当时机。等到其2003年下定决心转型为时已晚。在昔日光环的萦绕下，柯达遇到了一家规模庞大的百年老店常常会遇到的问题——尾大不掉、多层管理、效率低下、人事冗杂。

往远了看，柯达发明了第一台数码相机，积累了海量的数码影像技术专利，但由于对现有技术带来的现实利润和新技术带来的未来利润之间的过渡和切换时机把握不当，造成大量资金用于传统胶片工厂生产线和冲印店设备的低水平简单重复投资，挤占了对数字技术和市场的投资，增大了退出、更新成本，使公司陷于“知错难改”“船大难掉头”的窘境。据统计，截至2002年年底，柯达彩印店在中国的数量达到8 000多家，是肯德基的10倍，麦当劳的18倍！这些店铺在不能提供足够利润的情况下，成为柯达战略转型的包袱。

由传统胶片与数字影像产品市场占有率的比较可以看出，柯达对传统胶片技术和产品有所眷恋，而对数字技术和数字影像产品的冲击反应迟钝，这在很大程度上决定了柯达必然陷入成长危机。

从市场竞争角度看，柯达的经营战略中技术竞争与合作的关系被短期市场行为所左右，竞争者与合作者的战略定位和战略角色模糊。技术市场竞争激烈，柯达在数字相机、智能手机、数字冲印、数字打印机领域遭遇如富士、索尼、惠普、佳能、爱普生等大公司的激烈竞争。虽然柯达也与对手建立了大量战略联盟，但是就核心技术而言形成的战略联盟却寥寥无几，大部分是服务项目的联盟。国之利器岂能让与他人。管理层应该清醒地认识到：柯达过去当老大靠的就是胶片，与别人合作也是靠这个金刚钻。而在当今的数字时代，没有核心技术，企业的经营就会随时处于危险状态，过去的一切都会在瞬间贬值。合作永远不是一厢情愿的事。

这一切导致的结果是柯达的转型时间跨度之长、困难之艰巨远远超过所有人的想象。亏损、出售业务、裁员、并购扩张……这些反反复复的煎熬耗尽了柯达的资金，也耗尽了华尔街对柯达的耐心。柯达只是错过了一次机遇，却没想到代价竟如此巨大。

资料来源：删改自曲忠芳：《柯达三季度惨淡经营　已为小型影像公司》，载《北京商报》，2013-12-04。

问题

1. 作为一个历史悠久的企业，柯达公司在转型中面对哪些困难和障碍？
2. 从内部控制角度分析柯达公司为何由最大的胶卷公司沦落到破产的境地？
3. 柯达公司应如何转型才能适应市场趋势并且符合自身特征？

案例二

南纺股份瞒天过海5年

2014年5月17日，南纺股份发布公告称，公司于5月15日收到证监会下发的行政处罚决定书。值得一提的是，当年，证监会查处的万福生科财务造假事件中，从2008年到2012年上半年，万福生科合计虚增收入9.05亿元，虚增营业利润2.1368亿元。但是南纺股份仅用5年时间就虚增3.44亿元净利润，造假力度远超万福生科。

A股历史上造假者并不少，前有被称作“万人坑”的银广夏，后有绿大地以及“稻米加工第一股”的万福生科。现在这些被钉在造假绞刑架上的公司再添一家——南纺股份5年虚增利润超3亿元，靠造假得以保住上市地位。让人意外的是，南纺股份的造假行径直至3年后才得以曝光。

早在2012年，上交所就曾在公开谴责中明确提及南纺股份存在虚构交易、少结转营业成本、调节坏账，并且在出口退税款和递延所得税资产上大做文章。另外，《每日经济新闻》的记者注意到，公司在“三费”问题上也出现过会计差错更正。

具体造假手法由公司往年重大会计差错就可窥探一二。早在2012年11月28日，上交所即对南纺股份公开谴责，具体提到，2012年年初，公司对以前年度财务数据进行追查，对2010年期末净资产及当期损益进行了一系列追溯调整：资产类科目，主要调减应收账款3.46亿元；股东权益类科目，主要调减年初未分配利润3.18亿元，调减年末未分配利润3.97亿元；损益类科目，主要调减营业收入10.35亿元，调减营业成本9.71亿元。2012年4月30日，公司公布2011年年报，因追溯调整后连续数年亏损，公司股票受到退市风险警示。

偷天换日　虚构交易

虚构交易主要表现为伪造收入，这是多数造假者惯用的手段。给投资者造成损失最惨重的案件，几乎都是使用这种虚构会计信息的手法。伪造交易是一场明显的骗局，也是投资者遇到最多的。

有注册会计师对《每日经济新闻》记者表示，虚构交易的主要途径是伪造收入，伪造收入主要包括以下手段：从虚构交易对象开始，虚构原材料购入发票、材料购入合同、材料入库单据、材料出库单据、生产班组记录、产品入库单据、销售合同、销售发票、产品出库单据、产品运输单据、税务发票以及国外交易方等。

借鸡生蛋　少结转营业成本

“少结转营业成本，一般来说就是提升利润，比如存货发出去，但是少计了。

举一个例子，一个杯子买的价格是4元，但是卖5元，那么成本就是4元，利润是1元，当然，假如成本被说成3元，那么利润就变成2元。”

南纺股份曾公告称，截至2010年12月31日，公司由于少结转营业成本多计利润4 287.78万元，其中调减2010年年初未分配利润4 287.78万元，调减应收账款4 287.78万元。2013年度发现子公司南京建纺实业有限公司2011年度及以前年度少结转营业成本951.3万元，在编制2011年与2012年可比财务报表时，已经对该项差错进行了更正，调减2011年度归属于母公司净利润及留存收益193.1万元、少数股东损益289.63万元及2011年期初留存收益187.43万元，调减2011年存货951.29万元。

另外，公司在调节坏账上也狠下手段，之前上交所曾提及，南纺股份利用转口贸易回款调节客户往来款，达到调节坏账准备等目的。上述注册会计师对记者表示，“坏账一般都建立在应收账款余额基础上，至于怎么做，采用的方法比较多”。之前公告也有提及，截至2010年年末，南纺股份公司因少提坏账准备多计未分配利润2 438.38万元，其中调减2010年年初未分配利润3 899.28万元，调增2010年应收账款坏账准备102.14万元，调减财务费用汇兑损益1 563.04万元。

瞒天过海　骗取出口退税款

骗取出口退税款，是指故意违反税收法规，采取假报出口等手段骗取国家出口退税款。在2011年报中，南纺股份在《关于前期会计差错更正的公告》中提及，长期挂账不符合出口退税条件的应收出口退税款达1 100.11万元。

2000—2011年间，南纺股份的出口货物单证中，经核实有54份备案单证为虚假单证，共涉及已退税款1 033.74万元。根据相关规定，定性为备案单证违法。

另外，在递延所得税问题上，南纺股份也是问题百出。“递延所得税资产的确认与计量直接关系到所得税费用的大小，进而影响企业的净利润和净资产。假如递延所得税增加，那么所得税费用就会减少，企业的净利润就会上升，反之则下降。”

资料显示，南纺股份2009年年末应纳税所得额余额为−33.00万元，递延所得税资产余额3 311.10万元；2010年应纳税所得额为−5 400万元，当期计提递延所得税资产2 080.72万元，根据相关会计准则，南纺股份冲回并追溯调整递延所得税资产，调减2010年度递延所得税资产2 080.72万元，调增所得税费用2 080.72万元，调减2010年年初未分配利润3 311.10万元。

云遮雾掩　调节“三费”有妙招

除上述问题外，2013年，南纺股份发现子公司南京高新经纬电气有限公司于2009年将固定资产转让并租回使用，由公司每月向其支付租金，截至2012年年末，公司尚有已支付的租金239.85万元挂账未进行处理，其中：属于2011年度的利息支出为95.94万元，属于2011年前期的利息支出为143.91万元，在编制2011年与2012年可比财务报表时，已经对该项差错进行了更正，调减少数股东损益2 974.15元，调增长期应付款239.85万元。

另外，2004年11月，公司与南京斯亚实业有限公司签署房产转让协议，公司购买南京云南北路77号南泰大厦第十八层，建筑面积1 010.53平方米，协议转让价格650万元，公司将该房产按照首次付款500万元入账，导致固定资产的账面原值较转让价格少计150万元，在编制2011年与2012年可比财务报表时，已经对该项差错进行了更正，调减2011年归属于母公司净利润和留存收益7.5万元，调增累计折旧52.5万元，调增应付账款150万元。

南纺股份2014年5月16日晚间的一则公告令资本市场瞠目结舌。公司在2006—2010年5年间连续虚构利润，虚构利润占其披露利润的百分比从130%到5 500%不等（符合追究刑责标准），累计虚构利润3.44亿元，南纺股份以此“保全”了上市资格。证监会对公司及相关责任人作出行政处罚决定。

目前，除了该事件是否会追究刑事责任以及民事责任为外界所关注，同样受质疑的还有对公司年报进行长达5年审计的会计师事务所是否“勤勉尽责”。《每日经济新闻》记者对南纺股份财务造假期间审计报告进行查阅时发现，2006—2010年，公司聘请的南京永华会计师事务所（2007年5月加入立信会计师事务所管理公司，并更名为南京立信永华会计师事务所）均出具了标准无保留意见的审计报告。

2012年，上交所曾公开谴责南纺股份涉嫌财务造假和虚假信息披露，称造成公司以往年度重大会计差错的原因主要有：虚增合同收入；将境外融资业务虚构为转口贸易，虚增营业收入和营业成本；少结转营业成本；利用转口贸易回款调节客户往来款，达到调节坏账准备等目的；长期挂账不符合出口退税条件的应收出口退税款，以及不符合确认条件的递延所得税资产等。以上事实表明，公司涉嫌制造和披露虚假信息，年度报告未能以客观事实为依据，无法如实反映公司财务数据及经营情况。

另经查明，公司前董事长兼总经理单晓钟、前董事兼副总经理兼财务总监丁杰、前副总经理刘胜宁三人恶意串通、联手造假。上交所及公开信息均未对具体作案手法及细节予以披露。记者仅查询到，上年8月公司公告显示，南纺股份收到税务机关的税务处理决定书。税务机关对公司2010年1月1日至2011年12月31日进出口退免税情况进行了检查，决定追回相关退税。

具体来看，南纺股份被认定的违法事实为：2010—2011年间，公司的出口货物单证中，经核实有54份备案单证为虚假单证，共涉及已退税款1 033.74万元。根据相关规定，事件定性为备案单证违法，税务机关将追回公司已取得的退税。

合伙人指出，即使公司内部单据存在系统性造假，审计人员仍可通过外部单据查出企业造假的蛛丝马迹，以上述税务机关核实的54份备案单证为虚假单证为例，“出口肯定会有发货，审计人员可以通过相关运输公司开具的发票（如多少集装箱、多少费用）、进出口公司报关等费用进行外部核实”。

再以上交所提及的虚增合同收入为例，每向客户发一笔货，就会有一份收入确认单，一般企业无法做到与每家客户企业串通、系统性造假，会计师如果根据审计准则及相关评判标准从外部多方面去确认单据真实性就会发现造假行为。

“利用转口贸易回款调节客户往来款，达到调节坏账准备等目的”，同样可以通过与外部客户对账的形式来核实。该合伙人指出，“按照审计准则的流程做下来，不难发现企业存在问题。一旦发现问题，需要公司予以解释，假设公司继续提供虚假证据圆谎，最后仍有可能出具标准无保留意见的审计报告，但对事务所来说，工作底稿上对此询问过程会有记录，所以，需要查看该工作底稿，从而判断其是否勤勉尽责。如果审计机构没有尽责，则需承担虚假陈述的连带责任”。

多位签字注会均在职

多位律师向记者表示，如果事务所故意参与做假，就必须承担责任，即虚假陈述的连带责任。具有讽刺意味的是，造假期间，南纺股份董事会下设的审计委员会曾多次在年报中宣称：南京立信永华的审计员业务素质良好，恪尽职守，遵循执业准则，较好地完成了各项审计任务。鉴于南京立信永华在往年审计工作中表现出的执业胜任能力，独立、公正的工作原则及勤勉、尽责的工作态度，聘请其为公司提供多年审计服务。

资料来源：宋戈：《南纺股份瞒天过海5年　五大造假路径全解析》，载《每日经济新闻》，2014-05-19。

问题

1. 南纺股份造假案中主要有哪些造假手段？如果是注册会计师，该如何识破这些手段？

2. 分析在长达五年的南纺股份造假链中各当事人的责任。

3. 收入和费用类科目与企业利润直接相关，往往是企业造假的重灾区。针对这两类科目的重大错报风险，有哪些具体的应对措施？

案例三

泸州老窖巨额存款丢失

继2014年10月发现中国农业银行长沙迎新支行的1.5亿元存款出现异常后，2015年1月10日，泸州老窖再发公告称，其在中国工商银行南阳中州支行的1.5亿元存款已到期，但工行中州支行以存款被公安机关冻结为由拒不支付，并拒绝出示冻结手续。此外，另一处2亿元存款也涉案，公安机关已介入进行侦察和资产保全。对此，泸州老窖预计将对前述三处共计5亿元存款在2014会计年度按40%比例计提坏账准备。

泸州老窖三个月内巨额存款丢失三次，此前酒鬼酒也曾曝出亿元存款被盗，为何受伤的总是酒企？据《上海证券报》记者调查，这背后是“存款卖酒”灰色商业模式的变异、银企内控机制的漏洞、资金掮客的铤而走险和民间借贷市场的崩塌。无论是从信息披露还是资金安全的角度考量，酒企600亿元存款的排雷已刻不容缓。

何谓“存款卖酒”？

据人民网介绍，“存款卖酒”是白酒企业近年来推出的一种资源置换业务，即酒企、经销商和银行间采用一种交易性合作方式——经销商承销酒企积压的滞销酒，酒企向经销商指定银行开户存款，经销商从这种资源置换中获取相应利益。目前，白酒的市场行情不佳，为保业绩，不少酒企都推出了这种“存款卖酒”业务模式，泸州老窖也是最早推出“存款卖酒”业务模式的酒企之一。

在这种“存款卖酒”模式下，经销商每承销600万元白酒，就可换取酒企5 000万元的银行存款。有人称，经销商当然不是无偿购置酒企的滞销酒，在酒企向经销商指定的银行开户存款后，经销商可以从银行方获取委托贷款、客户介绍等好处。而酒企的资金直接存入指定银行，并不经过经销商，表现为酒企名下的银行存款，和其他企业的银行存款没什么不同。

由于经销商给酒企指定的开户银行不同，其对巨额存款的对账方式也各有不同。一家商业银行成都分行的高管向《每日经济新闻》记者表示，“按照相关要求，四川对此比较严格，多要求企业每月与银行对账一次，而其他省份有可能是数月才核对一次。这种巨资丢失的案件在国内公司中很常见，大多是银行、企业等内部人士所为”。

“存款卖酒”模式中，客户通过酒企的经销商拿货，不直接从银行走账，本身不违法。泸州老窖存款频频丢失，很可能是不法分子利用异地存款方式中银企双方互相不熟悉的特点，通过盗刻公章、伪造资料的方式，挪用或盗用了存款。

也有专家表示，与个人存款业务往往有短信提醒通知不同，银行难以就资金的流动及时告知企业方，这造成企业方难以对资金实施及时监控。

4 名嫌疑人被批捕

2014 年 10 月 15 日，泸州老窖发布公告称，其在中国农业银行长沙迎新支行的一笔 1.5 亿元存款失踪，经多方协调并多次磋商后无果，公司就此事向四川省高级人民法院提起诉讼。2014 年 12 月 6 日，公司发布进展公告，称于 2014 年 12 月 4 日收到四川省高级人民法院的受理案件通知书，四川省高级人民法院决定立案受理。

早前，人民检察院案件信息公开网已就此事发布通告，泸州市人民检察院对李志刚、胡晓东、张浩、陈伯青四名犯罪嫌疑人批准逮捕。犯罪嫌疑人李志刚、胡晓东、张浩、陈伯青四人相互勾结，采用伪造银行票证等手段，骗取泸州老窖公司在银行的上亿元存款，用于牟利。

资料来源：改编自施南：《泸州老窖的存款去哪了》，载《南方周末》，2015-01-23。

问题

1. 白酒行业的“存款卖酒”模式存在哪些内部控制缺陷？
2. 针对三个月多次丢失巨额存款，泸州老窖应该采取哪些应对措施？
3. 企业如何保证其资产安全？

案例四

周大福与郑裕彤

实际上，提起周大福，内地知之者众。但提起郑裕彤，则知之者寡。许多消费者甚至以为周大福品牌的老板就叫周大福。不过业内人士都知道，拥有传奇个人色彩的郑裕彤是珠宝行业几十年来风雨变化的见证者。拥有86年发展历史的周大福品牌能发展到今天，没有郑裕彤可以说无法想象。然而中国香港浅水湾道12号大院的主人，2015年刚刚庆完自己九十大寿的郑裕彤，最近心情想必不佳。或许，他多少还会生出一些后悔。一连串极糟糕的财务数字来自周大福最近出炉的季报和半年报。而在60年前，"鲨胆彤"的传奇是从他接手岳丈的周大福开始的，最终周大福发展成全球最大饰品企业及第三大奢侈品集团。

毫不夸张，正是周大福成就了郑裕彤的"新世界"，让他与"长实和黄系"的李嘉诚、"恒基系"的李兆基、"新鸿基系"的郭氏兄弟平起平坐。作为一只积累家族财富的金母鸡，郑氏并不情愿让外界过多知晓该公司的真实财务状况，以至于直到2011年12月15日才改变私人公司性质而在港交所挂牌。10.5亿股，每股作价15港元，集资220.5亿港元，家族账面资产暴增800亿港元。

4年前轰动港埠的周大福上市事件，一度被视作郑意欲取代比他小三岁的好友李嘉诚问鼎华人首富的难得良机。不过较多市场分析人士仍倾向认为，"彤叔"是在为第三代接班人上位布局谋篇，甚至连郑家长公子郑家纯都承认："公司也好，店铺也好，回本很快，根本不需要那么多现金。"而郑裕彤本人更直率："上市很麻烦，不喜欢披露太多。"

虽说冲击首富的愿望并未达成，但那确实是这个售卖黄金的钻石老牌企业最华彩的年份——比同行高出8个百分点至28%的毛利率，同比劲升79%至63.41亿港元的全年净利。不过姜还是老的辣，郑裕彤的担心四年后仍然变成了现实。虽然周大福的销售额从2011年的350.43亿港元一路飙升到2014年的774.07亿港元，公司管理层宣称的"千亿目标"似乎近在眼前，同时黄金产品销售占比从53.4%上升为61.2%，但一只独大放大了风险。而金价的跳水、不断下滑的毛利、频次加快的折价促销活动和火箭般速度增长的店面数之间构成某种不协调，透出一丝不祥的气息。直接的后果便是，其1 380亿港元的最高市值足足蒸发58%，只剩下590亿港元。

然而这还不是最坏的时刻。截止到2015年9月末的半年内，周大福销售额下降4.1%至281.2亿港元，净利则同比锐挫42.2%达15.6亿港元。别忘了，在上年四季度和本年第一季度的半年内，其净利已下滑27%，而市场的预期原本只是缩水5%。当一家企业不能躲在帷幕背后时，那么其优点和缺点都将成倍放大。周大福再也不是那个汇聚郑家各版图生意所有利润并在适当时候反哺产业资本需求的隐性平台了，身为公众公司，它必须给投资者一个交代，5.95 港元的现时股价必须给予一定程度的提升。于是，瘦身计划亮相，关闭 115 家零售门店——这占到其 2 286 个总网点数量的近 5%，其中经营压力更大的港澳地区关闭 10 家门店，占到该地区门店总数的近 10%。

有一种观点认为，周大福业绩萎靡源于香港零售环境的恶化，从广东道到 250 米长的罗素街，自由行后一度潮水般涌来的内地消费者在“占中”和“反水客”活动后明显减少掏荷包的频率。当昔日的租王都要为了应对骤寒局面大幅降租四至六成时，单笔支出数目不菲的珠宝和钟表店首当其冲。毕竟，现在连莎莎都要靠裁员才能在漫漫冬夜里抹一点自我安慰的口红。

这一论断显然过于武断。事实上，周大福在中国内地的过速扩张以及整体市场环境的恶化，才是这家企业倒退的根本。在香港华人商圈，郑裕彤素以标新立异、敢于逆市抄底操作闻名，其绰号亦由此得来。但一个有趣的现象是：相对于旗下新世界诸公司的激进，周大福在开拓内地市场上稳健到保守——从 1988 年试水，直到 5 年后才在北京贵友大厦开设首家专营店面，又过了 5 年也不过开设 100 家店。进入 21 世纪，伴随内地消费人群的购买力急速上升，周大福于 2010 年在北京前门大街开设第 1 000 家门店。按照原计划，至 2020 年，周大福规划开设 2 000 家门店。

然而因上市突然丰沛的现金流，令家族二代话事者开始大幅提速——每两天开设一家店，较星巴克快出一倍，十年计划提前六年收工。更重要的是，销售渠道从此前强调的一线与二、三线城市四六开进一步下沉，一家门店辐射 50 万人的“金规”悄然间变成只有 20 万至 30 万人即可开店，这意味着在四、五线城市你都可以看见它了。巴彦淖尔——这个恐怕绝大多数国人都不熟悉的内蒙古恐龙之乡也迎来了香港这位娇客，谁说爱吃手抓羊肉的大汉就不会买首饰?

港澳市场只是弹丸，即便内地消费者减少开支亦不足惧，只需占领中国内地市场，华人珠宝大王照样盆满钵满。4 000 家门店，一个更大胆的目标浮出水面，匹配全年 4 800 亿元人民币的珠宝总销售额和每年 15%的成长，一切都很完美。同时，随着收购亚洲最大高档手表零售商宜进利，并与历峰集团成立合资公司，近两千家钟表门店的存在近乎一种宣言：我还要做钟表之王。

巴宝莉、香奈儿以及 LVMH 集团较多锁定中国的商务和政界人群，一旦风向改变，无疑将受到较大冲击，除了降价恐怕只能关店止损了事——事实也正是如此，而顶着华资光环更多面对中产阶层的周大福反而没有此类顾忌。很可惜，随着经济环境剧烈调整，商铺租金的下调方才启动且短时间内无助于并非刚需的品类（新婚市场除外），而金价持续下滑形成的对冲浮亏却早早显现。一家新门店从开业到收回全部投入一般需要五六年时间，而在经济萎靡的当下，消费者基于维持未来生活质量的考虑，在黄金保值定律失灵之后，将大幅减少光顾珠宝钟表店的机会。

韩国仁川与澳大利亚布里斯班的赌场生意，爱尔兰和科威特的飞机租赁买卖，以至在北京挂牌的能源业务，当然还有前海的港货中心，周大福在紧急收缩传统板块的门店之余，明显加快了多元化步伐。20 多年前，原本想着颐养天年多多参与高尔夫运动的郑裕彤曾经被迫出山，只为了收拾因快速扩张债务大增的局面。可一不可再，年岁不饶人，唯一幸运的是，老太爷的健在至少为家族内部的子弟提供了一块压仓石，哪怕短时间内因业务调整出现阵痛。

这家创造 999 金标准的公司试图再次证明何谓“真金不怕火炼”。是的，距 100 年大庆还剩 14 年，那时才是十足真金的百年老店。

资料来源：改编自施南：《周大福赢利机能严重衰减　郑家儿郎岂能再指老太爷》，载《投资时报》，2015-12-04。

问题

1. 该案例反映了周大福公司存在哪些内部控制缺陷？

2. 过度扩张给周大福公司带来了哪些影响？在企业扩张过程中应该注意哪些问题？

3. 从内部控制角度分析，郑裕彤可以做出什么尝试再次证明“真金不怕火炼”？

案例五

德国印刷巨头曼罗兰

一、公司概况

曼罗兰是全球第二大印刷设备生产商，这家从事印刷业务超过160年的印机巨头最近申请破产，在全球印机和印刷行业无异于一场地震。据美国彭博新闻社的报道，在德国，这是自2009年6月零售巨头卡尔施泰特万乐（Arcandor）破产以来最大的一起企业破产案。

“德国印刷巨头曼罗兰申请破产”，2011年11月25日晚，新浪财经译自彭博新闻社的这条消息刚一上线，就被印刷行业的网络媒体转载，并在微博上引发业内热议。在与一个潜在投资者于最后阶段谈判失败后，曼罗兰股份公司（Manroland AG）于25日向位于德国奥格斯堡的司法管辖区法院申请启动破产保护程序。

二、破产经过

曼罗兰申请破产保护是“在与一个潜在投资者于最后阶段谈判失败后”，从曼罗兰这一回复中不难看出，其申请破产保护程序的直接原因是资金链断裂。彭博新闻社报道称，曼罗兰监事会副主席科纳（Juergen Kerner）在一份声明中表示，由于缺少财务支持，所有的解决方案都已失败。一个潜在的投资者退出，甚至两大股东曼恩（MAN SE）与安联（Allianz）都不准备提供更多支持。资料显示，2010年，曼罗兰年度营收9.42亿欧元（合12.5亿美元），较2006年的水平下降一半以上，并出现运营亏损。2011年上半年，该公司运营亏损2 500万欧元（合3 390万美元）。

曼罗兰发表的新闻通稿称，自7月中旬起，订单大幅下滑触发了申请破产保护的决定。通稿分析，虽然客户仍然对曼罗兰的印刷系统有着极大的兴趣，但是它们觉得在国际金融危机后越来越难以获得融资。与此同时，竞争激烈，订单下降，导致更大的价格压力，而利润却不断下降。现在的市场规模仅是2008年国际金融危机发生前的50%。虽然从本财政年度开始市场显示出复苏的迹象，但是进入夏季后，市场再次陷入低迷，特别是在美国和西欧的平张胶印机市场。尽管中国市场的业务仍然活跃，但也不能幸免。经济低迷影响着整个行业，其力量是不可预见的。

网络媒体对印刷业的冲击或直接导致对印刷设备需求的下降。近一两年来，欧美纸媒处于日益萎缩的境地，很多报纸弃报从网，不再出版印刷版的报纸。这势必造成对印刷设备需求的下降，而曼罗兰的设备多用于报业和出版领域。彭博新闻社分析，德国印刷机械行业一直处于下滑状态，因为这些机械的价格昂贵，基本都在100万美元以上，而且伴随网络出版时代的到来，对印刷材料的需求不断下滑。为降低成本，曼罗兰与规模更大的竞争对手——海德堡印刷机械公司被迫裁员和缩短工时。目前，曼罗兰已裁员近1/5，并将1/3剩余员工的工时缩短。

在申请破产保护的同时，曼罗兰一直在为重组努力。它发布通稿称，公司此举是为了挽救主要业务单位。启动破产保护程序为加快重组进程以及引导公司渡过这一艰难阶段提供了机会。尽管难尽如人意，但申请破产保护提供了美好的前景，因为曼罗兰拥有极具吸引力的产品、专业的技术和优秀的团队。凭借潜在投资者的计划投资项目，以及与前股东和银行所协调的融资方案，曼罗兰的股本基础将会得到加强。其实，近年来，曼罗兰一直深陷合并传闻中，包括与最大竞争对手海德堡印刷机械公司或上海电气集团合并。辽宁大族冠华印刷科技股份有限公司总经理刘学智在微博上分析，一旦启动破产保护程序，债权人就会要求企业在限定时间内重组。如有新投资者进入，收购后的资金将优先偿还给主要权益人；如没有新投资者进入，则重组失败，法院将遣散全部员工并进行清算，这是真正意义上的破产。

资料来源：改编自左志红：《德国印刷巨头曼罗兰申请破产　或因网络媒体冲击》，载《中国新闻出版报》，2011-11-29。

问题

1. 曼罗兰公司从印刷巨头走向衰落的真正原因是什么？
2. 曼罗兰公司从2009年开始到破产期间面临哪些风险？
3. 从曼罗兰公司衰败的事件中，分析良好的风险管理对企业的生存和发展有哪些作用。

案例六

东芝压产能失败

在那个物品还比较匮乏的年代，高品质的东芝家电成为很多中国人生活档次的标志。但风流总被雨打风吹去，这个“日本制造”的代表性企业的前景越来越黯淡，甚至走到崩溃的十字路口。

东芝的困境从亏损数据就可以看出。根据估算，2015 财年，东芝将产生 5 500亿日元（约合 45 亿美元）的创纪录净亏损。为了求得生存，东芝将进行解体式重建，大幅裁减业绩不佳的家电部门以及总公司员工，加上此前已裁减的半导体部门，总计裁员 1.06 万人，占到员工总数的 1/4。

对很多一辈子只在一个企业工作的日本人来说，这无疑是一个艰难时刻，他们从来没想到，这个日本的巨无霸企业有一天也会陷入如此境地。要知道，与日立、松下、索尼不同，有 140 年历史的东芝是日本老牌家电企业，日本第一台电灯泡、第一台洗衣机、第一台冰箱，都诞生在东芝的车间。

当年给东芝带来荣光和利润的家电部门，最近几年成为东芝最大的拖累。从 2012 年开始，东芝的家电基本没有盈利，后来频繁亏损，成了拖累东芝发展的僵尸部门。

东芝的问题其实也是日本整个家电业的缩影。最近几年，由于行业前景黯淡，以及中韩企业的夹击，曾经如日中天的日本家电业早已雄风不再。2008 年，日立创下当时日本企业的最大亏损纪录——7 873 亿日元。为摆脱困境，日立当机立断，开始压缩产能，以挤脓的决心剥离了亏损的家电部门。

东芝缺乏壮士断腕的决心，对于电视机、洗衣机、个人电脑这些传统家电业务，左一个不舍得，右一个不愿放弃，虽也有剥离业务的建议，但迟迟不见付诸行动。

东芝的慢一拍其实与内部自欺欺人有关。2015 年 7 月，东芝披露了震惊日本的财务造假——通过大幅虚增利润维持表面业绩，且这种造假持续了多年。表面的数字光鲜自然使得公司上下缺乏转型的紧迫感。假账让东芝信誉大损。日本证券交易监督委员会表示，将向东芝处以 73.735 亿日元罚款。这也是日本公司被处以的最大罚款。

现在，每多生产出一件家电，东芝就多一点亏损，当亏损突破 5 000 亿日元大关时，公司再也无法承受。东芝不得不开始变卖家产。东芝在印度尼西亚的电视机和洗衣机生产企业已转卖给中国的创维公司。接下来，东芝的个人电脑部门很可能与富士通合并，白色家电则可能甩卖给夏普。东芝以后的核心业务将是半导体和核电。

即便如此，东芝的前景依然不容乐观，根据预测，2016财年，东芝的到期贷款和债务接近1万亿日元。东芝迫切需要融资，但糟糕的业绩让投资者望而却步。穆迪已将该公司的债券评级下调至垃圾级。东京证交所则禁止东芝在2017年9月之前进行股权融资。

东芝的教训是惨痛的，没有转型的紧迫感，往往就在竞争中被淘汰。这种东芝病其实在很多国家的企业中都存在。

在美国，同样作为综合性公司的通用电气也曾蒙受巨额损失，金融部门的巨额亏损甚至将其拉入2008年国际金融危机的深渊。但通用电气痛定思痛，果断剥离了金融部门，并集中力量加强高科技制造业务，现在依然是美国的巨无霸企业。

中国当下进行供给侧改革，其中一个重要原因就是一些企业患上了类似的"东芝病"，生产不符合市场需求，却仍在消耗原材料和能源，结果必然是产能过剩、亏损增加。改革就必须果断剥离这些亏损业务，并转型开拓新的业务，如果瞻前顾后犹豫不决，则很可能被市场所淘汰。

必须看到，今天东芝在压缩产能，将家电业务甩给中国企业实际上是断臂求生。这是中国企业的机会，同时也是挑战。今天可能还在欣喜并购东芝的工厂，明天或许就会发现这其实是一个巨大的包袱。将接受东芝白色家电的夏普其实也在苦苦挣扎，甩卖或许也不可避免。

如果没有强烈的危机意识，没有持续创新的能力，再过5年或10年，中国家电企业能否避免东芝的梦魇还是个未知数。更需警醒的是，我们的一些品牌远没有东芝那么响亮，业务也没有东芝那么多元化，瘦身的东芝好歹还有半导体、核电作为最后的稻草，我们的一些企业想好拿什么作为压箱底的最后法宝了吗?

资料来源：牛弹琴：《东芝压产能失败案例给中国企业什么警示》，载《每日经济新闻》，2016-01-15。

问题

1. 为何说财务造假是造成东芝无法及时适应市场、最终压力重重的原因?
2. 东芝公司犯了哪些错误导致瘦身之路屡屡失败?
3. 接受东芝淘汰产能的中国企业未来将何去何从?

大众汽车深陷“排气门”

创新的概念是大众所追求的，它希望通过先进的动力技术和环保理念争夺日系、美系车的份额；压缩成本也是大众近年来的目标，以实现更高的收益。数据显示，大众汽车自 2007 年推出全新的动力总成概念，到 2010 年全面实施，其销量和营业利润同比快速提升。特别是进入 2013 年之后，大众在销量提升只有个位数字后，其利润仍然保持较高的两位数增长，如 2014 年的新车销量增速只有 1.96％，但其利润增长却高达 19.35％。

鱼与熊掌不能兼得，当销量接近“天花板”时，大众仍要追求利润的高速增长，于是，“排气门”横空出世。大众方面目前保持了缄默，即使是德国媒体的采访要求也无法获得回应。大众集团麾下两位高级技术负责人将被迫离职，分别是奥迪的研发总监 Ulrich Hackenberg 和保时捷的发动机负责人 Wolfgang Hatz。他们将为柴油车排放造假丑闻承担技术方面的责任。

德国网民也怒了

9 月 23 日，大众汽车集团对外公布了 CEO 文德恩（Martin Winterkorn）的辞职信。文德恩在信中表示，他没想到尾气造假规模如此之大，他感到十分震惊，“不知道自己有什么错，但接受失察之责”。

大众汽车监事会表示：“文德恩对尾气作弊事情不知情，监事会将成立调查委员会以配合司法机关的调查，此次非常行为可能构成犯罪，克服危机是长期挑战。”

汽车行业资深专家钟师对《第一财经日报》记者表示，大众排放造假事件涉及技术、法律等多方面问题，在调查结果出来之前，无法确定事情到底是大众总部刻意为之，还是大众北美出的馊主意，但有一点是肯定的，大众在北美市场憋着一口气。“美国是全球第二大市场，但对大众汽车的销量贡献率却不足 3％，而中国的贡献率超过 30％。”

钟师表示，大众汽车希望利用节能和环保效果更好的柴油车来赢得美国市场的认可。然而，现实状况是，虽然柴油车省油、马力大，但致命缺点是排放污染大，要满足美国的排放标准，大众得付出更多成本处理尾气。

于是，向往鱼与熊掌兼得的大众走上了一条歪路。一位德国业界人士向本报记者表示，以前从来没有发生过这种事情，德国今年整个国际形象都变了，在难民问题上表现得那么好，在科技问题上却表现得那么差。“德国人是很在乎名誉的，比如曾经有某位部长级人物在 20 年前对自己的学历吹了点小牛，其实跟他的工作内容没有关系，最后却辞职了。再加上大众的半国有性质，所以此事对于德国人来说已经变成一则公共丑闻。”他说。

这位人士还表示，现在很多德国人担心的是“made in Germany”这个品牌受损，德国网民目前对这一事件表示很愤怒。

文德恩欠中国消费者一个道歉

美国发生的“排气门”直接导致大众CEO辞职，可面对中国发生的“断轴事件”和“DSG变速箱技术故障”，大众的应对却大相径庭。

近几年来，大众汽车凭借“DSG＋TSI”（DSG是双离合变速器技术，TSI是大众的涡轮增压发动机技术）这个黄金组合，迅速在全球树立了先进环保的品牌形象。2010年全面推广后，全年实现营业利润71.41亿欧元，与2009年相比增长超过80%。新技术和新的节能环保理念使大众的销量快速增长。财报显示，2011年大众汽车销量同比增长14.9%，达到836.1万辆，营业利润为112.71亿元，同比高速增长57.8%。

但在这个过程中，大众汽车还是过于强调利润，特别是在中国，由于当时中国的主力市场是A级车（紧凑型汽车）市场，大众为其匹配的7速变速器并非此前与博世集团联合开发的湿式变速器，而是大众自己研发的干式变速器，成本更低。

从2012年开始，中国市场上大众引以为傲的DSG变速箱技术故障频频，出现了众多车主维权的事件，不过大众方面一直没有给出正面回复。直到2012年“3·15”维权日之前，大众汽车才发布声明称，将为消费者升级软件，可仍不承认其产品存在设计缺陷，声称不威胁安全。

升级后的7速变速箱仍然存在刹车失灵的情况。2013年央视“3·15”晚会报道后第二天，国家质检总局勒令大众汽车进行召回，事情才告一段落。但这并非大众在中国市场上出现的唯一质量问题。

2012年年底，一汽大众速腾汽车的后轴断裂问题见诸媒体，随后甲壳虫的部分车型也出现同类问题。可大众对于此事的处理依旧是低效率，直到2014年4月，国家质检总局要求大众汽车妥善处理此类问题，这家跨国企业才开始着手处理。可给出的解决方案只是“打补丁”（在后轴纵臂上安装金属衬板），引发了中国用户的集体反弹，指责大众是在“假召回”。

事件持续发酵后，大众德国总部新闻发言人在回应媒体提问时，依然声称是中国消费者的驾驶习惯不当造成的，大众汽车的速腾和甲壳虫不存在设计缺陷。2014年11月25日，《人民日报》发表经济时评《缺陷产品不能一召了之》，同日，中央电视台经济频道也谴责大众在华没有诚意。2014年12月，国家质检总局成立专家组专门调查该类投诉。专家组今年9月10日发布公告称：“经工程试验分析和专家论证，装配耦合杆式后轴的新速腾汽车存在纵臂断裂导致的安全隐患，构成缺陷。”根据质检总局发布的数据，大众因该断轴事件召回汽车超过58

万辆，2013年因DSG事件召回汽车超过38万辆。大众汽车中国内部人士告诉《第一财经日报》记者，“低效率正在削弱大众汽车所建立起来的品牌感召力”。

资料来源：孙铭训，顾乡：《大众欠中国车主一个道歉》，载《第一财经日报》，2015-09-25。

问题

1. 作为一向信誉良好的德国汽车企业，大众公司为何会深陷“排气门”？
2. 此事件反映出大众公司的内部控制存在哪些纰漏有待完善？
3. 你会如何应对大众公司的公关危机事件？

案例八

皖江物流子公司亏空百亿事件

靠山吃山靠水吃水的芜湖港日子一直过得不好不坏，净利润保持在 3 000 万～5 000万元之间。直至 2009 年，由于受国际金融危机持续影响和实体经济的衰退，公司业绩暴降，当年净利润仅 354 万元，同比下降 89.31%。同样位于安徽省的大型国企淮南矿业（集团）有限责任公司（下称“淮南矿业”）近水楼台成功入主芜湖港，2014 年 9 月“芜湖港”变更为“皖江物流”。

2010 年是转折点，这一年淮南矿业通过注入铁路运输、物流贸易等资产显著提升了皖江物流的业绩，当年净利润近 2 000 万元，2011 年净利润高达 3.31 亿元，2012 年更上一层楼，达到 3.85 亿元。好日子没有维持多久，2013 年净利润大幅下降，不早不晚，正好发生在业绩承诺期满之后。随之而来的是 2014 年巨亏 27.38 亿元，多亏有 87.12 亿元的投资收益“护体”，否则亏损将达百亿元。同年，公司被证监会立案调查，触目惊心的造假东窗事发，9 月停牌，至今已近一年。

精确指导的业绩

根据 2009 年重组时中介机构出具的资产评估报告书，截至当年 7 月底，拟注入的淮南矿业旗下的淮南矿业集团铁路运输有限责任公司（下称“铁运公司”）净资产账面价值为 143 268.86 万元，净资产评估价值为 146 217.49 万元，增值率为 2.06%。另一拟注入资产淮矿现代物流有限责任公司（下称“物流公司”）净资产账面价值为 39 075.43 万元，净资产评估价值为 39 988.98 万元，增值率为 2.34%。

淮南矿业承诺，铁运公司和物流公司 2010 年度实现的经审计后的净利润合计不低于 3.2 亿元，2011 年度不低于 3.84 亿元，2012 年度不低于 4.61 亿元。若不足，则由相应现金补偿。

如此优质的资产仅仅作价 18.62 亿元，评估增值率 2.12%，承诺期业绩覆盖率高达 62.57%，芜湖港 5 年内就有望收回成本。是不是芜湖港“捡到宝”，淮南矿业“很实在”?

此后，经审计，注入资产 2010—2012 年实现的业绩连续 3 年超额完成，完成率分别为 102.14%，105.21%，105.32%，超额率控制在 6 个百分点以内，每年如此精准，实在不可思议。不过，承诺期一过，芜湖港业绩立马变脸，2013 年净利润为 2.65 亿元，同比下降 31.08%，当年年报没有披露主要子公司、参股公司的营业利润及净利润。注入资产应该是芜湖港最主要的收入来源及利润来源，但公司 2012 年之后就开始刻意回避其后续盈利情况。

在造假东窗事发后，芜湖港对财报进行了修订，2012 年净利润从原来的 3.85 亿元修正为 1.29 亿元，注入资产“2012 年度实现的经审计后的净利润合计不低于 4.61 亿元”的业绩承诺根本没有完成。至今，业绩补偿的事宜尚未提上议程。

注入资产 2010 年 11 月开始纳入合并范围，其净利润逐年递增，而同期芜湖港原资产的净利润却持续恶化。

2010 年 1—9 月，芜湖港原有资产净利润－976 万元，淮南矿业的资产注入后，亏损急剧扩大。芜湖港自 2003 年上市至 2009 年，7 年时间共盈利 21 295 万元。资产注入后，芜湖港原有资产在 2010—2012 年间亏损 19 737 万元，而同期不少港口类上市公司的业绩却呈现持续增长的势头。

低级错误涌现

在披露的重组草案中，铁运公司的审计报告出现大量低级的严重错误。其中，资产项目没有一个是正确的。铁运公司财报显示，2007 年末、2008 年末、2009 年 7 月末“货币资金”均为零。报表显示，“交易性金融资产”的附注号为“六、一”，而附注中“六、一”显示的不是“交易性金融资产”，而是“货币资金”，“货币资金”2009 年 7 月末为 100 347 938.73 元，2008 年末为 20 407 382.62 元，这两个数据对应的却是报表的“应收票据”。“应收账款”各期末均为零，而附注显示金额分别为 62 498 807.63 元、63 372 420.91 元，这两个数据与报表中“应收利息”却是一样的。

“资产总计”各期末均为零，“非流动资产合计”各期末分别为 2 551 282.03 元、3 714 349.89 元、4 706 510.02 元。报表中“可供出售金融资产”的金额各期末分别为 163 957 914.10 元、84 308 512.76 元、176 939 244.05 元，而“流动资产”各期末均为零，这三个数据其实应该是流动资产合计数。“固定资产”“在建工程”各期末也均为零，“工程物资”各期末的金额却高达 1 009 444 825.40 元、535 057 155.25 元、543 552 770.50 元，与附注中“固定资产”的金额相符。

整个报表及附注出现如此大量低级的错误，中介机构执业质量可想而知，上市公司的信息披露质量实在太差。如果不是物流公司百亿窟窿导致破产重整，这些低级错误还会继续存在。

铁运公司疑点重重

铁运公司成立于 1999 年 5 月，主营业务为煤炭铁路运输。2007 年、2008 年、2009 年专用线运量占淮南矿业煤炭运量的比例（即淮南矿业集团所属矿区市场占有率）分别为 62.39%，65.99%，72.61%。据介绍，未来运输量有望大增并且运价大涨，可以说，注入后的铁运公司“钱途无量”。

2011 年、2012 年铁运公司呈现营业收入及净利润均同比上升的良好势头，但在 2013 年、2014 年却持续下降。2012 年是业绩承诺最后一年，这一年铁路运输收入达到 9.05 亿元，为历史最高值，但营业成本为 3.73 亿元，反而是 2011 年至 2014 年中最低值，毛利率 58.84%，为 2007 年以来之最。之后铁运公司收入回落，而营业成本却增加，毛利率下降。2014 年铁路收入只有 7.45 亿元，对应营业成本 4.08 亿元，几乎回到注入前的状况（2009 年营业收入及营业成本分别为 6.20 亿元、2.90 亿元）。

虽然潘谢矿区铁路专用线运价从 2010 年 6 月 1 日起上涨 32.43%，但铁运公司的毛利率只是略有上升。铁运公司注入后前两个月（2010 年 11—12 月）的毛利率只有 35.97%。2011 年毛利率飙升至 56.57%，2012 年、2013 年及 2014 年分别为 58.84%，50.76%，45.31%。与注入前毛利率相比，无明显提高，2008 年至 2010 年 6 月毛利率分别为 51.06%，53.28%，56.34%。

运价大幅上升，而毛利率却没有明显提高。2012 年 12 月，淮南矿业以解决同业竞争为名将六条铁路专线注入上市公司，铁路运输收入没有上升反而下降。2013 年初芜湖港对子公司铁运公司、煤炭储配公司实施整体吸收合并。虽然铁运公司被注销，但从分行业的业务情况来看，铁路业务过了业绩承诺期后每况愈下。

物流公司的百亿大窟窿

物流公司成立于 2008 年 10 月，当初的重组公告显示，物流公司目前是安徽省主要的钢材经销商和建材集成供应商。自成立以来，业务量不断提高，目前经营产品中钢材占总贸易额 75%左右，月均销售量达 10 万吨左右，钢材议价能力显著增强，钢材价格优势日趋明显。另外，对于在贸易额中占 15%左右的铜材，物流公司采取以单定采的贸易方式，借以规避价格风险。

物流公司成为淮南矿业收入版图急剧扩张的利器，占其营收的半壁江山。物流板块营业收入 2011 年超过煤炭业务收入，成为淮南矿业第一大收入来源，该板块的营业收入从 2010 年 191.77 亿元增加至 2012 年 350.38 亿元、2013 年 357.07 亿元，占主营业务收入的比重分别为 37.67%，48.69%，50.69%。

但钢贸行业的好日子早在 2011 年上半年就结束了，从 2011 年下半年开始，钢贸危机爆发，参与钢贸者大量跑路，有关钢贸的诉讼暴增。上市公司从 8 月份起发布多个无法提货、无法收回预付款等公告，并纷纷计提坏账准备、存货跌价损失，甚至紧急转让涉事公司。愈演愈烈的钢贸危机在 2014 年集中爆发，到了彻底清算的时刻。

物流公司的销售市场主要分布在华东地区，区域内主要竞争对手有安徽省徽商集团有限公司和五矿钢铁有限责任公司等。五矿钢铁有限责任公司是五矿发展（600058.SH）主营钢材进出口业务和国内贸易的控股子公司，是中国最大的钢材贸易企业，其钢材贸易的主要方式是贸易代理、分销和提供增值服务。2012 年五矿发展净利润亏损 3.80 亿元，扣除非经常性损益后净利润亏损 6.50 亿元。

在行业如此惨淡的情况下，物流公司却剑走偏锋，迅速实现超过300亿元营收，靠的就是大量投钱。除了芜湖港支持20多亿元外，物流公司还从金融机构套取上百亿元资金。用近200亿元资金只换来300多亿元营收，结果可想而知。由于淮南矿业本身的资产负债率非常高，将物流公司注入上市公司，有上市公司背书，物流公司便可以从银行获得大量授信。激进的做法及可能涉及的舞弊导致物流公司出现百亿大窟窿，远远超过其他公司。2014年物流公司终于走到无法偿付的地步。公司内部查证、核实的初步结果是，截至2014年9月12日，物流公司债务总额167.49亿元，其中已到期债务20.69亿元，未到期债务146.8亿元。其中金融类债务总额127.18亿元，涉及19家银行，其中已到期债务9.98亿元，未到期债务117.2亿元。债权总额161.57亿元，大部分已经无法回收。物流公司迅速转入重整，这样芜湖港不用并表躲过百亿巨亏。

即使这样，芜湖港2014年半年报还称，适时收购物流公司持有的斯迪尔公司、仓储公司、联运公司、信息技术公司全部股权，将现由物流公司负责的“平台＋基地”业务转入新设公司运营，新设公司将继续探索完善这一运作模式，逐步形成完善的供应链管理模式，实现经济增长方式的根本转变。

由于物流公司的注入，芜湖港的财务费用急剧增加。2010年、2011年、2012年与2013年前三季度公司财务费用支出分别为1.72亿元、4.68亿元、3.91亿元和4.58亿元。为缓解资金压力，2012年4月，芜湖港进行定向增发，淮南矿业以15亿元现金全额认购。没有这一大力支持，2012年芜湖港根本无法兑现业绩承诺。

而物流公司在钢贸行业一片惨淡的情况下，依然兑现了业绩承诺，靠的就是签订阴阳合同、虚增收入、虚增成本、虚增采购、虚增应收票据、减少应收账款坏账准备计提、隐瞒担保等手法。

2014年8月，芜湖港公告称，同意将公司对全资子公司物流公司的委托贷款及其他债权共计人民币10亿元，以债转股的形式转增物流公司注册资本，增资完成后物流公司的注册资本增加至人民币20亿元，公司对物流公司的持股比例仍为100％。

为了显示本次债转股有利于物流公司长期可持续发展，公告中的物流公司主要财务指标看上去依然漂亮：截至2013年年底，物流公司净资产为15.36亿元，当年实现营业收入331.98亿元，净利润13 091.19万元。截至2014年6月底，物流公司净资产为12.55亿元，当年上半年实现营业收入136.37亿元，净利润3 777.08万元。

2015年7月，芜湖港发布公告，拟以零对价向控股股东让渡物流公司全部出资人权益。根据审计、评估结果及相关分析报告，物流公司已经严重资不抵债，在模拟清算状态下，普通债权所能获得的清偿比例为17.53％。如果芜湖港不进行债转股，可以少损失近2亿元。物流公司注入时，实收资本只有3亿元，后续陆续增资，加上本次债转股的10亿元，物流公司实收资本高达20亿元。零对价转让后，芜湖港损失巨大。

难以觉察的舞弊？

物流公司百亿窟窿出来后，芜湖港发布公告，称其信用风险爆发的内部原因主要是该公司原董事长汪晓秀滥用职权，全面切断了与母公司的信息渠道，系统性地串通舞弊，导致其存在的问题一直没有被发现。

在上市公司纷纷爆出钢贸风险时，在行业龙头五矿发展亏损时，物流公司一枝独秀，难道不算异常？物流公司靠着上市公司及淮南矿业两棵大树，疯狂开具承兑汇票。2011年五矿发展营业成本1 280.85亿元、2011年末应付票据100.25亿元，而物流公司分别为300.55亿元、97.18亿元，物流公司不到五矿发展1/4的成本，而期末应付票据几乎一样。应付账款少得可怜，预收账款更是少之又少。这难道也不算异常？

资产证券化在加速

2014年9月，芜湖港发布公告称，因物流公司发生重大信用风险事项，淮南矿业拟筹划与本公司有关的重大资产重组事项。最新公告显示，本次重组的标的资产为淮沪煤电有限公司50.43%股权、淮沪电力有限公司49%股权和发电公司100%股权。这些标的资产进入上市公司后将明显增加公司每股收益。

在芜湖港巨亏之际，淮南矿业大打温情牌，筹划将大量"优质资产"注入上市公司，资产证券化的步伐大大加快。从2014年第四季度开始，物流公司已经不纳入合并范围，但已经注入的其他资产的盈利同样不容乐观。

淮南矿业宛如"百宝箱"，但自身盈利非常糟糕。2012年至2014年，淮南矿业的营业收入分别为728.17亿元、712.43亿元、565.11亿元，净利润分别为6.96亿元、−11.70亿元、−49.78亿元，同期营业外收入分别为9.75亿元、7.56亿元和10.89亿元。2012年末、2013年末、2014年末，淮南矿业的流动比率分别为0.88，0.65，0.61，速动比率分别为0.65，0.44，0.35，流动比率及速动比率均处于较低水平，流动资产对流动负债的覆盖不足，短期债务还债压力较大，存在短期偿债风险。2012年末、2013年末、2014年末，资产负债率分别为76.66%，79.60%，80.45%。

资料来源：《拿什么拯救皖江物流：低级错误涌现　百亿窟窿难填》，载《证券市场周刊》，2015-08-20。

问题

1. 芜湖港发布公告，称其信用风险爆发的内部原因主要是该公司原董事长汪晓秀滥用职权，全面切断了与母公司的信息渠道，系统性地串通舞弊，导致其存在的问题一直没有被发现，该舞弊是否真的难以察觉?

2. 试分析皖江物流的内部控制环境及漏洞。

3. 为何直到百亿债务暴露导致破产重组，皖江物流的低级漏洞才被发现?

案例九

诺基亚的衰退史

从昔日的手机霸主沦落到被微软收购的悲惨境地，诺基亚似乎已经无力回天。在诺基亚正式退出历史舞台时，前CEO约玛·奥利拉无奈地说："我们并没有做错什么，但不知为什么，我们输了。"说完之后，连同他在内的十几位高管纷纷落泪。这样的场景不禁让人为诺基亚今日的衰败扼腕痛惜，然而正如"成功的企业总是相似的，而不成功的企业各有各的不幸"所说的那样，诺基亚今日的败北"非一日之寒"。

忽视用户需求，错失战略先机

在当今这个"唯一不变的就是变"的时代里，企业生存的头等大事就是以用户的需求为导向开展经营活动，而"忽视用户体验，就会失去市场"早已成为关乎企业生死的金科玉律。诺基亚这个曾经在2G功能机时代以满足用户需求而荣登宝座的手机霸主，在当今智能机时代却落后了。2008年，当后起之秀苹果、谷歌针对用户日益变化的需求研制智能机的时候，诺基亚却执意收购塞班公司的所有股权。

将日益老旧的塞班系统作为自己的独占系统，使诺基亚错过了利用安卓系统巩固自身地位的战略先机。结果曾经的忠实粉丝离它而去，导致诺基亚的全球手机市场占有率骤然下降，最终酿成悲剧。其实在很多人眼中，诺基亚本来具有领先于竞争对手的先天优势和机会，但就是因为过久地留恋不合时宜的塞班系统，未能及时推出换代产品而延误战机，从而给竞争对手创造了赶超自己的机会，为自身发展留下了后患。

对诺基亚来说，"科技以人为本"这句口号原本强调以用户的需求为导向进行科技创新，然而诺基亚却在时代的更迭中迷失了方向，反而离这句口号越来越远。在这样一个高科技纵横的社会里，企业需要做的除了跟住用户需求、跟住用户的脚步和跟住对手的脚步外，更为重要的是站在用户的前方替他们发现未知的需求，成为用户需求的先锋。这一点，苹果做到了，谷歌也做到了，而诺基亚这位曾经的手机霸主却没有做到。

战略摇摆不定，对手乘胜追击

早在2006年，诺基亚就决定要做一家互联网公司，并且推出了相应的OVI商店（类似于今天的Apple store）。但真正开始落实的时候，却推进得非常慢，最后因为开发资金不到位，OVI商店没有真正运作起来，之前的投资也就打了水漂。

之后不甘示弱的诺基亚又展开了一系列收购，2006—2008年间，一共收购了5家软件开发公司和互联网公司。然而诺基亚却犯了“瞻前不顾后”的错误，百亿美元的资金大部分用做软件开发，却忽视了市场营销、渠道建设等问题，而OVI地图的收费模式最终让诺基亚在与谷歌免费地图的竞争中惨败。

随后，诺基亚走进了“什么都想要，最后却什么都得不到”的怪圈。2010年年初，诺基亚与英特尔联手，打造全新移动终端操作系统MeeGo，目的在于让塞班手机逐渐向中低端市场倾斜，高端市场则逐渐向MeeGo过渡，以MeeGo定位来驱赶苹果iPhone和安卓手机，从而收复失地。但市场和开发者并没有买账，MeeGo的表现不尽如人意，面对市场对苹果的痴迷、开发者对安卓的依赖，诺基亚心生退意，人力物力投入也随之付诸东流。

满身非议之后，诺基亚又“移情”微软。2011年2月诺基亚宣布与微软进行广泛的战略合作，开始使用微软的Windows Phone作为其智能手机的软件平台，但是由于Windows Phone缺乏市场基础，诺基亚在参与市场竞争时再次遭遇寒流。在战略制定上摇摆不定的风格让诺基亚筋疲力尽，殊不知其转型战略的踟蹰不前竟为竞争对手的赶超创造了机会。

2007年6月，乔布斯带着苹果公司第一款全触屏智能手机iPhone杀入手机市场。该手机凭借炫丽的外观设计、创新的操作平台以及强大的品牌力度在智能手机领域异军突起，改变了手机市场的竞争规则，逐渐占据高端市场，并于2011年第二季度一举成为手机行业的新霸主。没过多久，谷歌的安卓系统也崭露头角。由于实现移动互联网的搭建，便利各种手机功能的灵活使用，仅仅18个月就成为智能手机里增长最快的平台，逐渐占据了中端市场。

而往日以质量和品质取胜的诺基亚，由于塞班系统在触摸屏体验、兼容性和移动应用等方面明显缺乏竞争力，逐渐退缩到低端市场沦为二流手机。苹果以及诸多厂商组成的安卓大军在智能手机行业的异军突起使诺基亚进入“群狼环伺”的危险境地，最终上演了“灵猴斗大象”的手机霸主争夺赛，诺基亚则在这场争夺赛中步步沦陷。所以说诺基亚今天的沉沦在很大程度上是因为高层决策者在智能手机浪潮跃进的过程中做出一系列或迟疑或错误的判断。当其竞争对手做正确决定的时候，错过先机的诺基亚不仅没有实现“弯道超车”，反而是一直在摇摆，一直在犯错，最终自食其果。

老大心态作祟，忽视持续学习

诺基亚此前的成功和长时间居于行业霸主的地位，使其逐渐变成一家抱有强烈自满情绪的公司。这种自满、故步自封的老大心态不仅阻碍了创新，也为诺基亚埋下了失败的导火索，而昔日的辉煌逐渐演变成诺基亚奋起直追的负担。就在苹果、三星逐渐成为全球手机行业冠亚军的时候，诺基亚还陶醉在昔日的辉煌之中，依旧认为用户在2G手机市场的需求足以支持企业重夺全球手机霸主的桂冠。

在“瘦死的骆驼比马大”这种自杀心态的驱使下，诺基亚固执地坚守在塞班系统维系的手机低端市场这片最后的“自留地”上。直接后果就是：不仅越来越少考虑用户需求，而且单凭决策者的感觉、经验以及眼前的利益进行决策。这种错误的老大心态使得诺基亚逐渐失去行业霸主地位，最终被竞争者无情赶超。其实，谷歌很早之前就向诺基亚抛出过“橄榄枝”，希望与其合作开发安卓系统，却被当时在2G市场居于稳固地位的诺基亚断然拒绝。这其中一个重要的原因就是诺基亚错误地持有“强者从来不结盟，只有弱者才喜欢扎堆取暖”的心态。

在维护老大面子的前提下，诺基亚希望在未来的手机市场上建立一套自己的体系，形成自己的竞争生态圈。然而，之后诺基亚故步自封、忽视学习的错误做法使它吃了不少苦头，也进一步加速了诺基亚手机王朝的衰落。

这样一个极具讽刺意味的笑话，再一次显示了诺基亚“重硬轻软，忽视学习”的企业惰性。在功能机年代，“耐用，不容易坏”的优势是诺基亚赢得市场的不二法宝。然而随着互联网的发展，手机市场成为智能机的天下，手机产品的竞争逐渐从硬件之争转向软件之争。在这种情况下，用户更关心的是操作、功能和应用，如果把重心仍放在固守硬件的传统优势上，而不是适时适地地加快学习，及时跟上市场的脚步，企业也就无法跟上时代的潮流和用户的需求，必然会在残酷的竞争中被市场所淘汰。

高管更迭频繁，功利阻碍创新

像诺基亚这样的大型企业，每经历一次人事变动，背后庞大且纵深复杂的关系网都会经历一次洗牌。而频繁的高管离职对于处在水深火热之中的诺基亚来说，颇有些“前院失火，后院加油”的讽刺意味，对于苦难重重的诺基亚来说，真的已经是“伤不起”了。

自从微软公司前高管史蒂芬·埃洛普于2010年9月进入诺基亚担任CEO职务以来，诺基亚内部对他是微软混入诺基亚的“特洛伊木马”的猜测就一直没有间断过，这种怀疑在诺基亚与微软联姻之后愈发明显。

虽然埃洛普在上任后并未进行大面积的人事调整，但这位美国人在掌管诺基亚这个芬兰公司期间所带来的震动却是翻天覆地：先是执行副总裁、智能手机业务负责人安西·凡约基宣布离职，英国及爱尔兰地区总经理马克·洛兰挂印引退。随后在被诺基亚看作“福地”、裁员风潮并未肆虐过的中国市场也发生了不良反应。2010年年底，诺基亚副董事长邓元突然辞职加盟AMD（美国著名微处理器公司）；2011年6月，大中国、韩国及日本区高级副总裁梁玉媚上任不到半年也离去。在群狼环伺的智能手机时代，本该全力以赴应对竞争的诺基亚，却被内部管理层的频繁更迭狠狠地伤了一把，“内忧外患”让诺基亚疲惫不堪。

大企业病

事实上，诺基亚高管纷纷离职与内部根深蒂固的官僚习气不无关系。作为百年企业，诺基亚拥有复杂的组织结构，患有非常严重的“大企业病”。官僚化“细菌”的不断扩散阻碍了诺基亚的创新和发展。

首先，诺基亚庞大的组织结构使得所有重大项目都要经过组织内部的层层审批。这样的低效率不仅浪费了资源，也严重耽误了最优的决策时机。

其次，诺基亚内部存在非常严重的功利思想。如果一个项目无法直接吸引成千上万的用户，诺基亚就不会投入太多的资源。这种功利观念实际上扼杀了很多优秀的创意，导致诺基亚的创新力下降。

最后，诺基亚内部的“拉帮结派”现象肆虐。很多团队负责人为了凸显所负责项目的重要性，不顾实际工作需要，大张旗鼓地划分“势力范围”。除此之外，“待遇好、薪水高、假期多、工作量少”的企业福利逐渐培养了懒散的员工。当其他企业在为赢得一席之地奋起直追时，诺基亚的员工则在企业为其打造的“完美世界”里安逸地充当“温室里的花朵”并止步不前，殊不知，它已经被不懈努力的“乌龟”远远地甩在了后面。

在一个每个人都不那么忙，都更热衷于休假而非工作，都站在自己的利益格局上消除麻烦，都更愿意遵循流程和上级指令的环境中，当下科技公司最重要的素质——创造力被漠视了。过去的成功可能会成为未来前进的桎梏。在这样一个瞬息万变的时代，一个企业的生存靠的不是自己的名气，不是自己以往的荣誉，而是随时随地把握市场走向的能力。

历史的成功只能证明企业曾经战胜了危机，并不代表它依然可以在新的危机中取得成功。那些看似强大且居于市场霸主地位的领导者如果不能迅速适应变化，不能迅速满足消费者的需要，不能实现灵活的转身，最终“大而必倒”。所以诺基亚衰落的事实再一次告诉我们：“再大的公司在市场面前都是小公司。”只有忘记荣耀，放下身段，持有二次创业的决心，才能让诺基亚这个品牌重新闪耀。

目前这位曾经的手机巨人留给我们的却是渐行渐远的背影，至于它的未来在哪里，没有人能给出答案，也许当它真正开始思考的时候，才是实现自我救赎的时候。

资料来源：改编自张惠：《诺基亚：曾经的大象为何倒下》，载《中国商报》，2012-08-14。

问题

1. 分析诺基亚在发展大潮中制定的战略及其内部控制环境。

2. 诺基亚在人力资源管理方面存在什么问题?

3. 诺基亚前CEO约玛·奥利拉无奈地说：“我们并没有做错什么，但不知为什么，我们输了。”从霸主到被淹没在历史里，诺基亚输的原因是什么?

案例十

三木集团隐瞒巨额关联交易

福建证监局的一张行政监管措施决定书，让三木集团的巨额关联交易大白于天下。2014 年 8 月上旬，福建证监局发布决定书责令三木集团采取改正措施，公司近一两年的数十亿关联交易和关联人自此浮出水面。据公开资料显示，包括福州开发区华永贸易有限公司（下称“华永贸易”）在内的四家企业与三木集团存在关联采购、关联销售或关联债权债务往来，交易金额自 1 400 万元至 12 亿元不等，均达到披露标准而公司方面均未履行披露义务。三木集团隐瞒与这四名关联人的相关交易金额共计超过 30 亿元。

与此同时，检查还发现，三木集团在重大债权转让、财务核算、提供借款等方面均存在明显的漏洞。福建证监局要求公司采取切实有效的措施进行改正：立即补充披露相关关联交易情况，并对 2014 年度公司与上述关联人的交易情况进行自查，认真履行关联交易的信息披露义务，同时立即规范并加强关联关系识别和关联交易管理。

30 亿元关联交易

8 月 5 日，福建证监局发布《关于对福建三木集团股份有限公司采取责令改正措施的决定》。经查，三木集团与四家公司间存在“重大关联交易未履行决策程序和披露义务”的问题。公告显示，华永贸易、福建华永科技有限公司（下称“华永科技”）、福州三木园林绿化有限公司（下称“三木园林”）、福州开发区联得益贸易有限公司（下称“福州联得益”）经检查为三木集团关联人。

其中与关联人华永贸易的往来额度最大，2012 年和 2013 年，三木集团及下属子公司与华永贸易发生大额关联采购和销售，相关交易金额分别达到 4.39 亿元和 9.32 亿元，分别占公司上一年度经审计净资产的 78.04%和 75.79%。公司及下属子公司与华永贸易关联债权债务往来发生额分别达到 4.70 亿元和 12.39 亿元，占公司上一年度经审计净资产的 83.55%和 100.77%。除此之外，公司在 2012 年与华永科技、福州联得益债权债务往来发生额分别达 8 605.73 万元、1.84 亿元。2012 年和 2013 年，三木集团与三木园林发生关联采购，相关交易金额为 1 427.77 万元和 2 803.46 万元。

福建证监局明确表示，上述关联往来和关联交易已经达到需要及时披露的标准，但该公司未按规定履行披露义务。据《时代周报》记者统计，三木集团隐瞒与关联人的相关交易金额共计超过 30 亿元。南方基金首席策略分析师杨德龙认为：“隐瞒关联交易的原因可能有很多，但究其根本，还是出于侵占上市公司利益、进行利益输送的目的。”检查还发现，2012 年 1 月至今，三木集团为控股股东的全资子公司福州联信达实业有限公司（下称“福州联信达”）垫付“五险一金”，福州联信达按季结清，累计费用达到38.98万元。福建证监局指出，该行为不符合《关于规范上市公司与关联方资金往来及上市公司对外担保若干问题的通知》（证监发〔2003〕56号）有关控股股东及其他关联方不得要求上市公司为其垫付期间费用的规定。

根据《上市公司信息披露管理办法》第五十九条的规定，福建证监局要求公司采取切实有效的措施进行改正：立即补充披露相关关联交易情况，并对2014年度公司与上述关联人的交易情况进行自查，认真履行关联交易的信息披露义务，同时立即规范并加强关联关系识别和关联交易管理。

不合规操作频现

同时，三木集团在重大债权转让、财务核算、提供借款等方面均存在明显的漏洞。检查发现，2014年3月28日，三木集团与子公司福建武夷山三木实业有限公司（下称“武夷山三木”）及华融资产管理有限公司福建省分公司三方签订了总额为1.5亿元的债权转让协议，该协议金额占公司最近一期（2012年年度报告）经审计净资产的12.2%，达到需要及时披露的标准，而公司未履行披露义务。

另外，2012年末和2013年末，公司全资子公司福建三木建设发展有限公司在没有充分依据的情形下，将其与上海东吉远贸易有限公司、福州高泽贸易有限公司、香港宝晟有限公司之间的往来进行对冲，并在次年1月进行红字抵消调整。上述行为分别导致公司2012年和2013年年度报告虚减资产和负债2.15亿元和1.87亿元。

经查，公司向多名董事、监事和高级管理人员提供借款，截至2013年12月31日，借款金额达到610.24万元。上述行为违反了《公司法》关于公司不得直接或者通过子公司向董事、监事、高级管理人员提供借款的规定。福建证监局同时指出公司在治理方面存在制度不健全的问题：“一是未制定专项制度，加强对董事、监事和高级管理人员持有公司股份及买卖公司股票行为的申报、披露与监督；二是《公司章程》及《股东大会议事规则》未就股东大会应当采用网络投票的具体情形作出规定。”

针对上述检查发现的问题，福建证监局责令三木集团在收到决定书后30日内提交书面整改报告，福建证监局将组织检查验收。同时称，整改报告应当包括对照责令改正决定书逐项落实整改措施、预计完成时间、整改责任人等内容。

资料来源：吕茵：《三木集团刻意隐瞒　关联交易额超30亿》，载《时代周刊》，2014-08-21。

问题

1. 三木集团的哪些事项属于隐瞒关联交易、故意虚假陈述或进行利益输送?

2. 针对关联方交易相关事项，注册会计师应该采取什么方式进行审计?

3. 包括福州开发区华永贸易有限公司在内的四家企业与三木集团存在关联采购、关联销售或关联债权债务往来，交易金额自1 400万元至12亿元不等，均达到披露标准而公司方面均未履行披露义务，这说明三木集团的内部控制环节可能存在哪些问题?

参考文献

1. 中华人民共和国财政部等. 企业内部控制基本规范. 北京：中国财政经济出版社，2008

2. 张颖，郑洪涛. 企业内部控制. 北京：机械工业出版社，2009

3. 李连华. 内部控制学. 厦门：厦门大学出版社，2007

4. 杨瑞平. 企业内部控制探索. 北京：中国市场出版社，2009

5. 杨锡才，彭浪. 企业内部控制：规范与应用. 北京：经济管理出版社 ，2009

6. 李敏. 企业内部控制规范. 上海：上海财经大学出版社，2011

7. 李明. 企业内部控制与风险管理. 北京：经济科学出版社，2007

8. 张立辉，张嚣，皮飞峰. 内部控制与公司治理：战略的观点. 北京：中国税务出版社，2006

9. 龚杰，方时雄. 企业内部控制：理论、方法与案例. 杭州：浙江大学出版社，2006

10. 程新生. 内部控制理论与实务. 北京：清华大学出版社，北京交通大学出版社，2008

11. 刘新立. 风险管理. 北京：北京大学出版社，2006

12. 中国注册会计师协会. 公司战略与风险管理. 北京：经济科学出版社，2009

13. 胡杰武，万里霜. 企业风险管理. 北京：清华大学出版社，北京交通大学出版社，2009

14. 托马斯·L. 巴顿. 企业风险管理. 北京：中国人民大学出版社，2004

15. 卢有杰，卢家议. 项目风险管理. 北京：清华大学出版社，1998

16. 宋明哲. 现代风险管理. 北京：中国纺织出版社，2003

17. 许谨良. 风险管理（第三版）. 北京：中国金融出版社，2006

18. 周兆生. 内部控制与风险管理. 审计与经济研究，2004（4）

19. 格里森 . 财务风险管理. 北京：中华工商联合出版社，2001

20. 李文，杜守国. 信息系统的风险管理研究综述. 商场现代化，2006（6）

21. 宋常，丁卫. 企业风险管理与内部控制关系探微. 学术交流，2007（2）

22. 张维功，何建敏，丁德臣. 企业全面风险管理研究综述. 软科学，2008（12）

23. 黄正. 构建企业法律风险评价体系. 苏州大学学报，2009，30（4）

24. 王露霞，张俊刚. 浅谈金融衍生工具风险及其防范. 商场现代化，2009（21）

25. ［美］Treadway委员会发起组织委员会（COSO）. 内部控制——整合框架. 大连：东北财经大学出版社，2008

26. 李凤鸣. 内部控制学. 北京：北京大学出版社，2002

27. 宋建波. 企业内部控制. 北京：中国人民大学出版社，2004

28. 罗青. 内部控制：设计、测试与评价. 北京：经济科学出版社，2007

29. 王军辉. 企业内部会计控制方法与实务. 北京：中国市场出版社，2008

30. 王端，陈慧颖，徐可. 中信泰富94亿澳元豪赌. 财经，2008（22）

31. 严钰. 中信泰富巨亏147亿幕后真相. 经济观察网. http://www.eeo.com.cn/finance/other/2008/10/22/117242.shtml

32. 王立勇. 杜绝内患——企业内部控制系统分析. 北京：中国经济出版社，2004

33. 刘华. 审计案例研究. 上海：上海财经大学出版社，2009

图书在版编目（CIP）数据

内部控制与风险管理/宋建波编著．—2 版．—北京：中国人民大学出版社，2017.3
（MPAcc 精品系列）
ISBN 978-7-300-23966-8

Ⅰ.①内… Ⅱ.①宋… Ⅲ.①企业内部管理-风险管理-研究生-教材 Ⅳ.①F272.35

中国版本图书馆 CIP 数据核字（2017）第 016921 号

MPAcc 精品系列
内部控制与风险管理（第二版）
宋建波　编著
Neibu Kongzhi yu Fengxian Guanli

出版发行	中国人民大学出版社		
社　　址	北京中关村大街 31 号	**邮政编码**	100080
电　　话	010－62511242（总编室）		010－62511770（质管部）
	010－82501766（邮购部）		010－62514148（门市部）
	010－62515195（发行公司）		010－62515275（盗版举报）
网　　址	http：//www.crup.com.cn		
经　　销	新华书店		
印　　刷	涿州市星河印刷有限公司	**版　　次**	2012 年 5 月第 1 版
规　　格	185 mm×260 mm　16 开本		2017 年 3 月第 2 版
印　　张	16.25 插页 2	**印　　次**	2020 年 4 月第 6 次印刷
字　　数	310 000	**定　　价**	36.00 元

教师教学服务说明

中国人民大学出版社工商管理分社以出版经典、高品质的工商管理、财务会计、统计、市场营销、人力资源管理、运营管理、物流管理、旅游管理等领域的各层次教材为宗旨。

为了更好地为一线教师服务，近年来工商管理分社着力建设了一批数字化、立体化的网络教学资源。教师可以通过以下方式获得免费下载教学资源的权限：

在中国人民大学出版社网站 www.crup.com.cn 进行注册，注册后进入“会员中心”，在左侧点击“我的教师认证”，填写相关信息，提交后等待审核。我们将在一个工作日内为您开通相关资源的下载权限。

如您急需教学资源或需要其他帮助，请在工作时间与我们联络：

中国人民大学出版社　工商管理分社

联系电话：010-62515735，82501048，62515782，62515987

电子邮箱：rdcbsjg@crup.com.cn

通讯地址：北京市海淀区中关村大街甲 59 号文化大厦 1501 室（100872）